VIVRE d'amour ET DE PEINTURE FRAÎCHE

Ce livre est une fiction. Les noms, caractères, professions, lieux, événements ou incidents sont les produits de l'imagination de l'auteur utilisés de manière fictive. Toute ressemblance avec des personnages réels, vivants ou morts, serait totalement fortuite.

Collection New Romance©, créée par Hugues de Saint Vincent et dirigée par Arthur de Saint Vincent
Ouvrage dirigé par Floria Guihéneuf
Couverture : Ariane Galateau
Images de couverture : Shutterstock
© Hand Fade, © Redgreystock, © Creative Visionnary, © Natsa

© 2025, New Romance ©, département de Hugo Publishing
59, quai Alphonse-Le-Gallo
92100 Boulogne-Billancourt
www.hugopublishing.fr

ISBN : 9782755681451 / 001
Dépôt légal : mai 2025
Imprimé en France par CPI Bussière en avril 2025
sur du papier provenant de forêts gérées de manière durable.

NEW ROMANCE®

TAMARA
BALLIANA

VIVRE d'amour ET DE PEINTURE FRAÎCHE

Hugo Roman

1
Ewenn

Je tiens dans mes bras la plus jolie fille du monde.

C'est l'idée qui m'obsède, alors que j'observe Solenn dormir. Ses paupières ourlées de longs cils, ses cheveux bruns, ses joues roses, tout est parfait. Dans son sommeil, elle soupire. Je n'ose faire un mouvement, de peur de la réveiller. Le temps est suspendu dans cette chambre, le bonheur est à son état le plus pur. Un franc sourire fend mon visage. Je suis heureux.

– Tu ne trouves pas qu'elle a les oreilles de votre mère ?

Cette question lancée par Adèle, ma belle-sœur, flotte dans l'air.

Je relève la tête et croise le regard de Briac, mon petit frère, qui se frotte le front. Il a l'air tellement crevé qu'on pourrait penser que c'est lui qui vient d'accoucher. Bon, à ce qu'il paraît, il a tenu la main d'Adèle tout le long des vingt-sept heures qu'a duré le travail. Un bel exploit si on considère qu'il n'est pas capable de rester assis deux heures d'affilée pour visionner un film.

– Euh, eh bien... elle a des oreilles ? répond-il comme si c'était une question.

Je ris sous cape et me reconcentre sur le bébé au creux de mes bras. Je n'ai aucune idée de qui elle tient ses oreilles, ni même si celles de notre mère ont quelque chose de spécial, mais elle est magnifique.

On toque à la porte, et Katell, notre sœur aînée, apparaît dans l'entrebâillement.

– C'est ici que se trouve la petite merveille ? demande-t-elle avec l'air surexcité d'une gamine sur le point de rencontrer sa star préférée.

Elle entre et fonce droit sur Solenn et moi, accordant tout juste un sourire à Adèle et Briac.

– Oh là là ! Elle est minuscule !

Elle prononce chaque syllabe de manière exagérée et glisse déjà ses mains sous le petit corps chaud de Solenn pour me la prendre.

– Euh, bonjour Katell, au cas où tu n'aurais pas remarqué, j'étais en train de la porter.

– Oui, mais Antoine m'attend à la maison avec les garçons, alors je n'ai pas beaucoup de temps.

Ce qu'elle n'ajoute pas : « J'ai peur qu'il se passe une catastrophe en mon absence. »

Ce que nous n'ajoutons pas non plus, de crainte de nous prendre une remarque bien sentie : Antoine, son mari, est tout à fait capable de gérer leurs deux fils pendant quelques heures. Si je devais définir ma grande sœur en un mot, les bons jours, je dirais « autoritaire », les mauvais, « tyrannique ».

Katell cale Solenn contre elle et minaude :

– Regarde-toi, comme tu es belle !

– La plus belle, confirme Briac en serrant la main d'Adèle.

La tendresse et l'émotion sont évidentes entre eux, malgré leurs mines fatiguées.

Ils sont tellement amoureux que c'en est écœurant.

Je soupire intérieurement en songeant que je pense comme un vieux mec aigri. Mais peut-être bien que je le suis, d'ailleurs.

– Oh là là ! Ça donnerait presque envie d'en refaire un ! s'extasie Katell. Ça ne te donne pas envie, Ewenn ?

Trois paires d'yeux se tournent vers moi, comme si ma réponse à cette question était l'événement de la journée. J'ai presque envie de leur rappeler qu'il y a un bébé qui vient de naître, ce qui est, à mon sens, bien plus intéressant que mes états d'âme sur la paternité.

– Pour le moment, je vais me contenter d'être l'oncle rigolo.

Katell quitte notre nièce des yeux pour m'adresser une moue sceptique.

– Désolé de te dire ça, mais le titre d'oncle rigolo va à Briac. Toi, tu es plutôt le tonton grognon.

Je hausse les épaules.

– Eh bien, va pour la place de tonton grognon, alors.

– Grognon, mais attachant ! s'empresse d'ajouter Adèle, comme s'il fallait à tout prix me faire apparaître sous mon meilleur jour.

Est-ce qu'elle a peur que je fasse mauvaise impression auprès de sa fille ? Je crois que du haut de ses six heures parmi nous, elle n'en a strictement rien à faire. Elle ne doit même pas être en mesure de me voir. Ça a une vision de taupe, les bébés, non ? Et certainement aucun préjugé. Ni besoin de préserver ma sensibilité comme sa mère essaie de le faire.

Je sais qu'elle ne pense pas à mal, c'est même tout le contraire. Mais parfois, j'aimerais bien qu'ils me lâchent un peu la grappe.

Malheureusement pour moi, chez les Le Gall, la vie de famille est considérée comme l'accomplissement ultime. Alors, mon statut de célibataire sans enfant me confère maintenant le privilège d'être le « cas à traiter ». Je suis devenu, même si je n'ai jamais rien demandé, bien au contraire, leur mission principale, leur croisade. On dirait qu'ils ont tous fait le serment solennel de ne pas vivre en paix avant de m'avoir vu passer la bague au doigt de quelqu'un. Et si, en prime, je pouvais ajouter quelques pages à un livret de famille, j'aurais atteint, dans leur tête, le Saint-Graal.

Un petit gémissement retentit. Solenn vient de se réveiller dans les bras de Katell et commence à s'agiter.

– Oh là là, je crois que quelqu'un réclame sa maman, déclare ma sœur en se dirigeant vers le lit d'Adèle.

Briac se lève pour récupérer sa fille et la dépose délicatement dans les bras de sa femme. Adèle accueille le bébé avec un sourire fatigué, mais radieux.

– Je pense qu'elle a faim, murmure-t-elle en amorçant un déboutonnage de chemise.

Katell et moi échangeons un regard entendu. Il est temps pour nous de donner un peu d'intimité aux nouveaux parents.

– On va vous laisser. Félicitations encore, elle est vraiment magnifique, dis-je avant de me diriger vers la sortie.

Katell embrasse Adèle sur la joue et ébouriffe les cheveux de Briac.

– Reposez-vous bien, tous les trois. Je repasserai demain, d'accord ?

Dans le couloir, Katell s'arrête et me propose d'un air sérieux :

– Tu viens dîner à la maison, ce soir ? Les garçons seront contents de te voir.

– Je croyais que c'était Briac, l'oncle rigolo.

Elle lève les yeux au ciel.

– C'est typiquement toi de souligner ça !

– C'est toi qui l'as dit.

– Je dis un tas de trucs qui n'ont ni queue ni tête. Depuis le temps, tu aurais dû apprendre à ne pas y prêter attention.

Je ricane. Pour déclarer tout ce qui lui passe par la tête, Katell est effectivement très forte.

– Bon, alors, tu viens ? insiste-t-elle.

– Pas ce soir, j'ai du travail qui m'attend. Une commande urgente pour un yacht.

– Pour un yacht... répète-t-elle avec dédain.

– Eh oui, certains ont des enfants, moi j'ai des plans de yachts pour me tenir éveillé la nuit. Tu sais quoi ? Eux au moins ne me font pas la leçon sur mes choix de vie.

Elle me fixe du regard un instant puis soupire. J'y suis peut-être allé un peu fort, mais en même temps, c'est Katell, je sais qu'elle ne va pas se formaliser pour ça.

– OK, n'oublie pas le barbecue dimanche chez Maman et Papa. Toute la famille sera là. Antoine fera sa côte de bœuf.

– Je n'oublierai pas, promis.

– Et passe au salon avant, tes cheveux sont trop longs, et tu sais que Maman va te faire une réflexion à ce sujet.

– Maman ou toi ? grogné-je.

– Moi, je viens déjà de te la faire. Mais elle, elle sera sans pitié.

Elle s'éloigne, et je songe qu'elle a raison. Pas sur le fait que mes cheveux sont trop longs, mais au sujet de ma mère, qui risque bien de dégainer sa tondeuse, alors même que nous sommes censés prendre l'apéro. Avec ma sœur, elles tiennent le seul salon de coiffure du village, et elles prennent très à cœur que toute la famille ait un style capillaire parfait. C'est à croire qu'elles ont une trouille monstre des qu'en-dira-t-on. Que craignent-elles ? Une punition du saint patron des coupeurs de tifs ? Aucune idée. Mais c'est important pour elles... et même si, par moments, elles m'exaspèrent, j'aime bien leur faire plaisir, soyons honnêtes.

Nous nous quittons sur le parking. Sur le trajet du retour, je songe à Solenn, si petite et si parfaite. Une bouffée de tendresse m'envahit, immédiatement suivie d'une pointe de mélancolie.

Je ne l'avouerai jamais à haute voix, de peur de voir mes proches être encore plus intrusifs dans ma vie qu'à l'heure actuelle, mais parfois, être seul me pèse. J'ai tout pour être heureux : un boulot d'architecte naval qui me passionne, une famille qui a ses défauts – on l'aura compris – mais qui m'aime et qui vit près de chez moi, une belle maison... et pourtant, avoir quelqu'un avec qui partager tout ça me manque.

Je croyais avoir trouvé cette personne, celle avec qui je me sentais suffisamment bien pour lui confier mes peurs, mes doutes. Quelqu'un que j'avais du plaisir à retrouver en fin de journée, avec qui j'avais envie de partager les meilleurs moments... mais il s'avère que je me suis trompé. Depuis, je n'ai plus jamais ressenti ça, cette connexion, cette proximité, cette intimité.

L'hôpital est à une bonne demi-heure de Kerlaouen, si bien que lorsque je me gare devant chez moi, le jour est déjà en train de décliner. Les derniers rayons dorés du soleil se reflètent sur les façades blanches des maisons, créant un contraste saisissant avec le camaïeu de bleu des hortensias. L'air est chargé d'iode grâce à l'océan tout proche. Il me suffirait de faire quelques mètres pour l'apercevoir. Mais il n'est pas l'heure de flâner. Je n'ai pas menti à Katell, j'ai du travail.

J'entre chez moi, la maison que j'ai achetée avec de grands projets, au départ. Au final, en trois ans, pas grand-chose n'a changé. Je suis trop pris par le travail, par la vie en général. La maison est plaisante, mais peut-être qu'il faudrait que je me décide enfin à m'approprier un peu plus l'endroit ? Pourquoi pas acheter une plante verte ?

Cette idée me donne soudainement une vision de moi, âgé, en train de parler à un ficus.

Peut-être pas une plante verte, finalement…

Je dépose mes clés de voiture dans le vide-poche. Sur la console, il y a encore le courrier que j'ai reçu ce matin, notamment… un faire-part de naissance.

Il n'y a pas que mon petit frère qui s'attelle au réarmement démographique…

Je prends le carton entre mes doigts. La photo d'un bébé qui dort illustre la couverture. Quand je vois le nom des parents, je suis un peu surpris par l'absurdité de la situation.

À quel moment Marion s'est-elle dit que c'était une bonne idée de m'envoyer ça ? Qui envoie un faire-part de naissance… à son ex ?

Ce n'est pas comme si on était resté proches… En plus, elle est partie avec le chat. OK, techniquement, c'était *son* chat. Mais je l'aimais bien, ce chat ! Bref, maintenant, elle a un mec, un bébé et un chat, tant mieux pour elle, mais ça ne me concerne plus. J'ai du boulot !

J'envoie le faire-part finir sa vie dans la poubelle avec les publicités puis j'allume la lampe de bureau et attrape mon crayon, prêt à bosser. Le projet de yacht qui m'occupe en ce moment n'en est qu'à sa phase d'ébauche. Alors, même s'il viendra un temps où je devrai faire mes plans sur ordinateur, notamment pour faciliter tous les calculs, je favorise les premiers croquis à la main. Il y a quelque chose d'excitant dans le fait de partir d'une feuille blanche pour créer une silhouette qui devra fendre les eaux. C'est la partie que je préfère de mon métier d'architecte naval. Celle où seule l'imagination entre en compte avant la technique et le côté pratique. La création a aussi un effet apaisant. Et ce soir, j'en ai particulièrement besoin.

Quand, plusieurs heures plus tard, mon estomac se rappelle à moi, je suis fourbu et un peu fatigué, il faut l'admettre. Je me rends dans la cuisine, ouvre le frigo et pars à la recherche du repas le plus simple à préparer que je puisse trouver. Je remplis un verre d'eau au robinet et lève machinalement les yeux vers la fenêtre. La nuit est tombée, et ce côté de chez moi donne sur la maison voisine, inhabitée depuis des années.

Mais ce soir, il y a de la lumière. Et... est-ce de la fumée que j'aperçois ?

2

Coralie

Je coupe le moteur et me tourne vers Noé, un sourire éclatant aux lèvres.

– On y est, Noé ! Notre nouvelle maison !

Mon fils détache nonchalamment ses yeux de sa tablette en direction de la vitre et, après quelques secondes, répond :

– Ouais, super...

Je ne me laisse pas décourager par son manque d'enthousiasme. Il a beau n'avoir que onze ans, je crois qu'il commence déjà sa crise d'adolescence. Il a toujours été précoce, ce gamin. Je suppose que je dois m'habituer aux réponses laconiques et au fait qu'il lève les yeux au ciel à tout bout de champ ?

Ce déménagement est dur pour lui. Quitter ses copains, la banlieue parisienne dans laquelle on a toujours vécu... Pour l'instant, il ne voit que les côtés négatifs. Reste à espérer que, dans quelques semaines, il sera aussi convaincu que moi que c'est la meilleure décision de notre vie.

Des mauvaises décisions, j'en ai pris des tonnes. Mais cette fois-ci, c'est différent. Je le sens. Je le sais depuis que j'ai vu l'annonce pour cette baraque qui correspondait à mes deux critères principaux : être loin de Paris et être dans mes moyens. Le fait que j'ai trouvé un boulot à seulement cinq minutes d'ici étant la cerise sur le pancake.

Je sors de la voiture, fourbue par les heures de route. Je m'étire, mes bracelets tintent joyeusement à mes poignets. Je me dirige vers le portail. Pas besoin de clé pour ouvrir celui-ci, cela doit faire bien longtemps que la serrure a été forcée. Je pousse le battant à la peinture écaillée. Un grincement sinistre qui ne détonnerait pas dans un film d'horreur se fait entendre. Je parviens tout de même à l'ouvrir, mais ce mouvement devient son baroud d'honneur. En effet, les gonds lâchent subitement, et ce qui était jusqu'alors l'entrée de notre nouveau départ s'écroule misérablement au sol dans un bruit de bois en bout de course.

Noé, qui a tout de même daigné sortir de la voiture, lance d'un ton morne :

– Ben ça commence bien.

Je reste quelques secondes interloquée face à cet imprévu qui, je l'espère, n'est pas un mauvais présage, puis décide de faire bon gré mal gré de la situation :

– Eh bien, comme ça, on n'aura pas besoin de descendre à chaque fois de la voiture pour l'ouvrir si on veut la garer dans le jardin !

Noé ne partage pas mon enthousiasme.

– Allez, viens voir la maison !

Je m'avance dans l'allée envahie par les mauvaises herbes, mes baskets rose fluo contrastant avec le gris du gravier. La maison se dresse devant nous, elle me semble majestueuse malgré son état délabré. Les volets écaillés sont tristes, la peinture blanche s'effrite par endroits. Moi, je ne vois que son potentiel.

– Regarde ces fenêtres, Noé ! Et cette véranda ! On va en faire un coin lecture génial.

– Tu lis même pas.

– Je compte bien m'y mettre, maintenant que j'ai une véranda ! Et toi, tu aimes lire.

– Est-ce qu'il y a le wifi ?

– Pas encore, mais ça sera le cas dans quelques jours.

Je fouille dans mon sac à main. Entre une collection de chouchous, une lime à ongles, des prospectus en tous genres, des tickets de caisse et même un paquet de gâteaux, je finis par trouver le trousseau de clés. Je les sors triomphalement.

– Tadam ! Les clés du château !

Noé soupire.

Il me faut donner un petit coup d'épaule pour débloquer la porte qui coince, mais ça y est, nous sommes enfin chez nous.

Chez nous.

Si j'avais pensé qu'un jour je serais propriétaire d'une maison !

– Regarde ces poutres apparentes !

Mon fils affiche une moue ennuyée, apparemment pas aussi bluffé que moi par le charme de l'endroit. Je dois admettre que je n'en aurais rien eu à cirer à son âge.

– C'est grand, finit-il par admettre.

C'est un euphémisme, notre ancien appartement était à peine plus spacieux que la salle de bains de cette maison.

– Tu vois, je ne t'avais pas menti.

– Où est ma chambre ?

– Juste ici, viens, je te montre.

Je l'entraîne dans l'escalier qui mène aux deux chambres de la maison. J'ai prévu de lui laisser la plus grande, qui est aussi la mieux exposée. Je le laisse entrer le premier et guette sa réaction.

– Alors, qu'est-ce que tu en penses ? demandé-je, adossée au chambranle alors qu'il fait quelques pas dans sa future tanière.

Son expression blasée commence à se fissurer.

– C'est pas mal...

– Ah ! qu'est-ce que je te disais ! Ta première vraie chambre.

– J'avais déjà une chambre.

– Ouais, mais moi pas. Tu n'auras pas à partager la moitié de ton placard avec mes fringues.

– La moitié ? renâcle-t-il. Y en avait partout. J'avais même plus de place pour les miennes ! Et en plus, t'en as donné plein quand t'as fait les cartons.

Je l'attrape et lui ébouriffe les cheveux.

– Maman, arrête !

– C'est pour avoir critiqué mon système de rangement.

– Quel système de rangement ? s'amuse-t-il. C'était le bordel !

– Fais attention à ton langage.

Je continue de l'emprisonner dans mes bras, alors qu'il fait semblant de se débattre.

– Tu dis tout le temps des gros mots !

– Eh bien, n'écoute pas ce que je dis.

Je le chatouille.

– Maman !

Nous rions, et il essaie de me rendre la pareille, mais je ne suis pas aussi sensible que lui. Il finit par abandonner, et nous restons là, plantés au milieu de cette chambre vide sentant la poussière, à regarder le soleil de l'après-midi qui joue à cache-cache avec les nuages.

– Je sais que c'est pas facile de tout recommencer, mon poussin. Mais je crois sincèrement qu'on va être heureux, ici. Parfois, dans la vie, il faut savoir sortir des sentiers perdus.

– Maman, je crois que c'est les « sentiers battus », qu'on dit, chuchote-t-il.

– Ouais, c'est pareil.

Pour toute réponse, il soupire. Je le serre un peu plus fort dans mes bras. Mon bébé grandit si vite ! J'ai l'impression que nous sommes sortis de la maternité hier. J'étais paniquée, perdue, seule. Mais dès l'instant où j'ai croisé ses petits yeux noirs, j'ai su que j'avais pris la bonne décision.

Des moments durs, il y en a eu. Des très durs, même. J'ai pleuré plus d'une fois, le soir dans le noir, quand Noé était couché. Mais il y a eu des jours où les heures étaient interminables : au boulot, quand j'essayais de cumuler les clients pour gagner un peu mieux ma vie, dans les transports, la salle d'attente du pédiatre, les soirs où il refusait de manger. Parfois, je me demande si j'ai déjà fait le plus dur ou s'il reste à venir... Mais je n'en regrette pas une seconde, parce que je ne serais pas devenue la femme que je suis sans lui. Et l'avoir à mes côtés est le plus grand des privilèges.

– À quoi tu penses, Maman ?

Je le relâche et fais un pas vers la porte.

– Au fait qu'on ferait mieux de se bouger et de se mettre au ménage si on ne veut pas dormir au beau milieu des feuilles mortes et des moutons de poussière.

– Pourquoi on dort ici, cette nuit ? On aurait pu aller à l'hôtel en attendant les meubles demain.

– Parce qu'on évite les dépenses inutiles. Et puis ce sera bien plus drôle de faire du camping !

– T'as toujours dit que t'aimais pas le camping, ronchonne-t-il.

– Le camping dans la forêt au milieu des bêtes. Là, on a un toit au-dessus de nos têtes.

– Un toit avec plein de bêtes, si ça se trouve.

– J'ai pas peur des toiles d'araignées. Moi, ce sont les ours qui me font peur.

– Y a presque pas d'ours en France, Maman. Encore moins en Bretagne.

– Avec la chance que j'ai, le seul ours de l'Hexagone arriverait à me repérer et venir me terroriser dans mon duvet. Donc non merci. Allez, viens, on va sortir les affaires de la voiture et récurer au moins le salon pour qu'on puisse s'y installer ce soir. J'ai une surprise pour toi : j'ai acheté des chamallows ! On va pouvoir les faire griller dans la cheminée !

Mon annonce semble le motiver assez pour qu'enfin, un sourire franc s'affiche sur son visage.

On va être bien, ici. C'est une certitude.

***

Des heures plus tard, la cuisine ouverte sur le salon est récurée. J'ai eu le temps de redonner un aspect acceptable à la salle de bains, et Noé a gonflé les matelas, qu'il a installés à l'endroit destiné dès demain à notre canapé.

Je suis fourbue, mais heureuse. Mon petit bonhomme semble l'être aussi alors qu'il dispose les éléments de notre pique-nique sur une table improvisée avec un carton.

Je me laisse tomber sur un des deux matelas et demande :

– Qu'est-ce qu'on mange, chef ?

– Doritos au fromage, tomates cerises et saucisson.

– Un repas de gastronome.

– Moi, ça me va, dit-il en haussant les épaules avant d'attraper une chips.

– J'imagine ! Mais ne rêve pas trop, le frigo arrive demain, et je compte bien le remplir de légumes.

Il grimace, et j'ajoute :

– En plus, avec une cuisine pareille, ce serait dommage de ne pas mijoter de bons petits plats.

– Tu cuisines presque jamais.

– Parce que je n'avais pas une super cuisine jusqu'ici.

Je croque dans un Doritos et lui fais un clin d'œil.

– Mais tu dois déjà te mettre à la lecture, t'as dit.

– Oui, eh bien… j'imagine que je pourrais peut-être lire des livres de cuisine ?

Nous échangeons un regard, et il se marre. On sait tous les deux que ça n'arrivera jamais.

– On pourra aller à la plage ?

– Peut-être pas demain, car les déménageurs seront là, plutôt ce week-end. Je ne commence le boulot que mardi.

Noé continue à me poser des tas de questions sur notre programme des prochains jours, et je me satisfais de voir sa curiosité. Peut-être que l'adaptation ne sera pas si dure pour lui, finalement. J'ai voulu déménager pendant les vacances scolaires pour qu'il puisse faire sa rentrée ici. C'est déjà compliqué d'être le nouveau, encore plus quand on arrive au milieu de l'année. Alors, certes, j'aurais préféré faire quelques travaux avant qu'on s'installe dans la maison, mais tant pis. Mon fils avant tout. En plus, ça aurait été compliqué de les faire en n'étant pas sur place, vu que je compte en réaliser une grosse partie moi-même. Noé a raison, ce n'est peut-être pas tout de suite que je vais avoir le temps de lire et faire la cuisine. Je dois d'abord apprendre le bricolage.

Noé bâille, et je lui demande :

– Peut-être qu'on garde les chamallows pour un autre jour ?

– Non ! Tu as promis !

Je rigole et me lève pour m'approcher de la cheminée.

– Tu peux aller chercher les vieilles bûches qui sont sous l'abri à côté de la terrasse ? On a de la chance, il n'y a pas grand-chose ici, mais il y a du bois. Je vais découper du carton pour allumer le feu.

– Tu sais faire le feu ? s'étonne-t-il.

– Je ne t'ai pas déjà dit que Maman sait tout faire ?

– Sauf la cuisine, pouffe-t-il.

– Va chercher du bois, sinon c'est toi qui vas être de corvée de dîner pour l'année entière.

Il revient peu de temps après avec les bûches. J'avais repéré celles-ci lors de ma dernière visite et, depuis cet instant, j'ai imaginé notre première soirée avec des chamallows grillés.

Je prépare l'âtre et allume le carton à l'aide d'un briquet. Rapidement, des flammes commencent à danser devant nos yeux.

– Waouh, lâche Noé.

Je suis assez fière de moi, sur ce coup-là. Je craignais un peu que le feu ne prenne jamais. Je ne vais pas avouer à mon fils que j'ai tout de même regardé un tuto hier soir.

– Va chercher le paquet de bonbons et celui avec les piques à brochettes dans la cuisine.

Il ne se fait pas prier et revient à toute vitesse avec les paquets. Je les ouvre et commence à lui montrer la technique :

– Bon, alors, tu prends un chamallow, tu l'enfonces sur la pique et...

Je n'ai pas le temps de finir mon explication, car la porte s'ouvre violemment. Et une seconde plus tard, un homme qui a l'air en colère fait irruption dans la pièce.

3
Ewenn

Un filet de fumée s'échappe de la cheminée de la maison voisine, et je comprends immédiatement que ce n'est pas bon signe.

Il y a des squatteurs dans la maison d'à côté, et ils sont en train d'y foutre le feu !

C'est déjà arrivé. Du moins, la première partie. La maison est fermée depuis des années, suite à la mort de son propriétaire qui n'avait pas d'héritier direct. Je sais qu'un notaire de la région est chargé de contacter les ayants droit, et en attendant, il arrive fréquemment que des gamins du coin entrent pour s'amuser un peu. Mais jusqu'alors, aucun n'avait été assez stupide pour allumer un feu !

Cela fait longtemps que personne n'a pris soin de ramoner ce vieux conduit, même du temps de l'ancien proprio. L'inquiétude me pousse à composer le numéro de la police sans tarder. J'explique brièvement la situation à l'opérateur blasé. Il en vient à la même conclusion que moi :

– Ça doit être des gosses. Je vais demander à la voiture de patrouille de venir jeter un coup d'œil.

Je raccroche, songeant que mon boulot de voisin vigilant s'arrête là.

Et s'il se passait un drame avant l'arrivée de la police ?

Je ne peux me résoudre à attendre leur venue.

Je sors de chez moi et me précipite vers la maison d'à côté. Je pousse sans ménagement la porte mal fermée, et mon entrée se fait dans un fracas qui résonne sur les murs vides. L'air est chargé d'une odeur de bois brûlé, et un cri se fait entendre.

– Arrêtez ce feu tout de suite ! hurlé-je, alors que mon regard s'attarde sur une scène qui me glace le sang.

Devant l'âtre incandescent, une femme et un garçon sont assis sur un matelas de camping. Ils me dévisagent avec les yeux écarquillés. La femme passe un bras protecteur autour de l'enfant qui recule vers elle.

Je me rends compte que ce ne sont pas des gamins venus s'amuser ou se faire peur dans une maison vide, mais probablement des âmes en détresse cherchant un abri pour la nuit. Malgré cela, l'angoisse pour leur sécurité l'emporte.

– Le feu, il faut l'éteindre ! C'est dangereux, vous comprenez ?

Est-ce qu'ils parlent français ? Ils ont l'air tétanisé. Je décide de prendre les choses en main, on verra ensuite pour la discussion. J'attrape la bouteille d'eau près d'eux et la disperse sur les bûches ardentes.

– Mais qu'est-ce que vous faites ! s'écrie la femme derrière moi.

Je me retourne et la vois debout, placée entre le petit garçon et moi.

– Sortez de chez moi ! hurle-t-elle en me désignant la porte. De quel droit entrez-vous dans ma maison, comme ça, pour éteindre mon feu ! Je vous préviens, sortez tout de suite, je vais appeler la police !

– Vous ne comprenez pas ? La cheminée n'est pas entretenue, c'est le meilleur moyen de mettre le feu à la maison tout entière !

– Sortez de chez moi ! répète-t-elle sur un ton létal.

Je lève les mains devant moi pour lui indiquer que je ne lui souhaite aucun mal.

– Écoutez, je pensais que des gamins squattaient la maison. Je comprends que vous vouliez vous abriter. La police arrive, ils pourront vous diriger vers...

– Vous avez appelé la police ! s'égosille-t-elle.

Je lance un coup d'œil au petit garçon, qui semble terrorisé, et je m'en veux. Mais je croyais sincèrement tomber sur des ados qui cherchaient à se faire peur, pas sur une famille en situation précaire. Ils sont bien une famille, d'ailleurs ? Elle n'aurait pas kidnappé le gosse ? Et elle aurait décidé de se cacher là ? Elle a l'air effrayé par le fait que j'ai appelé la police...

– Comment tu t'appelles, petit ?

– Ne lui réponds pas, Noé ! ordonne la femme avant de plaquer sa main devant sa bouche.

Cela tire un léger sourire au gamin.

– Tu viens de lui dire, Maman.

– Ne te mêle pas des conversations des grands. Et vous, sortez de chez moi !

– Ce n'est pas une bonne solution de rester ici, surtout avec un enfant. La maison est vieille et...

– Je suis au courant, me coupe-t-elle. Je ne sais pas qui vous êtes mais je vous le répète pour la dernière fois, et avec les formes : merci de déguerpir de chez moi, sinon vous n'allez pas aimer ce qu'il va vous arriver.

Je dois reconnaître que ce petit bout de femme n'a pas froid aux yeux. Je fais presque deux têtes de plus qu'elle et je suis loin d'être un gringalet.

La lumière bleue d'un gyrophare se reflète soudainement sur les murs de la pièce. Par la porte restée ouverte, on entend des bruits de portières puis de pas.

– Ah ! voilà la police ! C'est parfait, je vais leur demander de vous foutre dehors ! lance-t-elle.

Hein ?

Deux hommes en uniforme entrent et essaient de jauger la situation en un coup d'œil.

– Bonsoir, qu'est-ce qu'il se passe, ici ?

– Bonsoir, messieurs, embraye la femme avant que j'aie pu placer un mot. Je suis la propriétaire de la maison, et ce monsieur vient de faire irruption chez moi en hurlant, il terrorise mon fils et a même éteint notre feu de camp.

Les yeux d'un des policiers font des allers-retours entre elle et la cheminée, en passant par moi, tandis que l'autre me fixe du regard, jusqu'à ce qu'une lueur de reconnaissance s'y affiche.

– Ewenn ?

Je cille et, moi aussi, je le reconnais.

– Florent ?

– Punaise ! Ça fait un bail ! dit-il en souriant.

– Ben, le lycée...

Il s'approche de moi mais est coupé dans son élan quand la femme intervient :

– Ça va, on ne dérange pas trop vos petites retrouvailles ?

Il y a une seconde de silence, durant laquelle tout le monde la dévisage. Elle a les bras croisés, et ses doigts tapotent d'agacement son biceps.

Mais qu'est-ce que c'est que ces ongles ? Ils sont roses avec des paillettes, on dirait ? Une sans-abri avec une manucure récente, c'est étrange.

Ou alors, elle n'est pas sans abri…

En y regardant de plus près, elle porte des vêtements qui m'ont l'air en bon état, ses cheveux sont longs et… violets au bout. Ils semblent en pleine santé, chose que je suis capable de déterminer en ayant littéralement grandi entre un bac à shampooing et les casques chauffants du salon de ma mère. Le petit, lui aussi, a une meilleure coupe de cheveux que la mienne à l'heure actuelle. Bref, rien qui indiquerait des conditions de vie rudimentaires.

L'autre policier se racle la gorge et explique :

– On a été appelés pour des squatteurs qui seraient entrés dans la maison…

Je sens que la femme prend une grande bouffée d'air pour ne pas exploser.

– Je *suis* la propriétaire de la maison.

Propriétaire ? Je jette un coup d'œil autour de moi, il n'y a aucun meuble, à part deux matelas gonflables. OK, on dirait qu'un coup de propre a été donné, mais…

– Quant au feu, je ne savais pas pour la cheminée… Nous venons d'arriver. Ce n'est pas de l'inconscience, je vous assure. Je… je suis la propriétaire de cette maison, répète-t-elle.

– Euh… vous avez une preuve de ça ? demande Florent, mal à l'aise.

– Pardon ? Vous exigez que je prouve que je suis bien chez moi ?

Mon ancien camarade de classe semble gêné, mais il lui explique :

– Eh bien, cette maison est vide depuis des lustres, et il n'est pas rare qu'on ait affaire à des squatteurs...

– Regardez, l'électricité fonctionne. Vous en connaissez beaucoup, des squatteurs qui font les démarches avant de venir s'installer ?

Alors, c'est vrai que, là, elle marque un point...

Le policier que je ne connais pas s'éloigne pour téléphoner. Moi, je ne sais pas quoi faire. Je devrais ne plus me sentir concerné maintenant que la police est là, mais je suis incapable de bouger.

Elle presse l'arête de son nez entre ses doigts et lance d'un ton désabusé :

– Ça fait un mois que je suis dans les cartons, encore plus longtemps que je croule sous les démarches administratives, je me suis tapé toute la route depuis Paris, j'ai récuré des années de tartre dans les chiottes tout à l'heure et je voulais juste passer une soirée tranquille avant l'arrivée du camion de déménagement demain. Et voilà que le justicier de la cheminée se pointe et qu'il m'amène les flics en prime. Y a pas à dire, vous savez recevoir, dans le coin ! Vive la Bretagne, vive les Bretons !

Mal à l'aise, je tente de me justifier en marmonnant :

– Mais la cheminée est vraiment dangereuse.

– Ça va, j'ai compris !

Sa réplique cinglante nous fait sursauter. Florent m'adresse un sourire embarrassé, et son collègue revient en confirmant :

– La maison a bien été vendue. Vous êtes Madame... ?

Il laisse la question en suspens, et elle affirme :

– Coralie Garcia. Vous voulez voir mes papiers ? demande-t-elle, agacée et faisant déjà un mouvement en direction d'un grand sac posé dans un coin de la pièce.

– Ça ira, je vous crois.

Les deux policiers échangent un regard, et Florent annonce :

– Nous sommes désolés pour le désagrément. Avez-vous besoin de quelque chose avant que nous partions ?

– Que vous raccompagniez ce monsieur dehors, dit-elle d'un ton glacial. Je lui ai répété plusieurs fois de *sortir de chez moi*, mais apparemment, il a une audition défaillante.

– Ewenn, dit Florent en me désignant la porte d'un mouvement de tête.

Je ne me fais pas prier, mais avant de passer le seuil, je me tourne une dernière fois vers elle.

– Je suis vraiment désolé, je ne souhaitais pas...

– Insinuer que je suis entrée par effraction dans une maison ? C'est trop tard.

Je soupire.

– Désolé, petit, je ne voulais pas te faire peur.

Le gamin hoche la tête, tandis que sa mère continue de me fixer du regard comme si j'étais le lundi des êtres humains.

Je désigne ma maison, derrière moi.

– Au fait, je suis Ewenn, le voisin... Bienvenue dans le quartier.

Je ne sais pas bien pourquoi je leur dis ça. Peut-être parce qu'à cet instant précis, je me sens plus que minable. D'ailleurs, ma nouvelle voisine répond d'un ton acerbe :

– Génial ! J'ai hâte d'être à la fête des Voisins !

4

Coralie

Me retrouver dans un supermarché un samedi matin n'est pas quelque chose que j'affectionne particulièrement, mais là, c'est une question de survie.

Le camion de déménagement est arrivé hier, et on a passé la journée et une partie de la matinée à déballer les cartons et à installer le minimum pour vivre à peu près correctement dans la maison. Maintenant que nos meubles sont en place, elle me semble encore plus grande. Nos quelques affaires sont ridicules dans tout cet espace. Mais c'est normal, j'imagine, quand on triple sa surface de vie, non ?

Reste que le frigo est vide, et je ne peux pas continuer à nourrir mon fils avec des chips et des biscuits.

– On peut prendre des céréales au chocolat, Maman ? me demande Noé.

Il n'est pas plus enthousiaste que moi à l'idée de faire les courses, mais forcément, son regard s'allume quand on passe devant les boîtes colorées.

– C'est trop sucré, mon poussin. On en a déjà parlé.

Son visage se fronce, déçu. Ça me fait culpabiliser un peu. Après tout, avec le déménagement, il a déjà dû s'adapter à beaucoup de choses. Alors, je cède.

– Écoute, va chercher le lait pendant que je prends les fruits. Si tu le fais sans râler, on prendra peut-être tes céréales.

Ses yeux pétillent, et il file en courant vers le rayon des produits laitiers. Je le regarde partir, un sourire aux lèvres. J'ai beau dire que je vais chercher les fruits, je reste plantée là à l'observer. Déjà, parce que je refuse de le laisser seul dans un magasin qu'il ne connaît pas, mais aussi parce que j'adore le voir s'activer pour gagner sa récompense. Ce petit bout d'homme, c'est ma force. Il est la raison pour laquelle je me lève chaque matin. Toutes mes décisions, je les prends en fonction de lui, de son bonheur. Je ferais n'importe quoi pour lui. Même déménager dans une région où je n'ai aucun repère. Je veux qu'il ait la vie que je n'ai jamais eue, qu'il ait la chance de réaliser de grandes choses. Qu'il devienne un gars bien, à l'aise dans ses baskets. Je veux qu'il soit heureux, tout simplement.

Il se hisse sur la pointe des pieds pour attraper le pack de lait tout en haut de l'étagère. Je suis à deux doigts d'abandonner mon chariot pour l'aider, mais un homme s'approche et saisit les bouteilles avant de les lui mettre dans les bras.

J'ai une seconde d'appréhension quand je les vois échanger quelques mots. Puis une petite voix dans ma tête me rassure :

Du calme, Coralie, il est juste en train de le remercier, comme tu le lui as appris.

Mais quand je vois qu'ils discutent plus longuement que prévu, je m'approche. On ne sait jamais, je préfère éviter que mon petit renard des bois se fasse embobiner par un loup déguisé en grand-mère.

Le couinement de mon chariot attire l'attention de l'homme, qui lève la tête. Et là, je le reconnais immédiatement :

Merde ! Le voisin.

– Bonjour, dit-il, visiblement gêné.

– Maman ! C'est Ewenn, le voisin.

– Oui, je l'avais bien reconnu, mon poussin. Bonjour.

Je me force à être polie, mais mon ton trahit encore mon agacement. Je n'ai toujours pas digéré son intrusion chez nous deux jours plus tôt. Et autant dire que le croiser ici me fait à peu près aussi plaisir que de trouver une mouche dans mon café.

Son regard bleu me scrute de haut en bas, sans aucune chaleur. Avec son jean et son polo bleu marine, on dirait un mannequin dans un catalogue de prêt-à-porter pour comptables dépressifs. Un style très loin de mon short en jean déchiré et mon débardeur moulant bleu électrique.

Encore un de ces coincés qui ne supportent pas la vue d'un peu de couleur, hein ?

– Bon, Noé, on ne va pas embêter Monsieur le voisin plus longtemps. On a des courses à finir.

– J'ai le droit de prendre des céréales, alors ?

– Oui, soupiré-je.

Mon fils fonce déjà vers le rayon approprié et me laisse seule avec le voisin, qui n'a pas bougé d'un iota. Pourquoi ? Il veut me soumettre à un interrogatoire entre du lait écrémé et de la crème entière pour vérifier si je compte payer mes courses ?

Il ouvre la bouche, sûrement pour dire quelque chose, mais je ne lui en laisse pas l'occasion. Avec un sourire aussi sincère qu'une résolution de Nouvel An, je lui balance :

– Bonne journée !

Je tourne les talons sans un regard en arrière. Mes sandales compensées claquent sur le sol, et sans trop savoir pourquoi, je redresse les épaules et relève le menton. J'ai envie que mon départ ait du panache. Enfin, si, je sais pourquoi... Ce type m'a considérée avec un dédain à peine voilé, et j'ai juste envie de lui montrer, à ce Ewenn, que son avis m'est totalement égal. Moi, je ne juge pas son polo – OK, je l'ai fait, mais ce n'est pas le sujet.

Nous finissons les courses et rentrons à la maison. Après le déjeuner, Noé ne tient plus en place. Faut dire que je lui ai promis qu'on irait à la plage.

– Je peux prendre mon ballon ?

– Bien sûr, mon poussin.

– Arrête de m'appeler « poussin » ! Je ne suis plus un bébé !

Je soupire. Il a raison. À la rentrée, il sera déjà au collège.

– Prends aussi ta casquette et la crème solaire dans la salle de bains.

Noé revient avec un sac rempli de tout un tas de choses dont la moitié me paraît complètement inutile pour la plage, mais je le laisse faire. Il le traîne sur le sol, et pendant une seconde, je pense aux voisins d'en bas qui vont râler, avant de me rappeler que cette époque est finie. Plus besoin de me soucier des cloisons en carton ou de marcher sur la pointe des pieds par crainte de déclencher une guerre mondiale. Quoique j'ai déjà un début de conflit de voisinage à cause d'une cheminée.

Nous quittons la maison à pied en direction d'une petite crique que j'ai repérée. Alors que je passe devant le portail tombé au sol, je jette un coup d'œil vers la maison du voisin.

Tout à l'heure, en allant vider ma boîte aux lettres de la décennie de prospectus qui y était entassés – ce ne fut pas une mince affaire –, j'ai été vaguement tentée de lui en glisser un bon paquet dans la sienne. Rien que pour l'emmerder. Mais je me suis ravisée. Je suis une adulte équilibrée, moi. Et aussi, je suis presque sûre que la voisine d'en face m'observait derrière ses rideaux.

Bref, la maison d'Ewenn est de taille similaire à la mienne, mais je dois avouer qu'elle a bien plus fière allure avec ses murs blancs impeccables et ses volets bleus assortis aux hortensias qui encadrent l'allée.

Noé gambade en direction de la mer. Le soleil brille, une odeur iodée flotte dans l'air, c'est comme si la Bretagne essayait de nous offrir un décor de carte postale en guise de bienvenue. On ne pourrait pas rêver mieux pour un après-midi à la plage.

En m'approchant de la crique, cependant, je me rends compte qu'il y a un détail que j'avais totalement oublié de vérifier avant de venir. Noé s'en aperçoit lui aussi.

– Mais elle est super loin, la mer !

– Oui, c'est la marée basse, apparemment.

Pour être honnête, je n'avais pas pensé une seule seconde à vérifier les horaires des marées.

– Alors, on peut pas se baigner ? demande-t-il, déçu.

– Si, si… Il faut juste marcher un peu plus.

Il hoche la tête, visiblement pas vraiment convaincu.

– Et tu sais quoi ? On va pouvoir faire plein d'autres choses ! Tu vois ces rochers, là-bas ? Avec un peu de chance, on y trouve des crabes ou d'autres crustacés !

Le visage de Noé s'illumine à l'idée de cette chasse au trésor improvisée. Nous nous dirigeons vers le rivage, nos pieds s'enfonçant dans le sable humide. L'air marin emplit mes poumons, et je sens déjà la tension des derniers jours s'évanouir.

– Maman, regarde ! s'écrie Noé en pointant quelque chose du doigt devant lui.

J'aperçois une petite flaque d'eau entre deux cailloux. Nous nous approchons doucement, et là, je le vois : un minuscule crabe gris qui se déplace furtivement.

– Waouh ! C'est trop cool ! s'exclame mon fils, les yeux écarquillés d'émerveillement.

Je souris, heureuse de voir son enthousiasme. L'espace d'un instant, la fatigue du déménagement s'efface, il ne reste que le bonheur de partager un moment en pleine nature avec l'homme de ma vie.

Nous passons l'heure suivante à explorer ces rochers. Noé est fasciné par chaque nouvelle trouvaille, posant mille questions auxquelles je tente de répondre du mieux que je peux. Mais comme ma connaissance du milieu marin est assez limitée, je suis vite dépassée. Si les expériences de Noé à la plage se comptent sur les doigts d'une main, les miennes ne sont pas beaucoup plus nombreuses. Cela n'altère pas l'enthousiasme de Noé, qui s'extasie sur tout et n'importe quoi. Même s'il ne s'agit que d'un vieux paquet d'algues qui me donnent la nausée plus qu'autre chose.

Alors que le soleil est encore haut dans le ciel, nous nous installons sur le sable pour un petit goûter improvisé. Noé dévore son biscuit tout en me ressassant avec animation ses découvertes de l'après-midi.

– Tu crois qu'on pourra revenir demain ? me demande-t-il, la bouche pleine.

– On verra, mon poussin. On a encore beaucoup de choses à faire pour s'installer.

Il hoche la tête, compréhensif, mais je peux voir une pointe de déception dans ses yeux.

– Mais je te promets qu'on reviendra bientôt, ajouté-je. Et la prochaine fois, on vérifiera les horaires de marée.

Alors que nous ramassons nos affaires pour rentrer, je jette un dernier coup d'œil à l'océan. Le soleil teinte l'horizon de nuances orangées et roses. C'est magnifique, apaisant. J'ai du mal à croire que ces paysages font maintenant partie de mon quotidien et ne sont pas de simples images que je vois à la télévision. Tout quitter pour venir vivre ici semblait dingue à bien des égards, mais en assistant à ce spectacle, je suis confortée dans mon choix.

Sur le chemin du retour, Noé sautille joyeusement à mes côtés, son sac plein de coquillages et de petits trésors dénichés sur la plage. Alors que nous approchons de notre nouvelle maison, je vois une silhouette désormais familière qui s'affaire dans son jardin.

Ewenn.

Nos regards se croisent un bref instant, et je sens mon estomac se nouer comme un spaghetti. Je presse le pas, tirant doucement Noé par la main.

– Allez, mon grand, on rentre. Il est temps de prendre un bon bain et de préparer le dîner.

Alors que je referme la porte derrière nous, une pensée me traverse : aussi beau soit cet endroit, certains défis sont encore au menu. Et l'un d'entre eux habite juste à côté.

5
Ewenn

Le gravier crisse sous les pneus de ma voiture alors que je me gare devant la maison familiale. Je coupe le moteur et reste assis un moment, profitant des quelques secondes de silence qu'il me reste avant de plonger dans le chaos des barbecues de la famille Le Gall.

J'aime ma famille, *vraiment,* mais ces réunions ont parfois le don de m'épuiser.

Je sors de l'habitacle, lisse machinalement ma chemise. J'ai à peine franchi le seuil que la voix de ma mère retentit :

– Ewenn ! Pile à l'heure, comme toujours !

Elle m'étreint brièvement avant de reculer, scrutant mon apparence.

– Mon Dieu, ces cheveux ! s'indigne-t-elle. Katell avait raison, tu as l'air d'un vagabond.

Ma sœur, qui se tient juste derrière elle, m'adresse une moue mi-amusée, mi-désolée. Je la fusille du regard.

Cafteuse.

– Viens mardi après-midi au salon, je m'occuperai de ça.

Je lève les yeux au ciel.

– Bonjour à toi aussi, Maman. Et j'ai un travail, tu sais. Je ne suis pas vraiment disponible mardi.

– Il y en a juste pour une heure, et je suis certaine que tu récupéreras ce temps-là à un moment ou un autre.

Je ne cherche même pas à insister. Elle ne cédera pas, et moi, je vais utiliser de la salive pour rien.

Je traverse le salon pour rejoindre la terrasse où le reste de la famille est déjà installé. Antoine et Briac s'affairent autour du barbecue. Maxime et Damien, mes neveux, courent dans le jardin. Leurs cris joyeux résonnent dans l'air estival.

– Salut, les garçons ! lancé-je dans leur direction.

– Salut, tonton Ewenn ! répondent-ils sans interrompre leur jeu.

Je me dirige vers Adèle, qui est assise dans un fauteuil à l'ombre, la petite Solenn endormie dans les bras. Cette image paisible au milieu du brouhaha dessine un sourire sur mes lèvres.

– Voici les deux plus belles, murmuré-je en m'approchant de ma belle-sœur pour lui faire la bise.

Elle renâcle.

– Tu parles, j'ai des valises sous les yeux tellement grandes que je pourrais y ranger toutes mes affaires et je sens le lait caillé.

Je secoue la tête et réponds :

– Moi, je trouve que la maternité te va bien. Vous êtes rentrés chez vous hier, n'est-ce pas ?

– Oui, soupire-t-elle.

– Comment te sens-tu ?

– Je suis à la fois heureuse et inquiète. Je ne suis pas certaine qu'ils auraient dû nous lâcher dans la nature, seuls avec ce bébé, alors que Briac et moi, on ne sait pas vraiment ce qu'on fait. Mais je suppose que tous les parents pensent ça ?

– J'imagine ?

Nous rions, et je demande :

– Et donc tu as décidé de t'infliger le barbecue familial dès ta sortie ? Tu sais, si vous aviez demandé à passer votre tour, je crois que tout le monde aurait compris.

– Tes parents auraient été tellement déçus ! Et ça ne me dérange pas. Après quatre jours enfermée dans une chambre d'hôpital à manger, dormir et respirer bébé, je ne suis pas mécontente de faire autre chose, même si je suis crevée.

– Dis plutôt que tu étais fatiguée de supporter Briac et ses deux millions de façons de te demander comment tu vas ou si tu veux un oreiller supplémentaire…

Elle me donne une petite tape sur le bras.

– Ne sois pas méchant avec ton frère, il a assuré.

– J'espère bien ! Et si jamais ça n'avait pas été le cas, je serais allé lui botter le cul.

Adèle me sourit, et Solenn gémit dans son sommeil.

– Tu veux la prendre ? demande Adèle.

– Je crois que je vais aller saluer Briac et Antoine au barbecue, histoire de renforcer les clichés ancestraux : les femmes avec les bébés, et les mecs qui jouent avec le feu.

Elle secoue la tête en riant avant de lancer :

– OK, à tout à l'heure.

Je retrouve mon frère et mon beau-frère, qui semblent en plein cœur de leur habituel débat philosophique estival qui oscille entre deux écoles de pensée légendaires : barbecue au gaz ou au charbon ?

Ils interrompent leur argumentaire, qui ne donnera encore aucun gagnant cette année, j'en suis sûr, pour échanger avec moi des accolades à coups de grandes tapes dans le dos. Comme si le fait de cuire de la barbaque avec un feu réveillait en eux des instincts les poussant à afficher leur virilité.

– Où est Papa ? demandé-je.

– Il est allé chercher Papi. Il n'a pas encore vu la petite, répond Briac.

– Oh ! je vois.

Notre grand-père vit dans une maison de retraite à dix minutes de chez mes parents. Il a encore toute sa tête et un caractère bien trempé. Je l'aime beaucoup. Peut-être parce que j'admire secrètement son absence de filtre.

– Il paraît que tu as de nouveaux voisins ? demande mon beau-frère.

– Oui, comment tu sais ça ? m'étonné-je.

– Eh bien, il se pourrait que j'aie appris que quelqu'un avait appelé la police pour dénoncer un squat à côté de chez lui et qu'arrivés sur place, les agents se soient plutôt retrouvés avec une querelle de voisinage.

L'air goguenard qu'il affiche en me racontant cette histoire me fait comprendre que la description de mon rôle dans cette scène n'a pas dû être très flatteuse.

– Bon sang, soupiré-je en passant une main dans mes cheveux trop longs. Les nouvelles vont vite.

Antoine éclate de rire.

– Ne t'inquiète pas. Tu sais comment sont les gens dans le coin. Un peu d'action, et tout le monde est aux anges.

– Action, hein ? J'ai juste voulu éviter un incendie. La prochaine fois, promis, je me mêlerai seulement de mes affaires.

Briac intervient :

– C'est vrai que c'est plutôt inédit de ta part d'aller fourrer ton nez dans celles des voisins.

Je pose une main sur mon cœur.

– Merci, je me sens vraiment flatté, tout à coup, de savoir que si tu avais à imaginer la façon dont j'allais réagir, tu aurais voté pour le fait que je les laisse rôtir dans leur baraque.

Il hausse les épaules.

– Je n'ai pas dit que tu étais un sale égoïste ou sans cœur, juste que tu aimes ta tranquillité et qu'en général, tu laisses la leur aux autres. Je ne te vois pas surveiller tes voisins pour vérifier s'ils font des bêtises ou pas.

Je n'ai pas le temps de répondre, car la voix chevrotante de notre grand-père se fait entendre :

– Et c'est comme ça qu'on reconnaît un homme bien ! Pas besoin de se mêler de ce qui ne le regarde pas.

Qu'est-ce que je disais ? Je peux toujours compter sur Papi pour dire ce qu'il pense. Je me tourne et lui souris tendrement, alors qu'il arrive à petits pas sur la terrasse. Il repousse le bras de Katell, qui essaie de l'aider. Mais alors que je pense qu'il va venir vers nous, il nous ignore pour se diriger vers Adèle, qui se lève avec Solenn dans les bras.

– Alors ? Où se trouve ma première arrière-petite-fille ?

Briac soupire :

– Je suppose que nous, on ne compte plus ?

– Tu t'attendais à quoi, Briac ? Que Papi vienne te tapoter la joue et te glisser un billet dans la poche ? Ce temps-là a disparu au moment même où Katell a mis au monde Maxime.

– Bah, il le faisait encore il n'y a pas longtemps.

– Quoi ? Te tapoter la joue, ou te mettre des billets dans les poches ? m'étonné-je.

Mon frère m'adresse un sourire énigmatique.

– Tu aimerais bien savoir, hein ?

Je secoue la tête et me reconcentre sur la scène touchante qui se déroule sous nos yeux. Papi a les yeux brillants, Adèle lui parle à voix basse alors que Solenn dort toujours dans ses bras.

– Elle a les yeux de son arrière-grand-mère, affirme-t-il.

Briac fronce les sourcils.

– Euh, Papi, ses yeux sont fermés.

– Je sais ce que je dis, mon garçon ! rétorque Papi, l'air sévère. J'ai connu ta grand-mère bien avant toi !

Intérieurement, je me marre. Briac a l'air sceptique, mais je sais qu'il n'insistera pas davantage.

Antoine annonce :

– Ça va être prêt, on passe à table !

Tout le monde converge vers la table dressée dans une sorte de chaos organisé. Le repas se déroule dans la bonne humeur habituelle des Le Gall. Entre deux bouchées de salade de pommes de terre, Adèle demande à ma mère :

– Florence, quand est-ce que votre nouvelle employée arrive ?

– Tu embauches une nouvelle coiffeuse ? m'étonné-je.

Le salon de coiffure de ma mère et ma sœur a beau avoir une belle clientèle d'habitués, on reste quand même dans un petit village où, malheureusement pour elles, les cheveux ne poussent pas plus vite qu'ailleurs...

– C'est une prothésiste ongulaire, pas une coiffeuse. On en a déjà parlé, mais apparemment tu n'as pas été très attentif, me fait-elle remarquer.

J'échange un regard dubitatif avec Briac, qui hausse les épaules avant de demander :

– Et pourquoi les ongles auraient-ils besoin de prothèses ? Il y a tant de gens que ça dans le coin qui se retrouvent sans ongles ?

Katell soupire, visiblement exaspérée, et Antoine grimace. Quelque chose me dit qu'il a déjà posé cette question et qu'il s'en mord les doigts.

– Apparemment, c'est juste le terme sophistiqué pour dire qu'elle applique du vernis à ongles, m'explique Papa.

– Ah...

– Vous êtes irrécupérables, soupire Maman. Ce n'est pas *juste* ça !

– Excuse-moi, je n'ai pas souvent eu recours à ce genre de services, se justifie-t-il.

– Ce n'est pas juste *mettre du vernis à ongles* ! proteste Katell à son tour, indignée. Il y a des techniques complexes comme la pose de gel, le rallongement, la résine, sans parler des décorations ultra précises avec des motifs, des strass... C'est bien plus qu'un simple coup de pinceau ! Et pour info, les hommes aussi font des manucures.

– OK, c'est bon à savoir.

Je ne compte pas vraiment m'offrir une manucure dans l'immédiat mais je suis prêt à le faire croire si ça peut faire redescendre la tension autour de la table.

Cela me vaut tout de même une œillade mauvaise de ma frangine. Elle s'attendait à quoi ? Que je la supplie de me prendre un rendez-vous ?

– Tu devrais passer au salon cette semaine, Adèle. Je suis certaine que Coralie aura des créneaux pour s'occuper de toi, propose Maman.

– Oh ! c'est gentil, mais je vais déjà essayer de caser une douche dans mon emploi du temps. Pour les ongles, on verra plus tard... Je ne sais pas... quand Solenn aura dix-huit ans ?

Je ne fais pas attention à ce que Katell répond à Adèle car je songe au prénom que ma mère vient de prononcer.

Coralie.

– Euh... Maman, cette prothésiste ongulaire, elle est nouvelle en ville ?

– Oui, elle arrive de la région parisienne. Elle a acheté une maison dans ton quartier, je crois. Tu la connais ?

J'échange un coup d'œil avec Antoine. Le sien s'éclaire d'une lueur de compréhension.

– Elle est petite, brune, avec des bouts de cheveux violets ?

– La dernière fois que je l'ai vue, elle avait un *dip dye* rose, mais oui, ça pourrait être elle. Tu l'as rencontrée ? Elle est pétillante, n'est-ce pas ?

Antoine éclate de rire cette fois, et je parie que Briac vient de piger lui aussi.

– Florence, je crois que votre fils a fait une première rencontre fracassante avec votre nouvelle employée, s'amuse mon traître de beau-frère.

– Il paraît que ça a même fait des étincelles, renchérit Briac.

– Quelqu'un peut m'expliquer ? Je ne comprends pas, ronchonne Papi.

– Il semblerait que l'employée de Maman soit ma nouvelle voisine, précisé-je.

– Une nouvelle voisine à qui il a envoyé les flics le soir même de son arrivée, ajoute Briac en souriant.

– Oh ! mon Dieu, Ewenn ! Mais qu'est-ce qui t'a pris ? s'offusque Maman.

– J'ai cru qu'il y avait le feu ! tenté-je de me justifier.

– Pourquoi tu n'as pas appelé les pompiers, tonton ? s'interroge Maxime.

Mince, si même les enfants s'y mettent, je ne suis pas rendu.

– J'ai cru qu'il s'agissait de squatteurs !

– C'est quoi, des squatteurs ? demande Damien.

Un brouhaha insupportable s'ensuit. Maman et Katell me reprochent d'avoir surréagi et d'avoir mal accueilli leur nouvelle recrue, Antoine et Briac se moquent de moi, et Papi parle de la fois où il a essayé de se teindre les cheveux en blond platine *pour être à la mode* dans les années 70 mais qui a fini en catastrophe capillaire. Papa lui rétorque que ce n'est pas le sujet, et il n'y a qu'Adèle qui tente vaguement de prendre ma défense, avant que la petite se mette à pleurer et qu'elle s'éclipse.

Bref, j'adore les dimanches en famille, sauf quand je deviens malgré moi le centre de l'attention.

***

De retour chez moi, je sors de la voiture et jette machinalement un coup d'œil vers la maison de ma nouvelle voisine. J'entends des voix, ils doivent être dans leur jardin. J'entre vite chez moi avant de les croiser.

Mais le soir, alors que je suis dans la cuisine, je me rends compte qu'ils n'ont toujours pas posé de rideaux et que je peux voir dans leur séjour quand c'est allumé.

Coralie est au centre de la pièce, les bras en l'air... elle danse ! Elle ondule sur une musique que je ne peux pas entendre, et j'ai l'impression qu'elle chante aussi. Son fils s'approche, elle lui prend les mains et l'entraîne pour quelques pas. Il la laisse faire avant de se rebiffer.

On dirait qu'elle lui demande de revenir au milieu d'un éclat de rire. Cette scène me rappelle quand j'avais son âge. Ce moment un peu compliqué où l'on oscille entre enfance et adolescence, où l'on souhaite tout autant l'attention de nos parents que le fait qu'ils nous fichent la paix. Noé s'éloigne, je ne le vois plus. Coralie le suit du regard, les mains sur les hanches, elle ne danse plus. Puis elle tourne les yeux dans ma direction. Je me concentre rapidement sur mon évier, comme si celui-ci abritait une aventure passionnante. Peut-être un duel épique entre une éponge et un couteau mal lavé ? Oui, voilà, un combat à mort pour la survie de l'hygiène domestique. À ne surtout pas manquer.

Quand je relève la tête, elle a disparu.

6

Coralie

Je sors de la réserve juste au moment où la clochette de la porte d'entrée du salon de coiffure retentit. Un homme brun entre, et il ne me faut même pas une seconde pour me rendre compte que je le connais : il s'agit de mon voisin.

Sérieusement ? C'est pas possible ! Partout où je vais, il se pointe aussi ! Ça fait à peine cinq heures que je bosse ici, et il rapplique déjà ! Si ça continue, je vais devoir lui faire une carte de fidélité !

– Ah ! Ewenn ! lance joyeusement Florence Le Gall, ma patronne.

Elle lâche les shampooings qu'elle était en train de ranger pour se précipiter vers le nouvel arrivant. Bon, j'admets qu'il est beau mec, mais tout de même, elle pourrait faire preuve de retenue. Surtout qu'elle a l'âge d'être...

– Bonjour, Maman.

Ah ! oui, c'est sa mère, en fait... Bon, elle a une excuse, alors.

Attends ! Ma patronne est la mère de mon voisin ?

Au moment où cette nouvelle terrifiante s'affiche dans mon esprit, des yeux glacés qui pourraient faire geler un volcan se posent sur moi. Ewenn ne montre aucun signe qu'il est surpris de me voir ici, ni qu'il est ravi, d'ailleurs.

– Coralie ! me hèle Florence à travers le salon. Je crois que vous avez déjà eu l'occasion de faire connaissance avec mon fils ?

Je fais quelques pas dans leur direction. Ewenn commence :

– Oui, nous avons eu l'opportunité de...

Alors que, de mon côté, je réponds :

– Si, en Bretagne, faire irruption chez quelqu'un en criant, c'est faire connaissance, alors oui, il a respecté les traditions.

Je sais que c'est puéril de ma part mais je lui en veux encore. Ou peut-être que j'ai envie de l'emmerder un peu. Je n'aime pas le fait qu'il ait l'air ennuyé que je sois là. Je bosse ici. C'est lui qui va partout où je suis, pas l'inverse.

– Ewenn ! le houspille Florence. Je suis vraiment désolée, Coralie, je promets que je ne l'ai pas élevé comme ça.

– Maman, pour la cinquantième fois, c'était une erreur, dit-il en levant les yeux au ciel.

– J'espère qu'au moins tu t'es excusé ?

– Bien sûr que je me suis excusé !

Sa mère reporte son attention sur moi, et je dois bien admettre :

– Oui, il s'est excusé.

OK, il ne s'est peut-être pas traîné à terre pour implorer mon pardon mais il a dit « désolé » à un moment, je crois ? J'étais trop en colère pour y faire réellement attention.

– Va t'asseoir sur la chaise là-bas pendant que je prépare mon matériel.

Ewenn obéit à sa mère sans commentaire. Je m'abrite derrière la table qui a été installée pour moi et range mes vernis qui n'en ont absolument pas besoin. L'activité a été plutôt calme, mais c'est normal pour un premier jour. Il faut que les clientes se fassent à l'idée qu'elles peuvent maintenant se faire faire les ongles au salon.

Je continue tout de même à surveiller la scène du coin de l'œil. Florence coupe les cheveux de son fils, bavardant joyeusement. Lui semble plus laconique, mais il sourit de temps à autre. Au moins, voici la preuve qu'il peut se comporter autrement qu'en ressemblant à un plat congelé.

Plus je les observe, plus je me rends compte qu'ils ont l'air d'être très complices. Cela se voit dans les gestes de Florence et dans le regard de son fils qui semble beaucoup plus doux alors qu'il la regarde dans le miroir. Cela a un côté touchant. J'ai toujours une tendresse pour les hommes qui sont proches de leur mère. Peut-être parce que j'en suis une moi-même ?

Soudain, Florence s'exclame :

– Coralie, j'ai fini avec la coupe, venez donc faire un de vos massages magiques à Ewenn.

Son fils se raidit. Pour ma part, l'idée de poser mes mains sur lui ne me gêne pas, mais il a l'air d'en avoir autant envie que d'aller nager avec des méduses.

– Maman, je n'ai vraiment pas le temps pour ça, proteste-t-il en commençant déjà à se lever.

Elle appuie sur ses épaules pour le faire se rasseoir et insiste :

– Allons, ne fais pas ton grognon, ça ne prendra que quelques minutes. Toutes les clientes à qui Coralie en a fait ce matin ont été ravies.

À contrecœur, je m'approche. Ewenn me lance une œillade peu engageante qui en ferait fuir plus d'une.

Mais pas moi. Parce que ce qu'il ne sait pas, c'est qu'il vient en quelque sorte de me défier.

Personne ne refuse mes massages.

– Vous n'êtes pas obligée de faire ça, me dit-il froidement.

– C'est ma patronne qui me l'a demandé, réponds-je simplement. Donnez-moi votre main.

Il a une seconde d'hésitation, puis me tend une de ses paumes. Je la saisis avec assurance, notant au passage sa taille imposante comparée à la mienne. Elle est calleuse, témoignant d'un travail manuel régulier. Je commence par en masser doucement le centre en dessinant de petits cercles qui s'élargissent progressivement.

Un frisson imperceptible me parcourt l'échine. Malgré mon assurance, ce contact me trouble plus qu'il ne le devrait. Je sens la tension dans ses muscles, mais je suis déterminée à la faire disparaître, ne serait-ce que pour prouver mon professionnalisme. Mes doigts glissent le long de chacun des siens, massant délicatement les articulations. Je porte une attention particulière à la base du pouce, zone souvent négligée mais cruciale pour soulager le stress.

Je lutte pour garder une attitude indifférente alors que je sens qu'il étudie le moindre de mes gestes. Sa réticence disparaît peu à peu, et Ewenn commence à se détendre. Ses épaules s'affaissent légèrement, et sa respiration devient plus profonde. Je passe aux points de pression spécifiques sur le dessus de sa main, appliquant une impulsion ferme et douce à la fois.

Tout en travaillant, je garde un visage impassible. J'en profite pour l'observer à la dérobée. Ewenn a des traits bien dessinés, une mâchoire carrée qui lui donne un air déterminé. Ses cheveux bruns, fraîchement coupés, encadrent un visage aux pommettes hautes. Mais ce sont ses yeux qui attirent le plus l'attention : d'un bleu profond, presque orageux, ils contrastent avec sa peau hâlée. Je dois admettre qu'il est beau, même de près. Cependant, son attitude glaciale gâche considérablement l'effet. C'est comme admirer un tableau magnifique accroché de travers : on voit le potentiel, mais quelque chose cloche. Mais le pire, c'est que cette imperfection le rend intriguant.

Je termine par un étirement doux de chaque doigt, sentant les petits craquements satisfaisants sous mes mains expérimentées.

Lorsque je relâche sa main, je note une lueur de surprise dans son regard, rapidement masquée par cette expression tendue que semble lui inspirer ma présence. Il ne dit rien, mais son silence en dit long. Je retiens un sourire triomphant. Mission accomplie.

Il marmonne un merci et se lève. Il rejoint sa mère, alors que celle-ci est occupée à la caisse. Il dépose une bise sur sa joue et lui dit au revoir. Avant de passer la porte, il se retourne vers moi et m'adresse un signe de tête.

Je ne m'apprêtais pas à commenter sa visite, mais Florence lance le sujet. Elle soupire une fois la porte fermée.

– Ne faites pas attention à son mauvais caractère, Coralie. Par moments, il se comporte comme un ours, mais il a bon fond, vous savez. Je suis sûre qu'il ne pensait vraiment pas à mal quand il a débarqué chez vous.

Je hausse les épaules.

– J'imagine.

– Il… C'est mon fils, et je l'aime de tout mon cœur et… je suis bien consciente qu'il n'est pas l'homme le plus chaleureux de Kerlaouen.

Elle a vraiment l'air embarrassée par cette situation. D'une voix douce, j'essaie de la rassurer :

– Ne vous inquiétez pas, je me comporterai en bonne voisine.

– Oh ! je n'ai pas d'inquiétude là-dessus.

Son sourire et sa réponse rapide me mettent du baume au cœur. Lors de mes entretiens, j'ai eu une bonne impression de Florence et je pense que je ne me suis pas trompée. Elle m'a l'air d'être une femme de caractère mais d'une gentillesse infinie.

– Vous avez donc vraiment acheté la maison à côté de chez mon fils ?

– Oui, c'est le cas.

– Il y a pas mal de travaux à faire...

– J'en suis consciente, mais je ne pouvais pas m'offrir mieux. Et croyez-moi, c'est déjà cent fois mieux que là où j'habitais avant.

Elle semble étonnée. Je n'aurais peut-être pas dû dire ça, elle va croire que je vivais dans un taudis. Ce n'était pas Versailles mais c'était à peu près correct, si on met de côté le fait que les murs étaient tellement fins que, quand le voisin ronflait, j'avais l'impression qu'il était allongé à côté de moi.

– Vous ne m'aviez pas dit que votre fils était mon voisin.

– Oh ! Je ne l'ai appris que ce week-end. C'est le mari de Katell qui m'a raconté votre petite altercation.

– Il y a tant de gens que ça au courant ? m'étonné-je.

– Kerlaouen est un petit village. Tout le monde se connaît, et les nouvelles vont plus vite que la marée montante.

– J'essaierai de m'en souvenir...

– Vous devriez demander à Ewenn qu'il vous présente les autres voisins de votre rue. Je peux déjà vous dire de vous méfier de Mme Kerjean, votre voisine d'en face. Une vraie commère. Mais sinon, il y a un couple d'Anglais adorable, les Peters, qui habite un peu plus haut dans la rue. Ils viennent toutes les quatre semaines sans faute au salon, Madame pour la couleur et Monsieur pour la coupe.

Florence me donne quelques informations supplémentaires sur mon voisinage et ajoute :

– Quant à Ewenn, je vous rassure, il aboie mais ne mord pas. Il a tendance à se méfier des nouveaux venus, notamment quand ils viennent de grandes villes comme vous.

– Pourquoi ? On est si différents que ça ?

– Disons qu'il a eu une mauvaise expérience qui l'a un peu refroidi.

Elle qui semble si volubile n'en dit pas davantage, ce qui m'intrigue d'autant plus.

Qu'est-ce qu'elle entend par « une mauvaise expérience » ? Je meurs d'envie de le lui demander, même si c'est ridicule et que je devrais m'en moquer. Mais c'est mon premier jour ici, et quelque chose me dit que fouiner dans la vie des gens dès le début, ça ne se fait pas trop.

Je finirai bien par l'apprendre d'une façon ou d'une autre. Tout le monde sait que les coiffeurs ou les manucures sont comme des sérums de vérité pour beaucoup de gens. Une fois entre nos mains, ils se sentent obligés de tout déballer. C'est étonnant, d'ailleurs, que la DGSE ne fasse pas plus souvent appel à nous.

– En tout cas, je suis contente que cette maison soit enfin habitée. Je n'aimais pas trop l'idée qu'il y ait peut-être des rôdeurs à côté de chez mon fils alors qu'il vit tout seul.

Cette remarque me fait sourire. Ewenn me donne vraiment l'impression d'être le genre de mec qui sait se défendre, mais je ne peux pas en vouloir à Florence de s'inquiéter pour son fils. C'est même mignon, ça montre la tendresse qui existe entre eux. Qui sait comment je serai avec Noé quand il sera adulte. Peut-être un peu comme elle. Il me détestera pour ça, mais au fond de lui, il m'aimera quand même, non ?

J'ai encore le temps avant que Noé quitte le nid. Et de mon côté, celui de me faire à cette idée. De toute manière, ça n'arrivera pas avant qu'il comprenne que les courses ne se font pas toutes au rayon céréales.

7
Ewenn

Assis sur ma terrasse, une bière à la main, je savoure le moment. Ma journée de boulot a été longue et compliquée. J'ai dû revoir les plans d'un voilier sur lequel je travaille depuis plusieurs mois, le client ayant encore changé d'avis.

J'aime cette heure où le soleil décline et embrase le jardin d'une lueur dorée, et, surtout, le silence qui règne dans le quartier. Du moins... en temps normal. Car ce soir, un bruit incongru vient troubler ma quiétude. Je n'y prête pas trop attention au départ, du moins jusqu'à ce que je me rende compte qu'il s'agit d'une voix. Une voix venant de ma clôture.

– Par ici, allez, sois gentil.

Il y a bien quelqu'un près de la clôture. Et je n'ai aucun doute sur l'identité de cette personne : Coralie, ma nouvelle voisine, et accessoirement la nouvelle employée de ma mère.

Je décide de faire abstraction, mais tout à coup, la haie se met à bouger. Ma haie, que j'entretiens avec soin.

– Allez, mon petit chou à la crème, sors de là. Je te promets que je ne vais pas te manger. Enfin, pas tout de suite, hein ?

Mais qu'est-ce qu'elle fait ?

Je m'approche de la clôture, sans vraiment prendre la peine d'être discret. Sa voix a beau provenir de l'endroit où je me trouve, je ne la vois pas. Elle est assise ? Je me penche par-dessus la haie, et ce que je découvre me laisse perplexe. Coralie est à quatre pattes, le visage dans les buissons qui longent le grillage. Elle porte un mini-short en jean qui, dans cette position, semble tout à fait indécent.

– Capitaine Chou-fleur, youhou !

Je reste immobile, partagé entre l'agacement et la curiosité. Que peut-elle bien fabriquer la tête à moitié dans les broussailles qui poussent de son côté de la clôture ? Et à qui, ou plutôt à quoi, s'adresse-t-elle avec ce surnom ridicule ?

Je finis par m'éclaircir la gorge, faisant sursauter Coralie qui se retourne brusquement. Sa tête cogne contre des branches.

– Oh ! Bonsoir, voisin ! lance-t-elle avec un sourire gêné. Belle soirée, n'est-ce pas ?

Je hausse un sourcil, peu impressionné par cette tentative de conversation badine.

– Je peux savoir ce que vous faites exactement dans ma haie ?

– Eh bien, votre haie pousse chez moi, je vous ferais remarquer.

Je soupire.

– Ça ne m'explique pas pourquoi vous parlez à un buisson.

Coralie a un petit rire nerveux.

– Oh ! trois fois rien. Je joue juste à cache-cache avec mon lapin. Il est un peu timide, vous comprenez.

– À cache-cache ? Avec un lapin...

C'est confirmé, cette femme est dingue.

Elle roule des yeux.

– Oui, alors, pas littéralement cache-cache. Disons que j'ai ouvert sa cage et qu'il s'est enfui. Mais il est juste là, je l'aperçois, j'ai besoin qu'il se décide à sortir pour le rattraper.

– Je vois...

Alors que je lance un coup d'œil vers la haie pour voir si j'aperçois l'animal, Coralie s'est à nouveau penchée dans les fourrés, reprenant sa litanie de mots doux à l'attention de son lapin fugueur. Je ne peux m'empêcher de soupirer, déjà fatigué par cette interaction imprévue.

Je fais quelques pas pour retourner sur ma terrasse, laissant Coralie à ses délires animaliers, quand un cri étouffé attire mon attention.

– Tout va bien ? demandé-je, plus par politesse que par réelle inquiétude.

– Oh ! oui, oui, parfaitement bien ! répond-elle d'une voix trop aiguë pour être honnête. Je profite juste de la vue... sous la haie. C'est très... rustique.

Les buissons bougent comme si elle essayait de les secouer, puis j'entends un juron. Je me rapproche pour me pencher à nouveau au-dessus de la clôture. Coralie est en train de gigoter comme un ver.

Punaise...

– Coralie, vous êtes coincée, n'est-ce pas ?

– Euh...

Elle se tortille encore.

– Coralie ?

Elle hésite un instant avant de lâcher un soupir de défaite.

– D'accord, vous m'avez démasquée. Je suis dans un contexte un peu... difficile capillairement parlant.

Je m'accroupis et essaie de voir sous la haie de mon côté de la clôture.

Je comprends rapidement que ses cheveux se sont emmêlés dans les mailles du grillage, formant un nœud impressionnant.

– Comment avez-vous réussi à faire ça ? demandé-je, partagé entre exaspération et incrédulité.

– Je me suis demandé quel serait le pire moyen de nouer mes cheveux autour de cette clôture et de créer une situation super inconfortable pour vous et moi ce soir. Et ensuite, j'ai fait ça, mais en pire.

– Mais il y a trente secondes, vous aviez encore la tête dehors !

– Que voulez-vous, je suis rapide comme le tonnerre !

– Ce sont les éclairs qui sont rapides, pas le tonnerre, fais-je remarquer d'un ton plat.

– Merci, Monsieur Météo. Est-ce que c'est si important, là, tout de suite ? Vous arriveriez à défaire ce nœud, plutôt ?

Coralie tente de se dégager une nouvelle fois mais ne réussit qu'à s'emmêler davantage. Je la vois grimacer de douleur.

– Arrêtez de bouger ! lui ordonné-je. Vous ne faites qu'aggraver les choses.

– Oui, mais vous, vous ne faites rien !

Je soupire profondément. Ma soirée tranquille vient officiellement de prendre fin. Ça m'apprendra à me mêler des affaires de la voisine.

– Je vais voir ce que je peux faire, grommelé-je en m'approchant pour examiner le nœud de plus près.

Je m'allonge au sol et tends les mains. J'arrive tout juste à toucher ses mèches de cheveux.

– Il faut que je vienne dans votre jardin, car la haie est trop épaisse de mon côté de la clôture.

– Je vous en prie, venez chez moi. M'en veuillez pas, mais je vous attends là. Le portail est ouvert... Comme toujours, d'ailleurs.

Elle ajoute cette dernière partie plus pour elle que pour moi, j'ai l'impression. Effectivement, son portail semble très abîmé, il ne se refermera sûrement plus jamais. Mais je suppose que vu l'état général de la baraque, ce n'est pas le plus urgent à réparer.

Je fais le tour par la rue et constate que le rideau de Mme Kerjean bouge légèrement.

Super, demain, tout le village saura que je me suis rendu chez ma voisine...

Je me retrouve dans le jardin de Coralie et remarque qu'elle a arraché les mauvaises herbes, ce qui donne un coup de propre certain à l'allée. Je contourne la maison par la gauche et m'approche d'elle.

– Salut, lance-t-elle, toujours coincée.

Je m'installe à ses côtés en soupirant. Le lapin, lui, est planqué bien au fond de la haie, je distingue à peine sa fourrure. Je m'occuperai de lui plus tard. En attendant, j'essaie de comprendre comment sa maîtresse a pu se retrouver dans cette situation.

– Punaise, mais comment vous avez réussi à faire ça ? grogné-je dans ma barbe.

Ma question n'attendait pas de réponse, mais bien entendu, elle ne peut s'empêcher d'en donner une.

– Si je le savais, je vous donnerais la solution pour me sortir de là.

Je tends la main pour essayer de dénouer ses cheveux bloqués autour du grillage en métal. Une mèche a dû se coincer, cependant, je ne comprends toujours pas comment elle a pu s'enrouler. Mais pour l'instant, l'essentiel est de résoudre le problème, pas d'en chercher la cause.

Après quelques tentatives infructueuses pour démêler ses cheveux, je me rends compte que la situation est plus compliquée que prévu. Je me redresse.

– Alors ? demande-t-elle avec un sourire nerveux. Vous avez bientôt fini ?

Ce que je vais dire ne va pas lui plaire, j'en ai bien peur. Ce truc est un véritable nœud gordien ! Et à la manière d'Alexandre le Grand, je ne vois qu'une manière de s'en débarrasser.

Je me penche vers elle pour lui annoncer la nouvelle. Je déteste voir l'espoir dans ses yeux bruns.

– Je crois qu'il n'y a qu'une seule solution...

Son ton est immédiatement inquiet.

– Oh ! non, ne me dites pas que...

– Il va falloir couper.

– « Couper » ? s'exclame Coralie en tournant la tête du mieux qu'elle peut pour me faire face, les yeux écarquillés d'horreur. Mais vous n'y pensez pas ! Mes cheveux sont ma couronne de gloire, mon trésor capillaire, ma...

– Votre prison actuelle, l'interromps-je. À moins que vous ne préfériez rester attachée à cette clôture pour l'éternité ?

Elle me lance un regard noir.

– Très drôle, Ewenn. Il doit bien y avoir une autre solution. Vous n'avez pas d'huile d'olive ? Du beurre ? Du savon liquide ?

Je lève les yeux au ciel.

– Oui, bien sûr. J'ai toujours un assortiment de condiments et de produits d'hygiène dans mes poches au cas où ma voisine déciderait de faire un soin capillaire à la clôture.

– Pas besoin d'être sarcastique, marmonne-t-elle. Je cherche juste des alternatives à votre solution draconienne.

– « Draconienne » ? Je vous propose de vous libérer, pas de vous scalper !

Coralie tente à nouveau de se dégager, sans succès. Elle pousse un gémissement de frustration.

– C'est un cauchemar ! Je vais me réveiller, n'est-ce pas ? Dans un instant, je vais ouvrir les yeux et me retrouver dans mon lit, avec tous mes cheveux.

– Désolé de briser vos illusions, mais vous êtes bien réveillée. Et toujours coincée, réponds-je, commençant à perdre patience.

– Vous savez quoi ? Je crois que je vais rester ici. Il fait plutôt bon, ce soir...

Je ne peux m'empêcher de ricaner face à son absurdité.

– Très bonne idée, en effet. Et que ferez-vous quand il pleuvra ? Ou quand les oiseaux décideront de nicher dans vos cheveux ?

– Je sais, mais...

– Vous voulez que je prévienne votre fils que vous avez choisi de passer le reste de votre vie ici de peur de couper quelques mèches ? Où est-il, d'ailleurs ?

– Non ! N'allez pas le voir !

– Pourquoi ? Vous avez peur qu'il vous voie dans cette situation et qu'il se moque de vous à chaque repas de famille en racontant cette anecdote ?

– Non, c'est pas ça, il ne doit pas savoir pour le lapin !

J'essaie de faire preuve de patience et de comprendre cette femme, mais vraiment, elle n'a aucune logique.

– Vous élevez un lapin en cachette de votre fils ?

– Pas exactement. Il ne sait pas encore qu'on a un lapin.

Elle soupire bruyamment.

– Il y a cette cliente qui voulait se débarrasser de son lapin…

– Pitié, ne me dites pas que vous avez volé un lapin.

– Mais pas du tout ! Vous pouvez arrêter de me prendre pour une criminelle, deux minutes ?

– OK. Donc elle souhaitait se débarrasser de son lapin, et laissez-moi deviner : vous avez récupéré ledit lapin ?

– Oui, Noé se sent un peu seul depuis que nous sommes ici, et je me suis dit qu'avoir un animal de compagnie lui ferait plaisir. Je pensais le lui offrir demain avant de partir au travail, histoire qu'il soit moins triste que je le laisse pour la journée.

Pendant une seconde, je me laisse attendrir par son histoire. Je trouve ça mignon qu'elle ait décidé d'attendre demain pour lui faire la surprise.

– Il reste seul ici pendant que vous êtes au travail ?

– Il ne veut pas aller au centre aéré car il ne connaît pas les autres enfants. Je n'ai pas tellement d'autres solutions. Mais au lieu de juger la façon dont j'élève mon fils, on pourrait se reconcentrer sur mes cheveux ?

Oui, elle a raison, pendant qu'on parle, elle est toujours coincée.

– Écoutez, Coralie, je comprends que vous teniez à vos cheveux, mais soyons rationnels : le jour est en train de tomber, vous êtes prise au piège… À moins que vous ne souhaitiez passer la nuit ici…

Elle soupire profondément.

– D'accord, d'accord. Mais promettez-moi de couper le minimum nécessaire. Et si jamais vous faites un faux mouvement, je vous jure que je viendrai trancher vos rosiers en pleine nuit !

– Mes rosiers ? Je n'ai pas de rosier.

– Alors je planterai des rosiers dans votre jardin et ensuite je viendrai les couper. Ça vous apprendra !

Je ne peux m'empêcher de sourire face à cette menace loufoque.

Elle est complètement timbrée, ma parole !

– Marché conclu. Maintenant, laissez-moi aller chercher des ciseaux avant que vous changiez d'avis.

Quelques minutes plus tard, je reviens avec une paire de ciseaux récupérée chez moi et observe Coralie, qui semble avoir accepté son sort, bien qu'à contrecœur. Elle me regarde approcher comme si j'étais le bourreau venant exécuter la sentence.

– Vous êtes sûr de savoir ce que vous faites ? demande-t-elle d'une voix tremblante. Votre mère ne vous a pas formé à la coiffure, par hasard ?

Je secoue la tête.

– Désolé de vous décevoir, mais je n'ai aucune coupe de cheveux à mon actif.

Prenant une profonde inspiration, je m'allonge à ses côtés et examine le nœud de plus près.

– Je vais essayer de couper le minimum, la rassuré-je. Mais ne bougez pas, d'accord ?

Coralie hoche la tête, fermant les yeux comme si elle s'apprêtait à subir un arrachage de dent. Je commence à couper délicatement, mèche par mèche, sentant la tension dans l'air s'épaissir à chaque coup de ciseaux.

Après ce qui semble être une éternité mais qui n'a probablement duré que quelques secondes, je recule.

– C'est fait, vous êtes libre.

Coralie ouvre les yeux, clignant plusieurs fois des paupières comme si elle n'osait pas y croire. Lentement, elle se redresse, tâtant précautionneusement l'arrière de sa tête.

– Oh ! mon Dieu ! J'ai l'impression d'avoir perdu dix kilos de cheveux.

– Ne dramatisez pas, réponds-je en roulant des yeux. Ce ne sont que deux petites mèches. Ça se voit à peine.

C'est à ce moment précis qu'un mouvement dans les buissons attire notre attention. Un lapin blanc et brun en sort tranquillement, comme si de rien n'était, mâchouillant nonchalamment une feuille.

– Capitaine Chou-fleur ! s'exclame Coralie. Te voilà enfin, petit garnement !

Capitaine Chou-fleur ? Vraiment ?

Qui a pu l'affubler d'un patronyme aussi horrible ? Je ne sais pas pourquoi, mais quelque chose me dit... que c'est elle. Avec ses bracelets multicolores, ses cheveux aux pointes violettes et ses tongs à strass, elle me donne tout à fait l'impression de pouvoir choisir un surnom ridicule à un animal.

Le lapin l'observe, ses moustaches frémissant légèrement, avant de sautiller vers elle. Coralie se penche pour le ramasser, un grand sourire aux lèvres.

Elle pivote ensuite pour me mettre la bestiole juste sous le nez.

Oh. Mon. Dieu.

Finalement, à la loterie de la vie, son nom n'est pas la chose la plus horrible qu'a reçue ce lapin. Parce que vu sa tête... J'ai face à moi le rongeur le plus laid de toute la création. Pas étonnant qu'il ait été abandonné par ses précédents propriétaires.

Ses poils sont ébouriffés, avec des longueurs différentes selon les endroits. Ses grandes oreilles tombent de chaque côté de sa tête, mais l'une d'elles est légèrement tordue, lui donnant un air étrange. Ses yeux globuleux, d'un rouge un peu trop intense, semblent dépourvus d'intelligence, et son museau est tacheté de petites cicatrices, probablement des séquelles d'un passé difficile. En plus de ça, il est chétif, et ses dents trop longues lui confèrent une espèce de rictus perpétuel.

Il est vraiment moche.

– Ewenn, je vous présente Capitaine Chou-fleur. Cap'tain, je te présente Ewenn, le voisin.

Je reste sans voix, toujours fasciné par cette créature du diable. Si bien que Coralie continue de babiller. Elle attrape la patte de son lapin et lui fait faire un petit coucou.

– Bonjour, Ewenn, ravi de faire votre connaissance, dit-elle avec une imitation très personnelle de ce qui doit être, dans sa tête, une voix de lapin.

Je ne sais pas quoi dire. C'est comme avec un bébé moche. On ne dit pas à sa mère qu'il ressemble à Gollum, ce n'est pas comme si elle allait pouvoir le changer. Donc je préfère me taire.

Coralie plisse les yeux et affirme :

– Vous n'êtes pas un grand bavard.

Je me contente de hausser les épaules. Je pourrais lui répondre qu'elle parle assez pour nous deux, ou que mes talents conversationnels avec les lapins sont limités.

– Je vais rentrer chez moi, annoncé-je.

Elle hoche la tête et m'adresse un dernier sourire.

– Merci, Ewenn. Je... Si j'avais dû parier sur qui, chez les Le Gall, allait me couper les cheveux en premier, je n'aurais pas pensé à vous, mais...

– Évitez d'en parler à ma mère. Et à ma sœur aussi, par la même occasion.

Même si quelque chose me dit qu'elles l'apprendront tôt ou tard. Je suis presque certain d'avoir aperçu du coin de l'œil des voisins s'arrêter sur le trottoir pour espionner ce que nous faisions.

– Pourquoi ? Vous avez peur qu'elles sachent que vous avez fait une bonne action ?

– Recueillir un lapin moche dont les propriétaires veulent se débarrasser, ça, c'est une bonne action. Vous couper deux mèches pour vous permettre de rentrer chez vous, c'est juste du bon sens. Sinon, vous auriez hurlé toute la nuit dans votre jardin et vous m'auriez empêché de profiter de ma soirée.

Elle ouvre la bouche, choquée par ma réponse, tout en essayant de mettre ses mains sur les oreilles de Capitaine Chou-fleur. Mais comme elle le porte toujours, ce n'est pas chose aisée.

– Ne l'écoute pas, Cap'tain. Tu n'es pas vilain, tu es différent, et c'est ce qui fait tout ton charme.

– Si vous lui bouchez les oreilles, il ne risque pas d'entendre vos encouragements.

– Vous êtes toujours aussi sarcastique ?

– Ce n'est pas du sarcasme, juste une remarque terre à terre.

Elle m'adresse un regard furieux.

– Je crois qu'il est l'heure pour Capitaine Chou-fleur de retourner dans sa cage.

Je sais reconnaître une invitation à partir quand on m'en lance une.

– Bien, bonne soirée.

– Bonne soirée, Monsieur le voisin cruel.

Je l'ai tirée d'un mauvais pas, mais tout ce qu'elle retient, c'est que j'ai légèrement insulté son lapin. OK, je m'étais promis de ne pas le lui dire, mais c'est sorti tout seul. Cette créature est vraiment hideuse.

Je retourne de mon côté de la clôture et récupère ma bière qui s'est réchauffée en attendant. Décidément, elle n'est là que depuis quelques jours, et ma tranquillité est déjà mise à rude épreuve.

8

Coralie

Peindre a quelque chose de particulièrement satisfaisant pour moi. C'est peut-être pour cela que j'en ai fait mon métier ? Sauf qu'au lieu de colorer de petits ongles, cette fois, je me suis attaquée à un projet un peu plus ambitieux : les volets de ma maison.

Mon rouleau va et vient sur le bois avec la précision d'un métronome hyperactif. Depuis mon échelle, je sens la chaleur du soleil dans mon dos. La météo est de mon côté, du moins pour l'instant. Avec un peu de chance, ça restera comme ça. Parce qu'ici, on peut très bien passer des bikinis aux bottes de pluie en moins de temps qu'il ne faut pour dire « changement de saison ». Espérons que cette journée reste bloquée en mode été, pour permettre à mes volets de sécher rapidement.

Noé joue dans le jardin avec Capitaine Chou-fleur. Il a sauté de joie quand je lui ai présenté son nouveau compagnon. Il ne s'est pas arrêté à son physique ingrat, *lui*. Je me doutais que mon fils avait un grand cœur et qu'il voyait au-delà des apparences.

Je lui ai permis d'ouvrir sa cage, mais je l'ai prévenu de le récupérer avant qu'il s'approche de la clôture. Depuis ma mésaventure l'autre jour, j'ai dû demander à Katell de rattraper ma coupe. J'en ai profité pour teindre les pointes de mes cheveux en bleu. Bleu comme l'océan, le ciel, les hortensias et... les volets de mon voisin. Enfin, pas que les siens, d'ailleurs. À Kerlaouen, beaucoup de maisons ont des volets bleus.

– Bonjour, Coralie !

Je vacille en haut de mon échelle et me retourne pour apercevoir les Peters, un couple d'âge mûr qui habite un peu plus loin dans la rue, se promener main dans la main, comme d'habitude. Ils sont venus au salon cette semaine. Florence avait raison, ils sont adorables.

– Bonjour, Lyne ! Bonjour, Tim !

– Tu t'attaques à ces vieux volets ? Tu as bien du courage ! lance Tim.

– Oui, je me suis dit qu'un petit coup de neuf ne leur ferait pas de mal.

– C'est très joyeux, cette couleur, renchérit Lyne.

– Exactement ! Et tu sais que j'ai presque la même en couleur de vernis. On pourra essayer la prochaine fois ?

– Oh ! Je ne sais pas si j'oserai...

Elle jette un coup d'œil à ses ongles, que j'ai réussi à la convaincre de peindre en corail.

– C'est la teinte de l'été ! Et ça fera ressortir le petit teint hâlé que tu auras après ta promenade.

Les Peters rient et, après quelques échanges pendant lesquels Lyne promet de réfléchir à ma suggestion de manucure, ils repartent en direction de la plage.

Quelques minutes plus tard, des bruits de pas un peu plus prononcés sur le trottoir attirent mon attention. Je lève les yeux de ma tâche et constate que c'est encore un voisin qui arrive, mais en courant : Ewenn.

Vu sa tenue, je dirais qu'il revient d'un jogging. Son T-shirt – bleu comme ses volets – mouillé par la transpiration est plaqué sur son torse. Je le vois ralentir et plisser les yeux dans ma direction, comme pour vérifier que c'est bien moi en haut de l'échelle. Peut-être qu'il est myope ?

Il s'approche doucement, les mains sur les hanches. Malgré la sueur qui lui colle à la peau et son absence de sourire, je ne peux m'empêcher de reconnaître qu'il est agréable à regarder.

– Salut, voisin ! lancé-je joyeusement depuis mon échelle.

On ne pourra pas me reprocher de ne pas faire d'efforts pour être une voisine agréable. Certes, depuis l'épisode malheureux avec Capitaine Chou-fleur, nous n'avons pas vraiment parlé. Je dirais même que je l'ai évité, et je suis presque certaine que lui aussi. Même si je n'ai aucune preuve de ça. Peut-être qu'il a vécu en reclus toute la semaine. Peut-être qu'il sort prendre son courrier au beau milieu de la nuit... ou tout simplement, quand je suis au travail. Quoi qu'il en soit, je ne l'avais pas revu depuis mardi soir.

Il lève un sourcil. Il a l'air surpris de me voir perchée sur les barreaux en métal.

– Bonjour... qu'est-ce que tu fais ?

Tiens, on est passé au tutoiement ? Il m'a coupé les cheveux, ça rapproche, en un sens.

– Je crois que c'est plutôt évident, je repeins mes volets !

Soit il a un très mauvais esprit de déduction, soit il me prend pour une débile. Dans les deux cas, il y en a un de nous qui est considéré comme n'ayant pas la lumière à tous les étages. Il réplique :

– En laissant le volet accroché sur ses gonds ?

– Eh bien... oui ? Pourquoi ? Il aurait fallu que je le décroche ?

Un sourire narquois s'affiche sur ses lèvres, alors qu'il fait quelques pas pour entrer dans mon jardin. Cette absence de portail commence à devenir problématique.

– Je ne sais pas... Pour éviter d'en mettre partout ?

Je n'aime pas du tout son petit ton condescendant. Je relève le menton et réplique :

– Je sais peindre sans dépasser. Je te rappelle que je fais ça pour gagner ma vie.

– Je n'ai pas dit le contraire, mais ils prévoient du vent dans l'après-midi. Comment tu vas faire pour que le volet ne claque pas contre le mur ?

Mes yeux se posent sur le battant en bois et ma façade blanche. Enfin, qui a été blanche à une époque où on tournait encore les cadrans des téléphones pour composer un numéro, je suppose. J'ai pensé à la pluie, mais pas au vent. Il n'était pas expliqué qu'il fallait retirer les volets dans mon tuto ! Mais maintenant que j'y pense, dans la vidéo, ils étaient étalés sur des tréteaux...

Je sens le regard d'Ewenn dans mon dos et je n'ai pas envie de reconnaître qu'il a raison, alors je procède à un habile changement de sujet :

– Qu'est-ce que tu penses de cette couleur ? Ça va apporter un peu de joie dans le quartier, tu ne trouves pas ?

– Tu as eu l'autorisation des services de l'urbanisme ?

– L'urbanisme ? Il faut une autorisation ? Pourquoi ?

Il me dévisage comme si je venais de manger des crayons de couleur. Il commence sérieusement à m'agacer.

– Pour éviter que tout le monde ne fasse ce qu'il veut, comme... repeindre ses volets en jaune...

– Alors, déjà, ce n'est pas jaune, c'est mimosa. Ensuite, c'est quoi, ces règles ? Vous avez quelque chose contre les libertés individuelles, en Bretagne ?

Il croise les bras sur son torse et réplique :

– Je suis presque certain que ce sont des directives qui sont applicables dans toutes les villes de France, Coralie.

Il est clairement en train de me réprimander comme une gamine qui aurait enfreint les règles de la cour de récré. Et moi, tout ce sur quoi je suis capable de me concentrer, c'est la façon dont il vient de prononcer mon prénom, en insistant sur chaque syllabe, comme si elles avaient toutes une importance capitale. Ça et ses avant-bras hâlés qui se contractent sur sa poitrine. Est-ce une veine que je vois ressortir ? Je devrais peut-être descendre de l'échelle pour vérifier.

Ou pas.

Depuis quand je m'intéresse au système veineux ou à la musculature du voisin ? Ou même d'un homme ? Ce n'est pas comme si j'avais une quelconque formation médicale, en plus, pour justifier cette soudaine attirance.

D'ailleurs, vu les mauvaises herbes qui poussent sur la route de ma vie amoureuse, mon corps part probablement en vrille. Il trouve attirant le premier mec de ma tranche d'âge qui semble avoir une hygiène de vie décente et un patrimoine génétique avantageux. Peu importe si celui-ci a le caractère aussi attirant que l'apparence d'un porc-épic.

– Tes volets sont bleus, tenté-je d'argumenter.

– Chose assez courante dans cette partie de la Bretagne.

– Mais pas obligatoire !

– Mais pas obligatoire, effectivement.

Je replonge mon rouleau dans le bac de peinture et soupire. Mon autre main se pose sur le mur pour garder un semblant d'équilibre. L'échelle est installée dans les graviers, ce qui n'est pas génial en termes de stabilité.

– Écoute, je suis d'accord pour dire que je suis peut-être un peu excentrique mais j'ai besoin de couleur dans ma vie. Et puis, avoue que ça égaye le quartier !

Ewenn lève les yeux au ciel, mais je décèle l'ombre d'un sourire sur ses lèvres.

– Si tu le dis...

OK, donc il n'a vraiment pas l'intention de me donner raison. Je ferais mieux de l'ignorer, d'ailleurs. Quelque chose me dit que M. Ewenn Le Gall est un éternel insatisfait et qu'il va critiquer tout ce que je fais, peu importe si j'ai raison ou tort. Donc autant faire abstraction de son avis.

Depuis quand j'écoute les avis extérieurs, d'ailleurs ?

Tu ne devrais pas partir dans une région où tu ne connais personne, Coralie !

Tu ne devrais pas acheter une maison à retaper, Coralie !

Tu ne devrais pas élever ton fils comme ça, Coralie !

Tu ne devrais pas garder ce bébé, Coralie !

Toute ma vie est une longue série d'injonctions que je me suis efforcée de ne pas écouter. Ce n'est pas mon voisin – aussi sexy soient ses avant-bras – qui va m'imposer ce que je dois faire.

Je me penche pour atteindre une partie plus éloignée du volet et, soudain, je sens l'échelle vaciller dangereusement sous mes pieds.

– Coralie... L'échelle bouge.

Une pointe d'inquiétude est perceptible dans la voix d'Ewenn.

Sans blague, j'avais pas remarqué.

– T'inquiète, je gère !

Malgré l'assurance de ma réponse, mon cœur commence à battre plus vite. Je tente de m'accrocher un peu mieux à la façade mais je n'ai aucun point d'ancrage sur le mur lisse.

– Coralie, descends de là tout de suite !

L'échelle continue de trembler, et je fais un mouvement pour faire face à Ewenn et lui lance :

– Mais non, je te dis que je...

Je n'ai pas le temps de finir ma phrase. Ma manœuvre a achevé de déséquilibrer l'échelle, qui bascule brusquement, et je me sens partir en avant. Mon estomac fait un bond, et je laisse échapper un cri de panique.

Tout se passe en une fraction de seconde. Je vois Ewenn bondir vers moi, les bras tendus. Il arrive juste à temps pour me rattraper, mais l'impact nous fait tous les deux tomber sur le sol. Le pot de peinture se renverse, nous éclaboussant copieusement de jaune mimosa. Je me retrouve allongée sur Ewenn, qui se trouve sur le dos. Mon souffle est coupé par la surprise.

Il se passe de longues secondes pendant lesquelles nous restons immobiles, sous le choc. Peu à peu, je deviens consciente de ce qui m'entoure. La peinture visqueuse qui coule lentement dans mon dos. Le corps dur d'Ewenn sous moi, sa respiration rapide soulevant sa poitrine contre la mienne.

Ewenn se racle la gorge, brisant le silence.

– Euh... tu pourrais te pousser ? demande-t-il d'une voix rauque.

Je suis étalée de tout mon long sur lui. Je l'ai protégé en partie de la peinture, mais il en a sur le visage, et je suis certainement en train de goutter un peu partout sur lui. Je tente maladroitement de me redresser.

– Oh ! mon Dieu ! Je suis désolée !

Dans ma précipitation, je m'appuie accidentellement sur son estomac, lui arrachant un grognement de douleur.

– Aïe ! Fais attention !

– Pardon, pardon !

J'essaie d'essuyer la peinture sur son visage mais je ne fais qu'étaler davantage celle-ci sur ses joues. Ses yeux lancent des éclairs.

– Arrête de gigoter et laisse-moi me relever, gronde-t-il.

C'est alors que je prends pleinement conscience de notre position : je suis littéralement à califourchon sur le haut de ses cuisses. La honte me submerge. Mortifiée, je me relève tant bien que mal, glissant sur la peinture.

– Oh là là ! Je... euh... attends, je vais t'aider.

Je tends la main pour le tirer, mais il la repousse sèchement.

– Ça ira, je peux me débrouiller seul.

Ewenn se redresse à son tour, l'air furieux et couvert de jaune de la tête aux pieds. En me débattant, j'ai fini par lui faire couler de la peinture dessus à peu près partout.

– Je suis vraiment, vraiment désolée, Ewenn. Je ne voulais pas...

– C'est bon, coupe-t-il. La prochaine fois, écoute quand on te dit que c'est dangereux.

Il s'éloigne d'un pas raide, laissant des empreintes jaunes derrière lui. Je reste plantée là, couverte de peinture, me sentant à la fois ridicule et terriblement gênée.

– Au moins, maintenant, tu es assorti à mes volets !

C'est une tentative de détendre l'atmosphère... ou mon agacement qui explose. Je n'y peux rien, moi, s'il a décidé de se mêler de mes affaires !

Il se retourne, et son expression me fait immédiatement regretter mon excès de zèle.

– Désolée, c'était nul, marmonné-je.

Ewenn secoue la tête et reprend sa marche. Je l'observe rentrer chez lui, sentant la peinture couler lentement sur ma peau. Soudain, un cri strident retentit, nous faisant sursauter tous les deux. Ewenn s'arrête net et se retourne vers moi, l'inquiétude remplaçant momentanément la colère sur son visage.

9

Ewenn

Mon cœur bondit dans ma poitrine au son du cri perçant. Je me retourne brusquement vers Coralie, qui n'a pas l'air alarmé, même si je l'ai vue sursauter.

– C'est Noé, dit-elle calmement, un sourire amusé sur les lèvres.

Je fronce les sourcils, perplexe face à son manque d'inquiétude.

– Avec Noé, les cris sont monnaie courante. Ce gamin a une voix qui porte à des kilomètres.

Je me retourne lentement vers le jardin. Là, je vois son fils, les yeux écarquillés, serrant contre lui ce lapin difforme avec lequel je le vois souvent jouer dans le jardin. *Comment s'appelle-t-il, déjà ?*

Capitaine Brocoli ? Artichaut ? Je sais que c'est un légume synonyme de punition chez les gosses. Probablement le chou-fleur.

L'expression de Noé oscille entre la surprise et l'amusement, tandis qu'il nous dévisage, sa mère et moi, couverts de peinture jaune de la tête aux pieds. Le lapin, lui, a juste l'air... moche.

– Maman ! s'exclame-t-il. Qu'est-ce qui s'est passé ? On dirait que vous vous êtes battus avec un pot de peinture !

Je ne peux m'empêcher de laisser échapper un grognement.

– Ce n'est rien, Noé, répond-elle d'un ton calme. J'ai eu un petit accident avec l'échelle, et heureusement, notre super voisin m'a sauvée d'une chute spectaculaire. Malheureusement, le pot de peinture n'a pas eu autant de chance.

Notre super voisin ?

Noé nous dévisage tour à tour. Soudain, il éclate d'un rire qui résonne dans tout le jardin. Coralie le rejoint rapidement. Je me surprends à l'observer, captivé par la façon dont son visage s'illumine lorsqu'elle rit, même couverte de peinture jaune. Son rire est contagieux, chaleureux, presque musical. Je sens malgré moi les coins de ma bouche se relever légèrement.

Mais la réalité de notre situation se rappelle brutalement à moi quand je vois que mes baskets sont recouvertes de jaune visqueux. La peinture commence à sécher sur ma peau et mes vêtements, me procurant une sensation désagréable.

– Nous devrions nous nettoyer rapidement, dis-je en essayant de garder un ton neutre. Cette peinture va être difficile à enlever si on la laisse sécher.

Je m'apprête à partir quand j'entends Noé demander :

– Maman, comment tu vas faire pour te nettoyer sans en mettre partout dans la maison ?

Coralie s'arrête net, son rire se transforme en une expression de confusion. Elle regarde autour d'elle, commençant à percuter qu'un problème logistique se pose. Je vois ses yeux aller de la porte d'entrée à ses mains et ses vêtements couverts de peinture.

– Oh... Je n'avais pas pensé à ça, murmure-t-elle, l'air soudain préoccupé.

C'est elle qui a provoqué cet accident, mais alors qu'une solution pour me débarrasser du gros de la peinture s'affiche dans mon esprit, je me sens mal de ne pas lui proposer mon aide.

Pourquoi ? Aucune idée. Ou peut-être parce qu'elle serait capable d'aller raconter à Maman et Katell toute cette histoire et que je vais encore passer pour le méchant de l'histoire. Alors, je m'arrête dans mon élan, me retourne et m'entends proposer :

– Tu... tu pourrais peut-être utiliser mon jardin. J'ai un tuyau d'arrosage, ça permettrait au moins d'enlever le plus gros.

Coralie me dévisage, surprise par mon offre. Je peux la comprendre, je le suis moi-même.

– C'est vraiment gentil, Ewenn. Mais je ne voudrais pas salir ton jardin...

Je sens une pointe de moquerie dans sa voix.

– L'herbe devrait s'en remettre. Mais si tu as une meilleure idée, je t'en prie.

Je m'apprête à tourner les talons, je ne vais pas la supplier non plus ! Mais elle m'interrompt :

– Attends ! Merci pour ton offre... je vais venir.

Je hoche la tête, comme si ça m'était égal, et marche en direction de chez moi. Si elle veut venir, elle n'a qu'à me suivre.

– Bon, alors allons-y avant que cette peinture ne devienne notre deuxième peau, lance-t-elle avec un petit rire nerveux. Tu viens, Noé ? Remets Capitaine Chou-fleur dans sa cage. Ce n'est pas le moment qu'il aille explorer le jardin d'Ewenn.

Sur les quelques mètres nous séparant de ma maison, nous laissons un chemin de traces jaunes sur le trottoir. Je grince intérieurement des dents en pensant au nettoyage qui m'attend. Il est hors de question que je laisse la rue dans cet état-là.

Je déroule le tuyau d'arrosage et tourne l'embout pour régler le jet. Quand je relève la tête, Coralie se tient là, gênée, ne sachant visiblement pas trop comment procéder. Elle a de la peinture plein les cheveux et les épaules. De fines gouttelettes coulent sur sa peau exposée au-dessus de son débardeur, comme des incitations à zieuter sa généreuse poitrine.

Je ne me laisse pas prendre au jeu et propose à la place, en lui tendant le tuyau :

– Tu veux commencer ?

Elle hésite.

– Moi, je peux le faire ! s'exclame joyeusement Noé. Je peux vous arroser tous les deux ?

L'enthousiasme de Noé est difficile à contrer, et je dois avouer que c'est probablement la solution la plus simple.

– D'accord, champion, acquiesce sa mère. Mais doucement, hein ?

Noé s'empare du tuyau avec excitation. Coralie et moi nous plaçons côte à côte, un peu raides et mal à l'aise, comme si nous faisions partie d'un peloton d'exécution.

Le « doucement » maternel est vite oublié. Noé ouvre le jet à fond, l'eau glacée nous percute avec la délicatesse d'un troupeau d'éléphants. Coralie lâche un cri qui doit faire dresser les oreilles des chiens sur trois pâtés de maison. Je sais maintenant de qui Noé tient sa capacité pulmonaire... Pour ma part, je serre les dents. Ce n'est vraiment pas agréable. Mais Noé, lui, rit aux éclats en nous aspergeant. Je sens l'eau ruisseler sur mon visage et le reste de mon corps, emportant la peinture. Quand je rouvre les yeux, je vois Coralie qui fait des grimaces et des pitreries pour amuser son fils.

Tout à coup, nos regards se croisent, s'accrochent. Malgré moi, je sens mes lèvres s'étirer en un sourire devant l'absurdité de la situation.

– Tu vois, tu avais besoin d'une bonne douche après ton jogging. Au moins, c'est fait, me lance-t-elle en me donnant un coup de coude joueur.

Je secoue la tête. Leur bonne humeur est contagieuse, je dois l'avouer.

– J'aurais tout de même préféré arriver jusqu'à ma salle de bains.

Coralie retire son élastique à cheveux et rejette ses cheveux mouillés en arrière.

– Faut savoir prendre la douche comme elle vient !

J'ai l'impression qu'elle fait preuve d'un optimisme inébranlable.

– Tu as une façon bien à toi de voir les choses.

– La vie est trop courte pour la prendre au sérieux, répond-elle avec un clin d'œil.

Tandis que nous continuons à nous rincer, je me surprends à observer Coralie plus attentivement. Ses yeux pétillent de malice, et son sourire illumine son visage.

– Et voilà ! s'exclame fièrement Noé en coupant l'eau. Vous êtes tout propres, maintenant ! Il ne reste plus qu'à vous sécher.

– Oups, je crois qu'on n'a pas vraiment réfléchi à l'après-rinçage, grimace Coralie.

Je jette un coup d'œil en direction de la porte-fenêtre qui donne sur la terrasse. Si je traverse le salon et que je monte à l'étage pour prendre une serviette dans la salle de bains, je vais tremper l'intérieur de la maison.

– Noé, tu peux aller chercher des serviettes à la maison, mon poussin ? demande Coralie. Prends-en une pour Ewenn, aussi.

Le garçon acquiesce mais rouspète tout de même :

– Maman...

– Oui, je sais, j'ai promis de ne plus t'appeler comme ça. Mais c'est pas facile de perdre l'habitude. Paris ne s'est pas construite en un jour.

– C'est Rome, Maman.

– Paris aussi est une ville très ancienne. Et en attendant, nous sommes toujours mouillés.

– J'y vais...

Nous l'observons s'éloigner en courant. Il a cet âge où l'on devient assez grand pour ne plus vouloir être traité comme un petit, mais où l'on se comporte encore comme un enfant, avant que la nonchalance de l'adolescence prenne le dessus.

– Ton fils a l'air d'être un chouette gamin, dis-je pour briser le silence qui s'est installé en l'absence de Noé.

Le visage de Coralie s'illumine instantanément.

– Oh ! oui, il est formidable. C'est un petit garçon tellement curieux et plein de vie. Il a ses moments difficiles, bien sûr, mais dans l'ensemble, c'est plutôt cool de l'élever.

La tendresse dans sa voix quand elle parle de son fils me touche plus que je ne voudrais l'admettre. Je ne peux m'empêcher de remarquer à quel point elle semble fière quand elle évoque Noé. Comme beaucoup de parents, j'imagine...

Soudain, je prends conscience de notre proximité et de l'état dans lequel nous sommes. Ses vêtements trempés lui collent à la peau, soulignant ses courbes. Sans maquillage et avec ses cheveux mouillés, elle dégage une beauté naturelle qui me frappe de plein fouet. Sous son T-shirt devenu transparent, je peux apercevoir son soutien-gorge rouge vif. Encore de la couleur, devrais-je être étonné ?

Elle tourne la tête et me sourit. Je détourne immédiatement les yeux. Est-ce qu'elle m'a pris en flagrant délit en train de zieuter ses sous-vêtements ? D'ailleurs, qui mate sa voisine trempée comme j'étais en train de le faire ?

Bon Dieu, Ewenn ! Qu'est-ce qui te prend ? C'est ta voisine ! L'employée de ta mère, en plus !

Heureusement, Noé revient à ce moment-là avec les serviettes, me tirant de mes pensées et de mon malaise.

– Voilà ! s'exclame-t-il fièrement en nous tendant les serviettes.

– Merci, mon chéri, dit Coralie en ébouriffant affectueusement les cheveux de son fils.

Nous nous enveloppons dans le tissu-éponge. Pour ma part, je suis soulagé de me sécher, mais surtout de pouvoir lui faire face sans passer pour un voyeur.

– Bon, maintenant que cette petite aventure est terminée, je ferais mieux de rentrer nettoyer les dégâts chez moi et... sur le trottoir, lance Coralie avec un sourire contrit. En tout cas, merci pour ton aide. Et pour le prêt de ta douche de jardin.

– De rien.

Elle ouvre la bouche. Je l'observe faire, attendant ce qui va suivre.

– Et encore désolée. J'espère ne pas t'avoir fait mal en te tombant dessus.

– Je suis plus costaud que je n'y parais.

Coralie arque un sourcil, et je me fustige : *c'est quoi, cette réponse ? C'est moi ou elle est en train d'examiner mes bras ?*

– Si tu ne m'avais pas rattrapée, je me serais probablement fait très mal. Je t'en dois une, ou bien deux, puisque tu m'as déjà sauvée d'un grillage assassin.

Un grillage assassin, rien que ça ?

– Tu ne me dois rien, marmonné-je, avant d'ajouter : mais essaie de ne pas prendre de risques, je ne serai pas toujours là.

– Ça, je ne peux rien garantir. Là où Coralie passe, le chaos n'est souvent pas loin, j'en ai bien peur.

Coralie et Noé s'éloignent, laissant derrière eux des empreintes de pas mouillées. Encore enveloppé dans ma serviette, je contemple mon jardin parsemé de taches jaunes diluées. Il va me falloir un bon moment pour tout nettoyer. Pourtant, étrangement, je ne ressens pas l'agacement auquel je m'attendais. À la place, je me surprends à sourire en repensant à cette journée qui a pris un tournant inattendu en se transformant en véritable chaos. Tout ce que je déteste, en somme.

Mais je dois admettre que, parfois, un peu de chaos n'est pas si déplaisant.

10
Coralie

Je me tiens face à la porte d'Ewenn, une boîte de muffins à la main, et je me demande pour la troisième fois si c'est vraiment une bonne idée. Mais franchement, à quoi bon hésiter maintenant ? Je ne vais pas faire demi-tour alors que je suis plantée devant chez lui.

Est-ce que je ne viens pas de voir le rideau bouger, d'ailleurs ? Il sait donc que je suis là. Ça semble être une tradition locale, on dirait. J'ai l'impression que la voisine d'en face m'espionne à longueur de journée. Il va falloir que j'installe des rideaux pour faire comme eux, il faut croire.

Bref, si je m'en vais maintenant, Ewenn risque encore plus de penser que je suis bizarre.

Pourquoi je me trouve là ? Eh bien, j'ai eu la brillante idée de me dire que, comme Ewenn est : 1) mon voisin, 2) le fils de ma patronne et que 3) ça fait déjà deux fois qu'il me sauve la vie – enfin, la vie... disons qu'il me sauve de situations inconfortables –, je dois non pas m'excuser mais proposer une sorte d'offrande de paix. Quelque chose qui dit : essayons d'avoir des relations cordiales.

Ça pourrait être super utile, si mes cheveux décident à nouveau de jouer aux scoubidous avec la clôture.

Je prends une grande inspiration et appuie sur la sonnette. Après tout, je suis bien capable de supporter

Noé et son humeur d'ado contrarié, donc je peux survivre à dix minutes avec mon voisin ronchon.

Le silence règne. Peut-être qu'il n'est pas là ? Peut-être que je devrais...

La porte s'ouvre brusquement, coupant court à mes pensées. Ewenn me fixe du regard, une main sur le chambranle. Il semble surpris, comme s'il s'attendait à tout sauf à moi.

Peut-être que c'est un courant d'air qui faisait bouger les rideaux ?

Maintenant, trop tard pour faire marche arrière.

– Salut, voisin ! J'étais dans le coin, tu sais, juste en train de... d'exister, et je me suis dit que pour te remercier... tu sais pour l'échelle et aussi pour ce truc avec mes cheveux, ce serait sympa de t'apporter des muffins.

Mon entrain est totalement feint et sonne totalement faux, c'est une catastrophe, mais je fais semblant d'y croire comme un vendeur de télé-achat.

Il ne répond pas immédiatement, me détaillant de ses yeux bleus perçants. Un truc qui, malgré ma confiance en moi, me pousse à vouloir entamer cette danse de la gêne qui consiste à se balancer d'un pied sur l'autre. Mais je ne vais pas le faire, sinon il va croire que j'ai envie de faire pipi.

Comme il ne réagit toujours pas, je lui tends la boîte.

– Je t'ai apporté des muffins.

J'agite le carton devant son nez. Il n'a peut-être pas entendu la première fois ? Alors, je reprends :

– C'est pour te remercier de m'avoir sauvée des griffes de cette clôture diabolique l'autre soir... et aussi peut-être pour fêter mon arrivée dans le quartier. Ou la fin de ta tranquillité. Bref, c'est toi qui vois. Et aussi pour la peinture... enfin, tu sais.

Son regard passe du carton à mes yeux, puis revient sur le carton. Il fronce légèrement les sourcils.

– Des muffins...

– Oui, des muffins ! Tous frais... du four... du supermarché ! Bon, d'accord, je ne les ai pas faits moi-même, mais je les ai choisis avec soin. Ce qui est déjà un effort en soi. Je t'assure qu'il vaut mieux ça que des muffins maison, parce que je suis une cuisinière horrible. Tu vois Bree Van de Kamp, dans *Desperate Housewives* ? Ben tout l'inverse.

Ewenn me scrute toujours, le visage impassible, comme s'il essayait de déchiffrer quel genre de tornade venait de s'abattre devant sa porte. Il doit se demander si c'est une caméra cachée... Finalement, après une éternité – environ trois secondes –, il pousse un soupir presque imperceptible et ouvre un peu plus la porte.

– Entre, dit-il simplement.

Ravie, mais essayant de ne pas paraître trop enthousiaste – après tout, ce n'est qu'une invitation chez mon voisin qui doit penser que je vais aller le dénoncer à sa mère s'il ne fait pas preuve d'un minimum de politesse –, je me faufile à l'intérieur. Et wow ! La première chose qui me frappe, c'est que sa maison est propre. Immaculée, même, et... sobre. Trop sobre. Comme s'il ne s'était pas encore approprié l'espace. Pas de folies, ici, oh ! non.

Bref, très peu pour moi. Mais peut-être qu'il n'a pas encore eu le temps de décorer ? J'avais cru comprendre qu'il vivait depuis un petit moment dans le quartier, je me suis sûrement trompée.

– Tu viens d'emménager ?

– Ça fait trois ans que je vis ici.

Ah ! ben, faut croire qu'il n'est pas porté sur la déco. Ou alors, il suit des principes dans le genre Feng Shui minimaliste. Ou bien il fait partie du programme de protection des témoins et il peut être relocalisé à tout moment ? Comme dans les séries américaines !

Non, ça ne colle pas, Coralie, toute sa famille vit ici.

Le fait qu'il me fasse signe de m'asseoir sur le canapé me tire de mes élucubrations. Le meuble est gris, bien carré, bien raide. Pas du genre dans lequel tu peux te lover pour mater une série avec un plaid et un chocolat chaud. Non, ici, tu t'assois droit, la colonne vertébrale bien étirée, comme si un kiné allait vérifier ta posture.

– Tu veux... boire quelque chose ? me demande-t-il, visiblement pris au dépourvu par cette intrusion.

– De l'eau, merci, dis-je avant de poser la boîte de muffins sur la table basse. Et si jamais tu as un peu de whisky...

Il hausse un sourcil.

– Je plaisante, bien sûr.

Enfin... plus ou moins, parce que tant que nous étions à l'extérieur, ça allait, mais là, je me sens subitement nerveuse. Je transpire un peu trop. Et ce top en lycra n'était certainement pas une bonne idée pour survivre à un excès soudain de sudation.

Il part dans la cuisine, et pendant son absence, j'en profite pour observer autour de moi. Dans un coin de la pièce, il y a ce qui semble être une table à dessin. Curieuse, je ne résiste pas à l'envie d'aller voir de plus près. Je me lève et m'approche.

Il y a plusieurs croquis faits à la main, et je ne comprends pas bien à quoi ça correspond jusqu'à ce que mes yeux tombent sur l'un d'entre eux représentant... un bateau ?

C'est à ce moment-là qu'Ewenn réapparaît, un verre à la main, qu'il me tend. Il n'a pas l'air agacé par le fait que je ne suis pas restée à l'endroit qu'il m'avait indiqué, ce qui est déjà une petite victoire en soi. Au contraire, j'ai l'impression qu'il a l'air curieux de savoir ce que je vais dire.

– Tu aimes dessiner des bateaux ?

– C'est mon métier.

– Tu es peintre ?

Je ne le voyais pas comme un artiste, mais bon, a-t-on toujours la tête de son métier ? Ma question l'amuse presque, on dirait. Il secoue la tête.

– Non, je suis architecte naval.

– Architecte naval.

– Oui, je conçois les bateaux avant qu'ils soient construits. Je dessine les plans, je calcule leur stabilité, leur résistance à la mer. C'est un peu comme être architecte d'une maison, sauf que la mienne doit flotter et ne pas se retourner lors de la première tempête venue.

– Ah ! Oui... Il faut bien que quelqu'un fasse ça.

Je comprends que ma réponse semble un peu condescendante lorsque je le vois hausser un sourcil.

– Je veux dire, je n'avais pas vraiment réfléchi, jusqu'à aujourd'hui, qu'il fallait quelqu'un pour faire tout ça.

– Oui, c'est assez essentiel, en fait.

– J'imagine. Enfin bref, ta mère et ta sœur ne m'avaient rien dit. Bon, je vois pas trop pourquoi on aurait discuté de ça, d'ailleurs, mais...

Il me coupe avec un air offusqué qui m'a tout l'air d'être factice.

– Quoi ? Elles qui adorent se mêler de mes affaires n'ont pas pris le temps de te raconter ma vie dans ses moindres détails ?

– Désolée de te l'annoncer, mais à part la fois où tu es passé au salon, tu n'es pas vraiment un sujet de conversation. Donc, même si tu as l'impression qu'elles passent trop de temps à se préoccuper de ta vie, crois-moi, tu ne représentes qu'une toute petite portion de leurs soucis quotidiens.

Un rictus amusé se dessine sur ses lèvres. Je suis contente que l'atmosphère s'allège un peu. C'est peut-être ça qui me donne un excès de confiance et qui me fait poser une question un peu intrusive :

– Tu vis seul, ici ?

Il a l'air étonné, et je comprends qu'il s'imagine que je suis en train de me renseigner sur son statut matrimonial. Je balbutie :

– Je... je veux dire... je n'ai croisé personne à part toi, pour l'instant.

Son sourire disparaît totalement, et il répond :

– Oui, je vis seul.

À ma décharge, c'est une question totalement légitime ! La maison est grande pour un célibataire, et il aurait pu avoir une compagne très souvent absente que je n'aurais pas encore eu l'occasion de croiser, du genre travaillant pour Médecins Sans Frontières, ou dans un sous-marin, ou encore journaliste de guerre. Ce qui expliquerait aussi pourquoi la maison n'a aucune déco : comme ils ne se voient pas souvent, ils passent le peu de temps qu'ils ont ensemble à copuler comme des lapins plutôt qu'au rayon papier peint du magasin de bricolage.

Mais d'où tu sors cette idée, Coralie !

En plus, je viens de me rappeler que Florence m'avait précisé qu'il vivait seul. Franchement, j'aurais pu m'éviter un nouveau froncement de sourcils de sa part, si j'avais réfléchi deux secondes.

Alors, pour éviter qu'il ne pense que je suis comme une hyène devant un steak juteux, je demande :

– Pas de chat ? Ou de lapin ?

– Non, pas d'animaux, répond-il, un peu plus détendu.

Célibataire, pas d'animaux, pas de plante verte, et il aime les bateaux. C'est à se demander pourquoi il n'est pas gardien de phare...

– Et comment va Noé ?

Sa question a l'avantage de dissiper totalement le malaise.

– Bien. Même s'il ne fait pas grand-chose à part traîner devant la télé et jouer aux jeux vidéo. Il attend le week-end avec impatience, pour que je l'emmène à la plage.

– À son âge, j'étais tout le temps fourré au bord de l'eau. Surtout l'été, avec les copains.

Ce souvenir adoucit son visage, qui me confirme que ce sont des moments qui ont été heureux.

– Je ne veux pas qu'il y aille sans moi. Il est encore petit et...

– Oui, ça peut être dangereux. Surtout pour quelqu'un qui n'a pas grandi au bord de l'océan, si j'ai bien compris.

Je hoche la tête.

– Oui, et niveau copains, on ne peut pas dire que ce soit la folie, pour l'instant, puisqu'il n'a pas eu l'occasion de rencontrer grand monde. Ça ira mieux quand l'école aura repris, je suppose.

Je me rends compte qu'il n'a probablement pas envie de m'entendre parler de mes craintes de maman, alors je pars sur autre chose :

– Bref, et toi, tu as passé toute ta vie ici ? À Kerlaouen ?

– Oui, hormis pendant mes études. Mais ça a toujours été le plan, revenir en Bretagne. Je ne me vois pas vivre ailleurs.

Il prononce cette dernière phrase comme un murmure, peut-être plus pour lui que pour moi. Je n'ose pas creuser la question. Je me suis déjà montrée bien trop curieuse pour aujourd'hui et je suis là pour enterrer la hache de guerre, ne l'oublions pas… enfin, hache de guerre… plutôt une hachette, une serpette, un tournevis ? Nous n'étions pas totalement en guerre non plus.

– Bon, eh bien, je suis ravie qu'on ait pu briser la glace.

– C'est pour ça que tu es venue ? Briser la glace ? s'étonne-t-il.

En parlant de glace, la couleur de ses yeux s'en rapproche dangereusement. Sauf quand il me regarde ainsi, avec amusement, on dirait.

C'est bien ça, non ? Il est amusé ?

J'ai du mal à cerner ce qu'il pense.

– Je suis ta voisine, je travaille avec ta famille. Je pense que c'est important qu'on entretienne de bonnes relations, tu ne crois pas ?

Il hausse les épaules.

Cache ton enthousiasme…

– Tu sais, comme ça si jamais, un jour, j'ai besoin de sucre…

– Je croyais que tu ne cuisinais pas.

Je rêve ou Ewenn Le Gall est en train de me taquiner ? Je croise les bras sur ma poitrine et lance :

– Peut-être que c'est toi qui auras besoin de sucre ou d'un ouvre-boîte.

– J'ai déjà un ouvre-boîte.

– Eh bien, tant mieux, parce que moi, non. Mais c'est bon de savoir qu'en cas de boîte de conserve récalcitrante, je peux venir ici.

Il grogne quelque chose d'imperceptible.

– Merci pour l'eau, dis-je en buvant une longue gorgée. Et pour m'avoir laissée... voir ton *chez-toi*.

Cette expression ne semble pas appropriée, cette maison est si impersonnelle qu'elle pourrait être celle de n'importe qui.

Je jette un coup d'œil circulaire sur les murs blancs, il n'y a même pas de cadres aux murs. Et je suis sûre que s'il a des rideaux sur la fenêtre à côté de l'entrée, c'est pour une question absolument pratique, du genre le soleil le gêne quand il travaille.

Bien entendu, ma bouche s'ouvre avant même que mon cerveau ait fini de réfléchir.

– Tu devrais adopter une ou deux plantes vertes, tu sais, histoire de...

Je me stoppe net devant son air sceptique.

– Enfin... tu as compris l'idée.

Je fais un petit moulinet du bras pour désigner la pièce. Je me sens tout de même un peu gênée. Je voulais juste signifier qu'un peu de personnalisation serait appréciable, mais peut-être qu'il aime le minimalisme ? Dans ce cas, je viens plus ou moins d'insinuer qu'il a des goûts de chiotte. Pourtant, un mince sourire se dessine sur ses lèvres.

– Tu dis vraiment tout ce qui te passe par la tête, non ?

Loin de me vexer, je prends sa remarque avec aplomb. La vérité, c'est qu'il n'est certainement pas le premier ni le dernier à me la faire.

– Non, je n'ai pas de filtre. Avec moi, ce que tu vois, c'est ce que tu as.

Je quitte sa maison plus enthousiaste que j'y suis arrivée. OK, Ewenn reste encore un mystère sur certains points, mais pas dans le mauvais sens du terme. Plutôt un qui éveille ma curiosité. Et je crois que dans l'ensemble, même s'il me prend toujours pour une excentrique, ça s'est plutôt bien passé.

Je fais quelques pas en direction de chez moi et constate qu'une fois de plus, le rideau de la voisine d'en face s'écarte légèrement. Je m'arrête sur le trottoir et pose mes mains sur mes hanches, observant la maison de la vieille femme que j'ai aperçue une fois ou deux. *Bon, ça suffit, ce manège ! Je crois que je vais continuer ma tournée des voisins...*

Au lieu de rentrer, je m'en vais sonner chez elle. Forte de ma rencontre avec Ewenn, je suis bien déterminée à me mettre tous mes voisins dans la poche, ce soir.

11

Coralie

Au salon de coiffure, la lumière estivale inonde la pièce d'une clarté agréable. J'enchaîne les clientes, l'ambiance est décontractée. Je me sens à l'aise dans ce salon, bien plus que là où je travaillais auparavant.

Je suis heureuse de constater, au fil des jours, que mon carnet de rendez-vous se remplit. Le bouche-à-oreille marche bien, Florence avait raison, les nouvelles vont vite dans le village. Je soupçonne que certaines clientes aient réservé un créneau davantage par curiosité que par réelle envie de se faire faire les ongles, mais je suis tout de même rassurée qu'au moins, le côté professionnel de mon installation se passe bien.

Si seulement je pouvais en dire autant des travaux de la maison... Entre l'humidité qui s'infiltre dans la salle de bains et cette fissure au plafond qui semble s'élargir un peu plus chaque jour, je commence à me demander si je n'ai pas sous-estimé l'ampleur du chantier. Mon compte en banque, lui, ne sous-estime rien du tout et me rappelle quotidiennement que les surprises en rénovation coûtent cher.

Les clientes, par contre, ne sont pas bien différentes de celles que je rencontrais en région parisienne. Comme celle qui me fait face : Cécile Leroux, professeur de mathématiques au futur collège de Noé, et qui, en plus d'une manucure, semble avoir besoin d'une séance de psy. Elle gesticule de sa main libre pendant que je vernis l'autre, en me racontant ses déboires animaliers. C'est une des qualités indispensables quand on pratique mon métier : savoir écouter les gens. Ils n'ont pas forcément besoin de réponse, juste d'une oreille attentive.

– ... et donc, je lui ai dit que maintenant qu'on a un poisson rouge, on ne peut plus se permettre de manger des sushis, tu comprends ?

Je hoche la tête, amusée par ses histoires. Tout en manœuvrant avec soin le pinceau, une pensée m'effleure l'esprit : que fait Noé ? Il est content d'avoir Capitaine Chou-fleur pour lui tenir compagnie, mais ce n'est qu'un lapin. Quand je rentre le soir, il est comme un lion en cage. Heureusement qu'il y a le dimanche et le lundi. J'essaie de les lui consacrer le plus possible, ce qui ne fait pas avancer aussi vite que je le voudrais les travaux de rénovation de la maison, malheureusement.

– Coralie ? T'es là ?

Je me rends compte que ma cliente me dévisage, attendant une réaction.

– Euh, désolée ! Oui, bien sûr, je suis là. Continue, on en était aux sushis, non ?

Elle reprend :

– Oui, et d'ailleurs, j'ai calculé que si on prend en compte le nombre de pas faits par mon chat et qu'on le divise par le nombre de croquettes qu'il mange...

Je hoche la tête comme si tout cela avait un sens alors qu'au fond de moi, je crois surtout qu'elle doit s'ennuyer ferme pendant les vacances scolaires pour avoir le temps de se poser ce genre de questions.

Vers la fin de la matinée, l'agitation du salon ralentit, et Katell s'approche de ma table, balayant les cheveux au sol.

– Tu veux qu'on aille déjeuner ensemble ? Ça pourrait être sympa de profiter de ce soleil.

J'hésite, j'ai ma salade qui m'attend sagement dans sa boîte en plastique dans le frigo de la remise. Mais c'est la première fois que Katell me propose de partager un moment en dehors du travail. Je n'ai aucune vie sociale depuis mon arrivée – si ce n'est des rencontres avec mes voisins –, alors c'est tentant.

– Je suis partante ! Mais avant, je vais juste vérifier si tout se passe bien avec Noé à la maison. L'appel ne devrait pas durer longtemps, ce n'est pas un grand bavard.

Comme annoncé, Noé donne des réponses laconiques à mes questions. Je ne peux pas totalement lui en vouloir, il est confiné entre quatre murs.

Il y a quelques jours, j'ai fait la connaissance de Mme Kerjean, qui vit dans la maison d'en face. C'est une dame âgée, impossible de lui donner un âge précis, mais ses rides racontent une vie bien remplie. Elle passe ses journées chez elle, postée derrière sa fenêtre. Ce que je prenais d'abord pour de la curiosité déplacée s'est révélé être sa façon d'échapper à la solitude et à l'ennui des rediffusions télé. Quand je lui ai confié mon inquiétude de laisser Noé seul à la maison, ses yeux se sont illuminés. Elle m'a assuré qu'elle garderait un œil attentif sur lui depuis son poste d'observation. Ce n'est peut-être pas aussi fiable qu'une alarme dernier cri, mais quelque chose me dit que ma sentinelle aux cheveux blancs prend sa mission très au sérieux.

Katell me rejoint devant le salon à peine mon appel terminé.

– Je te propose qu'on aille à la crêperie sur la place, leurs galettes sont à tomber. Est-ce que tu as déjà eu l'occasion d'y aller ?

– Pas du tout. Depuis le déménagement, je n'ai pas eu beaucoup de temps libre, et les rares sorties que nous avons faites avec Noé ont été à la plage. Il adore l'eau. Pour lui, avoir l'océan à quelques minutes de marche, c'est un peu un rêve éveillé.

– Il a dû être ravi de venir en Bretagne, alors ?

– Je ne dirais pas qu'il était ravi, car cela impliquait de quitter ses copains, mais oui, l'idée de vivre sur la côte a aidé à faire passer la pilule.

– Et pourquoi la Bretagne ? Tu as de la famille dans le coin ? Des amis ?

– Absolument pas. Pour être honnête, je n'y avais jamais mis les pieds avant de passer l'entretien d'embauche avec vous, avoué-je timidement.

Katell m'observe avec un mélange d'admiration et d'incrédulité.

– Vraiment ? J'étais persuadée que tu connaissais déjà la région ! En tout cas, c'est courageux de tout redémarrer à zéro, sans personne pour t'aider. Je crois que j'en serais incapable.

Je lui souris mais j'ai un petit pincement au cœur. Je ne peux pas me mentir à moi-même : non, ça n'a pas été facile, ça ne l'est pas actuellement, et ça ne le sera pas pendant un moment. Ce déménagement, c'est comme un saut dans le vide, sans filet. Il y a tellement d'incertitudes : et si ça se passait mal avec Katell et Florence ? Et si je n'avais pas assez de clientes pour boucler mes fins de mois correctement ? Et si Noé ne se faisait pas à la vie ici ? Et si l'état de la maison était encore pire que ce que je pensais ?

J'ai découvert par exemple, lors de la dernière pluie, que j'ai des fuites dans le toit.

Il y a des soirs où le sommeil tarde à venir et où ces questions trottent dans ma tête pendant des heures. J'essaie de ne pas regretter ma décision. Je l'ai prise pour mon fils... et un peu pour moi aussi. J'avais besoin d'un nouveau départ, et peut-être de laisser quelques personnes toxiques derrière moi. Alors, j'essaie de faire taire les petites voix dans ma tête et de me concentrer sur le positif. Jusqu'à ce jour, tout se passe à peu près bien, non ?

– Et donc Noé reste seul à la maison pendant que tu travailles ?

– Oui. Ce n'est pas idéal, mais je n'ai pas d'autre solution pour l'instant.

– Tu sais, si tu as besoin de l'amener au salon de temps à autre, n'hésite pas. Du moment qu'il est gentil avec les clients, ça ne dérangera pas ma mère et moi non plus. Entre mamans, il faut se serrer les coudes.

Sa proposition me fait chaud au cœur, mais je secoue la tête.

– Je ne suis pas sûre que ce soit une bonne idée. Je ne dis pas qu'il ne serait pas cool avec les clients, mais tu connais la mauvaise humeur des pré-ados, n'est-ce pas ? C'est moi qui risquerais d'avoir envie d'avaler mes vernis avant la fin de la journée.

– Oh ! Crois-moi, je sais ! Mon aîné est dans cette phase où les choses les plus insignifiantes peuvent déclencher une tempête. La dernière fois, il s'est mis dans une rage folle quand j'ai eu le toupet de lui demander de prendre une douche !

Nous rions en chœur. Alors que nous traversons le village, je découvre des rues pavées, bordées de maisons en pierre à l'allure apaisante. Le parfum salé de la mer flotte dans l'air et se mêle à celui des fleurs des jardinières. Le soleil d'été est agréable sans être brûlant. Ces quelques centaines de mètres parcourus sont à eux seuls une thérapie pour me faire oublier mes craintes pendant un temps.

Nous arrivons sur une place où se trouvent quelques étals de marché. Une église blanche se détache au milieu de ces vieilles pierres et des maisons à colombages. La crêperie et ses parasols rouges apportent une touche de couleur que j'apprécie.

– Salut, Gaël ! lance Katell à un homme qui vient de poser une carafe d'eau sur une table. Tu as de la place pour deux ?

L'homme lui adresse un sourire charmeur et répond :

– Pour toi ? Toujours ! Suivez-moi.

Il nous installe en terrasse. Il semble y avoir surtout des locaux, même si, à deux ou trois tables, je remarque les accoutrements typiques des touristes : bermudas, sandales et sac à dos.

– Je te présente Coralie, qui travaille depuis quelques semaines au salon, ajoute Katell en me désignant avant de s'asseoir. Et Coralie, voici Gaël, le patron.

– Coralie ! J'ai entendu parler de votre arrivée, mais on ne m'avait pas précisé que vous étiez aussi charmante.

Surprise par ce compliment, je sens mes joues rougir légèrement, alors que Katell le rappelle à l'ordre :

– Gaël, arrête de faire du charme à ma collègue, sinon je vais aller te dénoncer à ta femme en cuisine.

Loin d'être décontenancé, il répond :

– Bienvenue à Kerlaouen, Coralie, j'espère que vous vous plairez chez nous. Et je m'en vais vous chercher les cartes car, apparemment, il y en a une qui grogne quand elle a faim.

Katell secoue la tête, et quelque chose me dit que cette façon de se taquiner doit être habituelle entre eux.

Après que nous avons passé commande, la coiffeuse me surprend en suggérant :

– Tu sais, je me dis qu'on pourrait organiser une après-midi avec nos garçons. Ça pourrait être chouette, non ?

J'avoue y avoir brièvement pensé tout à l'heure, quand elle a dit que son aîné avait le même âge que Noé. Mais elle reste la fille de ma patronne, et je ne voulais pas m'imposer. Peut-être qu'elle souhaite garder une certaine distance.

– Ce serait avec plaisir ! Je crois qu'il serait ravi de passer du temps avec quelqu'un d'autre que moi. Il trouve l'été un peu long... et nous ne sommes qu'en juillet.

Katell sourit joyeusement et annonce :

– Alors, c'est noté ! Je vais vérifier quand on a des jours de repos en commun et je vais organiser ça. Noé est là tout l'été ?

– Oui, il n'est pas prévu qu'il aille ailleurs.

– OK.

Je sens qu'elle a une question sur le bout de la langue. Finalement, elle se lance :

– Et son père, alors ? Il ne le voit pas pendant les vacances ?

Je me doutais qu'elle finirait par s'interroger là-dessus, tôt ou tard. D'une certaine manière, je suis soulagée qu'elle le fasse maintenant. Au moins, le sujet sera bouclé une bonne fois pour toutes.

– Non, il ne fait pas partie de nos vies. Et pour être honnête, c'est mieux comme ça.

Elle hoche la tête et n'insiste pas. Gaël arrive avec nos plats, une distraction parfaite.

Les galettes sont délicieuses, l'ambiance est détendue. Katell me parle des clients emblématiques du salon et raconte de nombreuses anecdotes très drôles. Plus d'une fois, nous éclatons de rire toutes les deux, et je ne vois pas le temps passer. Quand il est l'heure de terminer notre pause déjeuner, Katell insiste pour m'inviter. Je la remercie, en promettant de lui rendre la pareille la prochaine fois. Même si, secrètement, j'espère que ce ne sera pas trop tôt. J'essaie de mettre chaque centime de côté pour les rénovations de la maison, alors les sorties au restaurant devront attendre un peu.

***

Mon téléphone sonne alors que je fais la vaisselle. Je n'ai pas besoin de vérifier l'identité de mon interlocuteur. Il n'y a qu'une seule personne qui m'appelle à cette heure-ci.

– Salut, ma belle, dis-je en calant l'appareil entre mon épaule et ma joue.

– Bonjour, vous pouvez peut-être m'aider, je cherche à joindre mon ex-meilleure amie qui s'est barrée en Bretagne. Peut-être que vous la connaissez ? Elle n'est pas bien grande, elle est brune avec des mèches violettes et elle sent la trahison à plein nez.

Je lève les yeux au ciel, bien consciente qu'elle ne peut pas me voir mais qu'elle doit totalement être en train de m'imaginer le faire.

– Nawell, n'exagère pas, je t'ai envoyé des messages. Et je t'ai appelée… la semaine dernière.

Je grimace en me rendant compte qu'effectivement, il est rare que nous restions aussi longtemps sans nous parler.

– Mais c'est pas pareil que de te voir tous les jours ! J'ai l'impression que je ne te connais plus. Que tu es partie à l'autre bout du monde ! Ils ont un décalage horaire, en Bretagne, ou quoi ?

– J'ai été très occupée. Tu sais, entre le nouveau boulot, Noé et les travaux.

– T'as qu'à embaucher un mec sexy pour les faire à ta place.

– J'ai pas les moyens pour ça.

– Eh bien, charme un mec sexy ET bricoleur et paye-le en nature !

– Nawell !

Elle éclate de rire, confirmant qu'elle n'en pense pas un mot.

– Tu me manques, meuf.

– Toi aussi. Et au passage, je n'ai plus les cheveux violets mais bleus.

– Tu vois ! s'égosille-t-elle. Je ne suis même pas au courant de ton actu capillaire ! Pourquoi j'ai pas reçu une photo ? Qu'est-ce qu'ils ont fait de toi, là-bas ? Me dis pas que tu m'as déjà remplacée ! C'est qui la meuf qui pense qu'elle peut prendre ma place ?

– Personne. Personne ne peut te remplacer.

– Bon, plus sérieusement, ça se passe comment ?

Je soupire en frottant la casserole. Ma tentative de faire cuire des haricots verts s'est soldée par une partie d'entre eux carbonisée. Ewenn avait probablement raison de ne pas vouloir que je fasse un feu.

– Plutôt bien. Le boulot me plaît, ma patronne et sa fille sont cool. Elle m'a invitée à déjeuner, à midi.

– Chouette. Et les clientes ?

– Plutôt sympas. J'en ai déjà quelques-unes qui reprennent rendez-vous, alors c'est que je n'ai pas dû trop mal faire mon travail.

– T'es la meilleure, tu le sais. Tu verrais l'état de mes mains. Elles sont en souffrance depuis que t'es partie. Personne ne s'occupe de mes cuticules comme toi.

– N'exagère pas. Y a des tas de filles douées autour de toi.

– Oui, mais c'est pas pareil ! Quoi qu'en y réfléchissant, vu que tu ne me téléphones pas, je vais peut-être me laisser tenter par aller chez... comment elle s'appelle, déjà, celle près de chez moi que tu pouvais pas encadrer ?

– Tu ne feras jamais ça ! m'exclamé-je. Et tu sais, tu peux venir ici quand tu veux.

– C'est un peu loin pour une manucure.

– Faut savoir ce que tu veux, si c'est la meilleure...

– Regarde-la, l'autre, comme elle fait sa princesse ! Bon, et comment va mon amoureux ?

– Bien. Il s'ennuie. Je suppose que ça ira mieux quand il aura repris l'école...

– Peut-être que Tata Nawell devrait venir passer un peu de temps avec lui ?

– Ah ! pour lui, tu es prête à rappliquer, mais pour moi...

– Tu sais bien que je vais débarquer, dès que je peux ! Et… il n'y a pas des gamins à côté de chez vous avec qui il pourrait s'amuser ?

– Pas vraiment. Mais Katell, la fille de ma patronne, a proposé qu'on organise une sortie avec son fils.

– C'est cool, ça ! Et comment sont vos voisins ?

– Eh bien…

Par réflexe, je tourne la tête et jette un coup d'œil en direction de la maison d'Ewenn. Je m'attendais à voir de la lumière à travers le store de sa cuisine, qui est toujours à peine entrouvert, mais celui-ci est relevé. Et si je ne me trompe pas, lui aussi est en pleine vaisselle. Il semble frotter énergiquement quelque chose, et une mèche de cheveux lui tombe sur le visage. Il porte un T-shirt noir qui moule ses biceps.

– Coco ? Tu es toujours là ?

– Oui, oui, pardon.

– Alors, les voisins ?

– Eh bien… comment dire. J'ai fait connaissance avec plusieurs d'entre eux. Il y a une dame âgée qui vit en face. Un couple d'Anglais qui vient au salon régulièrement et…

– Et ?

– Et il y a mon voisin direct, tu sais, celui qui a débarqué chez moi en trombe.

– Le fils de ta patronne ?

– Oui. On s'est revus, quelques fois.

– Revus… dans le sens ?

– Dans le sens… c'est mon voisin. Tu sais, des trucs habituels… de voisins.

– Et alors ? Il est sexy ou pas ? Célibataire ?

– Nawell !

– Quoi ? Je me renseigne.

– C'est le fils de ma patronne !

– Ben alors ? Au moins, si elle est équilibrée, tu réduis les chances que ce soit un mec bizarre, et il osera pas te ghoster, d'autant plus qu'il habite à côté de chez toi.

– Ce n'est pas… c'est compliqué. Ça a un peu mal démarré entre nous.

– À cause du premier soir ?

– Euh… pas seulement. Tu te rappelles le truc que je t'ai raconté sur la peinture de mes volets ?

– Que tu es tombée ? Oh ! C'était lui, le fameux voisin qui t'a prêté son tuyau d'arrosage pour te nettoyer ?

J'ai peut-être volontairement omis quelques détails quand j'ai raconté l'histoire à Nawell. Comme le fait qu'Ewenn a dû partager cette douche improvisée avec moi, puisque c'est dans ses bras que je suis tombée.

Je relève la tête, Ewenn a disparu de sa cuisine. J'abandonne ma casserole à tremper dans l'évier et me dirige vers mon canapé. Je crois qu'il est temps de lui résumer la situation entre mon cher voisin et moi.

– Oui, alors, je devrais peut-être t'expliquer plus en détail…

12

Ewenn

Depuis le quai, j'observe les bateaux amarrés, bercés par le mouvement paisible des vagues. Les cris des mouettes résonnent autour de nous, ajoutant une touche de vie à cette après-midi tranquille. Maxime, mon neveu, joue à l'équilibriste sur les bittes d'amarrage. Katell le suit du regard tout en me parlant.

– C'est une super journée pour sortir, n'est-ce pas ? souligne-t-elle.

– Oui, on a vraiment de la chance.

Quand elle m'a téléphoné pour me demander s'il était possible de faire une sortie en mer avec un copain de Maxime, j'avoue n'avoir été qu'à moitié emballé. Mais elle a su me convaincre : le temps est idéal, et cela fait plusieurs jours que je n'ai pas navigué. À quoi bon dessiner des bateaux toute la journée si ce n'est pas pour en profiter un peu ?

– Il arrive à quelle heure, le copain de Max ?

– Il ne va pas tarder, répond-elle en pianotant sur son téléphone, sa maman vient justement de m'envoyer un message.

Je tourne la tête, et là... surprise ! Je découvre Coralie et Noé qui avancent vers nous. Je pense d'abord à une coïncidence, mais Katell lance :

– Ah ! Les voilà.

Je comprends que ma sœur a oublié un léger détail dans son explication...

– Katell, pourquoi tu ne m'as pas dit que le mystérieux copain de Maxime était le fils de ma voisine ? murmuré-je entre mes dents.

– Eh bien, parce que, pour commencer, Max et lui ne se connaissent pas. C'est moi qui ai proposé à Coralie d'organiser une rencontre.

– Sur mon bateau ?

– Oui, le petit aime l'océan.

– Katell... la menacé-je.

– Il ne connaît personne, ici. Ils ont le même âge, c'est une occasion de faire un truc sympa avec un autre enfant. Et toi, comme tu es un super tonton, tu vas les accompagner.

Je soupire.

– Et ça te permettra de faire plus ample connaissance avec ta voisine.

– J'ai déjà fait connaissance avec ma voisine.

– J'ai dit *plus ample* connaissance. Et je te rappelle qu'elle est également notre employée, à Maman et moi, et que nous n'aimerions pas la voir repartir avant la fin de l'été parce qu'elle ne se sent pas accueillie à Kerlaouen. Donc tu vas faire un effort. Fais un sourire, Ewenn.

Je contracte davantage ma mâchoire. C'est dans des moments comme ça que je me dis que Katell a raté sa vocation de dictatrice d'un petit pays.

Coralie et Noé sont maintenant assez près pour nous entendre. Ma sœur leur adresse un large sourire, tout en leur faisant signe.

– Salut, les marins d'eau douce ! Prêts pour une grande aventure ?

Coralie croise mon regard, elle a l'air aussi à l'aise que chez le dentiste avant une extraction de dent.

Je lui fais un léger signe de tête, et elle marmonne :

– Salut, Ewenn. Toi aussi, tu viens faire du bateau ?

Katell, ravie de son traquenard, annonce :

– Noé, Coralie, je vous présente votre capitaine pour la journée.

Elle me désigne comme si j'étais le gros lot du *Juste Prix*.

– Et voici Maxime, son moussaillon. Viens dire bonjour, mon chéri.

Maxime lance un timide bonjour qui tranche avec son excitation préalable. Mais je parie qu'une fois la glace brisée avec Noé, il retrouvera son état d'hyperactivité quasi perpétuel.

Katell se retourne rapidement vers moi :

– Bon, eh bien, il ne me reste plus qu'à vous souhaiter bonne navigation !

– Attends, tu ne restes pas ? m'alarmé-je.

– Non, j'ai des tas de trucs à faire ! Et puis vous vous amuserez bien plus sans moi.

J'ouvre la bouche pour protester, mais ma sœur ne m'en laisse pas le temps. À la place, elle donne des tas d'indications sur les goûters qui se trouvent dans le sac, fait promettre à son fils d'être sage et raconte à Coralie comme elle aurait adoré être là, mais que les urgences... Un tas de conneries, si vous voulez mon avis. Elle peut peut-être berner Coralie, mais moi, je la pratique depuis trop longtemps. Je sais reconnaître un guet-apens.

– C'est lequel, ton bateau ?

La question de Noé me sort de mes pensées. Je crois que le plan pour me venger de ma sœur attendra.

– C'est celui-ci, dis-je en désignant le voilier que j'ai construit moi-même il y a plusieurs années.

– Waouh ! Et on va vraiment monter dessus et aller en mer ?

– Oui, bonhomme. Tu as déjà navigué ?

Il secoue la tête. Je suis étonné, puis je me rappelle que, contrairement à mes neveux ou moi, il n'a pas grandi au bord de l'eau.

– Eh bien, c'est la journée parfaite pour apprendre. Max, tu montres le chemin ?

Mon neveu fait signe à Noé de le suivre. Je constate que Katell a disparu, peut-être de peur que je la jette dans le port. Quant à Coralie, elle s'empresse de dire :

– Tu n'es pas obligé...

J'en veux à ma sœur de m'avoir piégé, mais je ne peux pas en vouloir à Coralie, victime collatérale des machinations machiavéliques de Katell Le Gall. En plus, son fils a l'air vraiment heureux d'être là.

– Ne t'inquiète pas. J'étais surpris que Katell ne m'ait pas précisé que le mystérieux copain de Maxime était ton fils mais je compte bien profiter de cet après-midi sur l'eau. Toi aussi, je suppose ?

Elle porte un débardeur bariolé sous lequel on aperçoit les liens de son maillot de bain noués autour de son cou. Un minuscule short en jean dévoile des jambes hâlées, au bout desquelles elle a enfilé ses tongs à paillettes. Ce mélange détonnant semble parfait pour attirer l'attention des goélands, et lui va étrangement bien.

– J'avoue que je suis curieuse de découvrir Kerlaouen depuis la mer.

– Alors, suis-moi.

Les garçons discutent en nous attendant près de mon bateau. Je grimpe à bord et rapproche le voilier du quai pour faciliter l'abordage à mes passagers du jour. Maxime et Noé grimpent en premier, puis je tends la main à Coralie pour l'aider à nous rejoindre. Sa paume délicate se pose sur la mienne, et d'un geste souple, elle saute sur le voilier.

– Bienvenue sur le *Grenat*, annoncé-je.

– Comme la couleur ? s'étonne Coralie.

Je hoche la tête.

– Prêt à me seconder, Maxime ?

Il acquiesce vivement, l'excitation rendant ses yeux brillants. Je m'approche de Noé, qui reste un peu en retrait et observe le bateau avec une certaine appréhension.

– Hé ! Noé, viens ici. Je vais te montrer comment enfiler ton gilet de sauvetage.

Je lui tends le gilet, il l'attrape et jette un coup d'œil à Maxime, qui enfile déjà le sien comme un pro. Je m'accroupis à sa hauteur.

– Laisse-moi t'aider. Ce gilet doit être bien ajusté pour la sécurité en mer. Ça va être amusant, crois-moi !

En quelques secondes, il est harnaché, et je le félicite en lançant :

– Maintenant, tu ressembles à un vrai marin.

Noé finit par sourire timidement. Les enfants prêts, je me tourne vers Coralie.

– Il te faut aussi un gilet.

Elle rit nerveusement.

– Je sais nager, tu sais.

– Peut-être, mais la sécurité avant tout, n'est-ce pas ?

– Tu vas en mettre un, toi ?

Sa question me décontenance.

– Euh… je suis le capitaine.

Elle arque un sourcil, les mains posées sur ses hanches.

– Et alors ?

Elle fait exprès de me chercher, non ?

Juste pour l'embêter, j'attrape deux gilets et je lui en tends un. Le mien est vite bouclé, mais je la vois se débattre avec les sangles du sien.

– Attends, laisse-moi faire. Ça se clipse comme ça.

Nos mains s'effleurent brièvement, alors que je fixe le gilet autour de sa taille. Une tension subtile vibre dans l'air, et je m'efforce de me concentrer sur ce que je suis en train de faire.

Une fois que tout le monde est prêt, nous quittons le port. Maxime est ravi de m'aider à la manœuvre et il prend son rôle de mentor de Noé très au sérieux. Il lui explique comment remonter les pare-battages.

– C'est vraiment la première fois que tu fais du bateau ? demande mon neveu.

Noé, un peu hésitant, observe autour de lui.

– Ouais... Y avait pas l'océan, là où j'habitais avant.

Immédiatement, Maxime lui raconte des histoires de nos aventures passées en mer.

– On peut pêcher, et parfois voir des dauphins ! Et j'ai même nagé avec un poulpe, une fois !

Noé semble de plus en plus à l'aise, alors qu'ils rient ensemble. Du coin de l'œil, je remarque que Coralie les observe, un sourire discret étirant ses lèvres.

– Ils ont l'air de bien s'entendre, lui dis-je. C'est bon signe.

– Espérons que ça dure et qu'on n'ait pas envie d'en jeter un par-dessus bord.

Sa remarque me fait sourire, et je constate que, malgré la tension du départ, elle semble plus à l'aise maintenant.

Le vent joue avec ses cheveux, faisant voleter ses mèches bleues autour de son visage. Ses yeux pétillent d'excitation, alors qu'elle observe l'horizon. Les flots scintillants s'étendent à perte de vue, et le soleil caresse sa peau. Son sourire est plus naturel et son rire plus léger quand elle regarde les garçons s'amuser.

L'atmosphère à bord est paisible, nous sommes bercés par le clapotis des vagues contre la coque et le doux sifflement du vent dans les voiles. L'air marin emplit nos poumons, apportant une sensation de liberté et de calme. Katell avait raison en un sens, j'avais besoin de cette sortie. Même s'il est hors de question que je le lui dise.

Je garde un œil attentif sur Maxime et Noé, lequel semble de plus en plus à l'aise sur le bateau. Sa timidité initiale a laissé place à une curiosité évidente. Il s'approche de la barre, les yeux brillants d'intérêt.

– Comment tu sais où tu vas ? me demande-t-il.

– C'est une question de cap et de repères. Tu veux que je t'explique ?

Noé hoche vigoureusement la tête, et je me lance dans une explication simplifiée de la navigation, adaptant mon vocabulaire pour qu'il puisse comprendre. Je lui montre comment lire la boussole, comment repérer les points de référence sur la côte et comment les vents influencent notre trajectoire.

Pendant que je parle, je remarque du coin de l'œil que Coralie s'est rapprochée, écoutant elle aussi avec intérêt. Elle pose même quelques questions.

– Quand la mer est calme comme aujourd'hui, c'est un peu comme un grand miroir, expliqué-je à Noé. Mais quand il y a du vent, les creux peuvent être aussi hauts qu'une maison.

Il écarquille les yeux.

– Tu penses qu'on va avoir du vent, aujourd'hui ? demande-t-il, un mélange d'excitation et d'inquiétude dans la voix.

– Un peu, mais pas trop. Rien qui nous empêchera de profiter de notre sortie. Et rien de dangereux.

Nous jetons l'ancre dans une petite crique que je connais bien, à quelques miles de notre village. Ici, la nature est sauvage, et l'eau translucide. C'est un petit paradis bien connu des locaux mais encore préservé de la foule.

– C'est magnifique, murmure Coralie.

Son air subjugué me procure une sensation étrange dans la poitrine. Comme si elle pouvait sentir que je l'observe, elle tourne la tête pour m'adresser un sourire.

– Merci, Ewenn, de nous avoir emmenés ici, c'est juste... c'est à en perdre son grec !

Je suis presque certain que l'expression originelle n'est pas celle-là, mais je ne sais plus, parce que la façon dont elle me regarde me déstabilise. Il y a de la joie et de l'émerveillement à l'état pur dans ses yeux. Et c'est quelque chose que je n'avais pas vu depuis longtemps. Tout à coup, je me sens fier d'en être en partie responsable.

Je n'ai toutefois aucune idée de la façon dont je dois répondre. Alors, je lui adresse un rictus gêné et lance :

– Les enfants, ça vous dit de vous baigner ?

13
Coralie

Une fois l'ancre jetée, le bateau oscille doucement au gré des vagues. La brise marine effleure ma peau alors que je me tiens sur le pont, observant Noé et Maxime qui ont sauté à l'eau. Ewenn s'occupe d'installer l'échelle et leur demande :

– Elle est bonne ?

– Oui, tonton. Viens te baigner avec nous !

– J'arrive, j'arrive.

Les rires de Noé et Maxime retentissent, et cela me réchauffe le cœur. Je suis heureuse de voir mon petit garçon s'amuser, et la tension que je ressens depuis notre apparition au port se dissipe peu à peu. J'avais beau savoir que nous allions rejoindre Katell pour une sortie en mer, pas une seconde je n'avais imaginé que notre skipper serait Ewenn. Et quelque chose me dit que lui aussi ne connaissait pas réellement l'identité de ses passagers du jour.

Je suis étonnée de l'attention qu'il porte aux enfants. Sa façon de répondre aux questions de Noé avec patience et passion était remarquable. Je constate qu'il semble très attaché à son neveu. Cette facette de sa personnalité me surprend. Pour un homme célibataire, il a un don naturel avec les enfants. Je me surprends à me demander s'il en voudrait un jour... Mais à peine cette pensée me traverse-t-elle l'esprit que je me rappelle que ça ne me regarde pas et que je ne devrais même pas y songer.

Je suis tirée de mes réflexions alors qu'Ewenn retire son T-shirt, laissant apparaître des muscles sculptés et bien plus de peau nue masculine qui ne m'a été donnée d'apercevoir de près depuis longtemps. Certes, je suis allée à la plage ces derniers jours. Mais je n'ai rien vu qui ait retenu mon attention, dira-t-on. Une chaleur qui n'est pas due aux rayons du soleil s'installe en moi face à ce spectacle. Je suis bien plus distraite que je ne devrais l'être alors que j'ai mon fils à surveiller.

– Coralie, tu viens te baigner ? demande-t-il.

Et je me rends soudain compte que je suis en train de le fixer d'une manière qui pourrait devenir gênante sous peu.

– Euh... je... Oui, pourquoi pas ?

Il me répond par un hochement de tête, l'air toujours sérieux. Je suppose que sa question était purement polie et que le fait que j'aille nager ou pas lui importe peu.

Il s'approche du bord et, sans hésiter, plonge tête la première. Son corps fend l'eau avec grâce, et il ressort plusieurs mètres plus loin, en direction des enfants surexcités.

Ils échangent quelques mots que je n'entends pas, et ensuite, Noé crie :

– Allez, Maman, il ne manque plus que toi !

– Oui, j'arrive !

Je retire mon short et mon T-shirt, ajustant machinalement le haut de mon bikini. Quand je relève la tête, je constate que les trois garçons semblent occupés à faire la course.

Parfait, je n'ai pas vraiment envie de sentir qu'on m'observe alors que j'essaie d'entrer dans l'eau. Il est hors de question que je plonge. Déjà, parce que je suis presque certaine que mon maillot en profiterait pour se faire en partie la malle. Ensuite, car je ne souhaite pas mourir d'hydrocution, même si je sais que c'est plus une fausse croyance qu'autre chose.

Je me tourne pour entamer une descente sur l'échelle. Un de mes pieds se retrouve sous l'eau, et je me fige, le souffle coupé par la surprise. L'onde est bien plus fraîche que je ne l'avais imaginé. Une morsure instantanée me paralyse sur place. Mes mains se crispent sur la barrière métallique.

Peut-être que si je remonte en vitesse sur le pont et prétends que je me suis baignée et que je suis déjà ressortie, ils n'y verront que du feu ?

– Allez, Maman ! entends-je derrière moi.

– Allez, Coralie, elle est super bonne ! ajoute le petit Maxime.

« Bonne » n'est pas le terme qui me vient à l'esprit tout de suite. Vivifiante ? Tonifiante ? Revigorante ? Glaciale, oui !

– Coralie, tout va bien ? demande Ewenn.

– Oui, parfait ! lancé-je par-dessus mon épaule. Je m'acclimate !

Pourquoi j'ai choisi la Bretagne ? Et pourquoi pas... je sais pas... la Martinique ? OK, c'est un poil plus loin, mais je suis certaine que là-bas, je serais entrée dans l'eau d'un coup !

Je prends une profonde inspiration, serrant les dents. Hors de question de passer pour une poule mouillée auprès de tout le monde. Surtout pas devant Ewenn.

Ni devant mon fils, d'ailleurs. Je suis une mère responsable et courageuse, pas vrai ?

– J'arrive ! lancé-je d'une voix que j'espère assurée mais qui, si je suis honnête, ressemble davantage à un coassement de crapaud à l'agonie.

Je descends un barreau de plus : l'eau glacée m'arrive maintenant aux genoux. Un frisson me parcourt de la tête aux pieds. Et pas un de ceux que j'ai ressentis en matant mon voisin torse nu. Punaise, quel changement d'ambiance !

– Allez, Maman, t'es presque arrivée ! m'encourage Noé.

Presque arrivée ? Il plaisante, j'espère ? Je ne suis même pas à mi-chemin ! Mais son enthousiasme – ou le fait d'aspirer à garder ma dignité – me pousse à continuer. Je progresse d'un barreau, l'eau atteignant désormais mes cuisses. Je retiens un petit cri peu glorieux.

– Tu veux de l'aide ? propose Ewenn en s'approchant de l'échelle.

– Non ! Non, ça va, je gère !

Je réagis avec une vivacité un peu trop prononcée.

M'aider comment, en plus ? Ce n'est pas comme si je n'étais pas capable de descendre une échelle ! C'est juste que mes membres sont engourdis par le froid. Et pourquoi il est si près ? Mon Dieu ! De là où il est, il doit avoir une vue peu avantageuse sur mes fesses. Ce n'est pas que j'en ai honte. Je suis plutôt à l'aise avec mon corps, en temps normal. Mais de là à le laisser observer mon arrière-train en contre-plongée, pas tout à fait !

Je prends mon courage à deux mains et descends d'un coup les derniers barreaux. L'eau glacée m'enveloppe jusqu'à la taille, me coupant le souffle.

– Et voilà ! m'exclamé-je d'une voix étranglée. C'est... rafraîchissant !

Les garçons applaudissent, comme si je venais d'accomplir un exploit olympique. Je force un sourire, mes dents claquant légèrement.

– Bravo, Maman ! Tu vois, c'était pas si terrible ! crie Noé.

Pas si terrible ? J'ai l'impression d'être plongée dans un bain de glaçons ! Mais je ne peux m'empêcher de sourire face à sa fierté. Finalement, peut-être que ça valait le coup de jouer les braves.

Je garde une expression impassible malgré le froid qui me saisit. Ewenn est tout proche.

– La première minute est la plus dure, après ça va aller.

– Oui, ils disent ça aussi pour les piqûres d'anesthésie chez le dentiste. C'est pas pour autant que ça devient super agréable.

Il esquisse un demi-sourire, le premier qui me semble réellement adressé depuis le début de l'après-midi. Cela adoucit ses traits et le rend soudain bien plus accessible.

– Viens nager un peu, ça va te réchauffer.

J'acquiesce et me lance maladroitement dans l'eau. Mes mouvements sont d'abord raides et peu coordonnés, mais peu à peu, je sens mon corps s'acclimater. Ewenn a raison, l'activité me réchauffe, et bientôt, la fraîcheur de la mer devient presque agréable.

Noé et Maxime barbotent joyeusement autour de nous, s'éclaboussant et riant. Leur bonne humeur est contagieuse, et j'apprécie ce moment de légèreté.

– Maman, regarde ce que je sais faire ! s'exclame Noé avant de plonger sous l'eau.

Je le suis des yeux, un peu inquiète malgré moi. Ewenn doit sentir ma tension car il me rassure :

– Ne t'en fais pas, je le surveille. Il nage comme un poisson.

Je hoche la tête, reconnaissante. Noé refait surface quelques mètres après, tout sourire.

– T'as vu ? Je suis allé super loin !

– C'était génial, mon chéri ! le félicité-je, sincèrement impressionnée.

Alors que nous continuons à nager, je remarque qu'Ewenn reste toujours à proximité des garçons, ne les lâchant pas une seconde du regard.

– Noé nage très bien, commente-t-il. Il était inscrit dans un club de natation ?

Je ressens de la fierté à ce compliment et j'explique :

– Pas vraiment. C'est moi qui lui ai appris. Comme il a toujours adoré l'eau, je l'emmenais à la piscine municipale quasiment tous les dimanches matin.

Ewenn hoche la tête et ajoute :

– C'est bien, c'est important de savoir bien nager quand on habite au bord de la mer.

Je bouge un peu plus pour me réchauffer, créant de petites vagues autour de moi.

– Tu peux remonter sur le bateau si tu en as marre. Je garde les garçons à l'œil, ne t'inquiète pas.

Je grimpe sur le pont, la peau frissonnante, mais une sensation de satisfaction m'envahit rapidement quand je sens le soleil me réchauffer.

Je m'installe à l'avant du voilier. En m'essuyant, je laisse mon attention dériver jusqu'à la côte et ses rochers qui plongent dans l'eau turquoise. Finalement, la Bretagne n'a peut-être pas grand-chose à envier aux Caraïbes, si ce n'est la température de l'eau ! Un sentiment de paix joyeuse se diffuse en moi, avec les rires et les éclats de voix des enfants qui nagent en arrière-plan.

Et c'est là, dans ce silence agréable, qu'Ewenn me rejoint. Il monte à son tour, dégoulinant d'eau salée, son maillot de bain collé à sa peau, accentuant chaque ligne de son corps. Sans un mot, il s'installe près de moi tout en saisissant une serviette, s'essuyant négligemment les cheveux.

Nous restons ainsi, quelques minutes, à savourer cette quiétude qui s'étire. Nos yeux sont rivés sur Noé et Maxime qui jouent encore dans la mer. Surveiller les enfants nous donne une bonne excuse pour que nos regards s'évitent. Je suis un peu trop consciente de la chaleur de sa présence, mêlée à la lumière chaude du soleil.

– Je suppose que tu aimes beaucoup la mer… Je veux dire, vu ton travail et… ton bateau ?

Ma tentative pour lancer la conversation est un peu maladroite, mais il hoche la tête et répond :

– On ne vit pas au bord de la mer sans être un minimum captivé par elle, je suppose ? Toi qui as décidé de venir vivre ici, est-ce que tu peux affirmer qu'elle n'a pas pesé dans la balance ?

– Non, admets-je. Elle est une des raisons pour lesquelles j'ai jeté mon dévolu sur la Bretagne.

– Et les autres ?

– Les raisons pour lesquelles je suis venue ici ?

Il acquiesce. Je prends quelques secondes avant de les lister :

– J'avais envie de quitter Paris, je voulais un endroit plus tranquille, plus authentique où je pourrais nous construire une vie épanouie, à Noé et moi. J'avais envie d'espace. Je n'étais pas arrêtée sur la Bretagne en particulier, mais j'ai trouvé l'annonce de ta mère et la maison plus ou moins au même moment, j'ai su que c'était un signe. Et quand je suis venue pour passer mon entretien, j'ai su que c'était ici qu'on devait s'installer.

Quand je tourne la tête, je constate qu'il me dévisage avec sérieux. Un peu gênée, je fais en sorte de relancer la conversation sur lui.

– Et toi, tu as toujours voulu dessiner des bateaux ?

Il semble réfléchir à la question.

– J'en dessine depuis tout gamin. Des petits modèles, des esquisses, et j'en ai même fabriqué en carton. Puis c'est devenu une passion plus grande au fil des années. Je ne pense pas que j'ai toujours su que ce serait mon métier, mais je savais que ma vie serait ici, en Bretagne. Je ne m'imagine pas vivre ailleurs. Alors, ça va ensemble, j'imagine ?

Je l'écoute, fascinée par cette étincelle que j'entends dans sa voix. Pendant un instant, il semble totalement absorbé par ce qu'il vient de dire, ses yeux brillant d'une tendresse lointaine.

– C'est un métier qui demande beaucoup d'imagination et de rigueur ?

– Tu n'imagines pas à quel point, répond-il en riant. Les courbes, les proportions, l'équilibre. C'est une danse entre l'esthétique et la fonctionnalité. Chaque ligne a une raison d'être, chaque détail a un impact. Un mauvais calcul, et le bateau ne navigue pas correctement, ou pire, il n'est pas sûr.

Son enthousiasme est contagieux, et je me surprends à sourire malgré moi. Il parle de son métier avec la même passion que celle que j'entends parfois chez Noé quand il me raconte ses petites aventures imaginaires. Une sorte d'émerveillement enfantin, mais dans le corps d'un homme adulte et sûr de lui.

Je trouve ça étrangement sexy.

– Tu as dit à Noé que tu avais dessiné ce bateau...

– Oui, et je l'ai construit, aussi.

– C'est un sacré projet. Ça a dû te prendre du temps, non ?

– Un peu. Mais ça en valait le coup. Même si, maintenant qu'il est terminé, je n'ai qu'une idée : en faire un autre.

Un sourire s'imprime au coin de ses lèvres. Ses yeux se perdent vers l'horizon, comme s'il cherchait ce futur bateau au loin.

Je l'observe attentivement. Je me rends compte que je vois le vrai Ewenn pour la première fois. Ce n'est pas juste le frère de ma collègue ou mon voisin râleur qui me sauve de situations plus ou moins périlleuses, plein de jugements. C'est un homme avec des rêves, des désirs, des failles aussi, peut-être.

– Et toi, Coralie ? demande-t-il soudain, se tournant vers moi. C'était quoi, tes rêves, quand tu étais petite ?

Sa question me prend au dépourvu. Je ne m'y attendais pas. Je me racle la gorge, un peu embarrassée par l'idée de parler de mes propres aspirations, celles que la vie a petit à petit refoulées au fond d'un tiroir oublié.

– Oh ! Tu sais... des rêves enfantins, dis-je en haussant les épaules. J'aimais l'idée de voyager, de découvrir le monde par moi-même. J'avais ce fantasme un peu théâtral d'acheter un camping-car et de traverser tout un continent, ou même en faisant du stop sans un plan précis en tête.

Il me regarde plus longtemps que nécessaire, comme s'il essayait de comprendre jusqu'où va cette part sauvage en moi que je n'ose plus vraiment écouter.

– Et tu l'as fait ?

Je fais non de la tête.

– Qu'est-ce qui t'a empêchée de le faire ?

Je ris amèrement en secouant la tête.

– La vie, j'imagine. Ce n'est jamais aussi simple dans la réalité. Les responsabilités arrivent, les décisions pratiques. Et puis j'ai eu Noé, et tout ça... ça change les priorités.

Ewenn hoche la tête, visiblement pensif. Il ne dit rien pendant un moment, et je me demande comment il interprète tout ça. Est-ce qu'il me voit comme une femme qui a renoncé à ses rêves ? Comme une simple mère face à la réalité ? Je n'en sais rien, et cela devrait m'être égal.

J'imagine que son esprit a déjà dérivé sur autre chose, mais il me surprend à nouveau :

– Et tu y penses, parfois, à ces rêves oubliés ? Est-ce qu'un jour, quand Noé sera plus grand, tu envisages de repartir sur les routes, ou... peut-être sur les mers ?

Je ris, mais cette fois, il y a moins d'amertume. Juste une pointe de nostalgie.

– Je ne pense pas. Mais après tout... la vie est pleine de surprises !

Noé et Maxime remontent à bord, et alors que j'observe mon petit garçon, plus heureux que jamais, discuter avec son nouvel ami, je songe à cette conversation avec Ewenn.

Je ne saurais dire ce qui a changé, mais il y a quelque chose de très intime dans ce que nous venons de partager. Pour ma part, c'est une partie de moi que j'évoque peu, et c'est assez surprenant que ce soit avec lui que je l'aie fait.

D'après sa mère et sa sœur, il n'est pas un grand bavard. Alors, je prends le fait qu'il m'ait dévoilé un peu de lui comme un cadeau.

Je pourrais presque sentir un fil se tisser entre nous, discret mais bien là. Je ne sais pas si on peut qualifier ça d'amitié, mais quand nos regards se croisent à nouveau, il y a quelque chose d'inédit dans l'air, une compréhension silencieuse. Comme si nous avions enfin quelque chose en commun.

14

Coralie

J'en ai presque fini avec les couverts à nettoyer lorsque Noé arrive avec les dernières assiettes, traînant des pieds comme à son habitude. Son visage dit tout, avant même qu'il n'ouvre la bouche : son humeur n'est pas au beau fixe.

– Ça va, mon cœur ? demandé-je doucement tout en continuant de frotter.

– Bof... fait-il avec un grognement en attrapant un verre pour l'essuyer.

La vaisselle n'est pas son activité préférée, mais je me doute que ce n'est pas juste ça qui le tracasse. Ça fait des jours qu'il est dans cet état. Je décide de saisir l'opportunité pour aborder le sujet qui me trotte en tête depuis ce matin.

– Tu sais, Florence m'a parlé du fest-noz de demain soir. Ça pourrait être sympa d'y aller, non ?

Je lance l'idée avec nonchalance, comme si c'était rien qu'une suggestion. Mais à peine les mots quittent mes lèvres que Noé soupire si profondément que j'ai l'impression qu'il vient d'expirer toute son âme d'adolescent.

– Encore un vieux truc breton... grommelle-t-il en levant les yeux au ciel.

– C'est pas un « vieux truc ». C'est une fête traditionnelle, il y aura de la musique, des danses, des crêpes ! insisté-je avec entrain. Katell m'a dit que ça allait être vraiment chouette !

– Mais j'veux pas y aller ! s'exclame-t-il finalement, lâchant un verre un peu trop brusquement sur le bord de l'évier.

– Noé, fais attention ! le rabroué-je.

Je m'attendais à ce qu'il ne saute pas au plafond mais je ne peux m'empêcher de ressentir un petit pincement au cœur. Je vois bien que ses copains lui manquent, ces derniers jours, et que l'attrait de la nouveauté s'estompe. Il passe aussi beaucoup de temps seul, ce qui déprimerait n'importe qui, au bout d'un moment.

– Noé... commencé-je en posant doucement la vaisselle et en m'approchant de lui. Je sais que c'est dur en ce moment, mais peut-être que le fest-noz serait une bonne occasion de rencontrer de nouveaux amis ?

Il croise les bras, son visage devenant ce masque fermé que je ne connais que trop bien.

– Des nouveaux amis ? Tu rigoles, Maman ? Personne ne va me parler, ici. Je suis tout seul. C'est nul, ce village !

Il regarde obstinément le sol, en disant ça. Mon cœur se serre pour lui. J'espère que ça ira mieux quand il entrera au collège, mais j'aimerais tellement qu'il voit les choses sous un autre angle.

– Je sais que tu te sens un peu à l'écart en ce moment, chéri, mais ça va changer. Tu as apprécié la sortie en bateau avec Ewenn et Maxime, non ?

Je vois ses épaules se raidir quand je mentionne notre voisin. Il fait mine de bouder, mais je sais que je ne suis pas complètement à côté de la plaque.

– Mouais, peut-être... concède-t-il sans grande conviction. Mais Ewenn, c'est un adulte...

Je réprime un sourire, malgré son ton dramatique et le fait qu'il ne se concentre que sur une partie de ma phrase.

– Ewenn, oui, mais Maxime ? Il sera là aussi demain soir. Katell m'a dit qu'il allait y avoir plein d'ados. Vous pourriez passer un bon moment ensemble.

Noé est toujours dubitatif.

– Maxime ? C'est son village, à lui. C'est sûr qu'il va rester avec ses copains et m'abandonner. Je vais me retrouver tout seul, comme d'hab.

– Oh ! allons, il ne fera pas ça, protesté-je. Maxime est un garçon adorable. Il t'apprécie. Sa maman me l'a dit.

Il roule des yeux.

– Ouais, c'est ça...

Je pose une main rassurante sur son épaule.

– Et tu sais quoi ? Si ça ne te plaît pas, on pourra toujours rentrer tôt.

Il demeure silencieux pendant ce qui me semble une éternité, jouant avec un coin du torchon. Je retiens presque ma respiration, attendant sa réponse.

– Bon, d'accord, grogne-t-il enfin. Mais si c'est nul, on part tout de suite.

– Promis ! lancé-je avec un sourire soulagé.

Je m'approche pour déposer un baiser dans ses cheveux et murmure :

– Allez, va te coucher. Après la pluie vient la nuit qui porte conseil.

Il secoue la tête, comme à chaque fois que j'utilise une de mes citations faites maison, mais obéit. Alors que je finis la vaisselle, je jette un coup d'œil en direction de la maison d'Ewenn, toujours éclairée. Est-ce qu'il sera à la fête ? Katell ne l'a pas précisé. J'ai du mal à l'imaginer danser sur la place du village, mais qui sait, peut-être que je me trompe ?

Lors de notre sortie en mer, il m'a surprise. Autant par son côté protecteur envers les enfants que par sa bonne humeur et son enthousiasme quand nous avons abordé son métier. Peut-être qu'il n'est pas toujours un ours mal léché qui se terre dans sa tanière ?

***

Le lendemain soir, en arrivant au cœur du fest-noz de Kerlaouen, je sens immédiatement que l'ambiance s'annonce mémorable. La place du village est décorée de guirlandes de lumières multicolores flottant au-dessus des têtes comme des constellations. La musique résonne déjà : une mélodie entraînante jouée à l'accordéon, au biniou et à la bombarde. Enfin, je crois... J'ai regardé une vidéo explicative avant de venir, histoire d'avoir l'air de savoir un peu à quoi m'attendre, mais j'avoue que je n'ai pas tout retenu.

Des groupes de villageois se forment pour danser en cercle tout autour des musiciens. Il y en a même quelques-uns qui sont en tenues traditionnelles. J'ai une soudaine envie de couscous et de crier « pirates ». Une preuve de plus que l'abus de télévision pendant mon adolescence m'a abîmé le cerveau.

– Ça sent super bon...

L'odeur semble provenir du stand qui propose les galettes, j'en ai déjà l'eau à la bouche.

Noé reste planté à côté de moi, les bras croisés, son expression sceptique toujours ancrée sur le visage. Pourtant, je détecte une lueur d'intérêt dans ses yeux, alors qu'il observe les enfants qui courent ici et là. Je lui donne un petit coup d'épaule.

– Tu vois, ça n'a pas l'air si mal, hein ?

– Mouais... fait-il, pas vraiment convaincu, les mains enfoncées dans les poches.

Nous avançons vers la buvette où je reconnais immédiatement Katell, qui aide derrière le comptoir. Elle nous aperçoit et agite la main avec enthousiasme.

– Vous voilà enfin ! lance-t-elle joyeusement. Venez prendre un verre ! Ce sont les Le Gall qui régalent !

Son mari, que j'ai déjà eu l'occasion de rencontrer au travail, plaisante à ses côtés :

– J'espère qu'elle est plus stricte avec les encaissements au salon de coiffure qu'ici, parce que sinon, c'est la faillite assurée.

Je ris de bon cœur, et c'est alors que Maxime surgit de nulle part. Il s'avance directement vers Noé.

– Eh ! Noé, t'es là ! Viens, on va se cacher derrière la scène avec les autres !

Noé me jette un regard rapide, l'air de demander la permission. Je hoche la tête avec un sourire encourageant.

– Amuse-toi bien ! lui dis-je.

Il court alors rejoindre Maxime et un groupe d'enfants que j'aperçois au loin. Je m'efforce de ne pas trop les regarder, même si une part de moi est toujours inquiète qu'il puisse être laissé de côté. Mais presque aussitôt, je vois mon petit monstre commencer à rire aux éclats. Au fond, je savais que Maxime ne l'abandonnerait pas. Il semble vraiment être un bon gamin.

– Et voilà ! dit Katell, qui me tend ce qui m'a tout l'air d'être un verre de cidre, après avoir terminé de servir un client. Alors, c'est ton premier fest-noz, qu'est-ce que tu en penses ?

– Eh bien... je viens juste d'arriver mais je dois admettre que l'ambiance me paraît carrément géniale !

répliqué-je, observant les danseurs en cercle frapper avec joie leurs pieds dans un ensemble parfait. Il y a un côté très chaleureux... Un peu comme des grandes retrouvailles de famille.

Non pas que je sois habituée à ça. Mais c'est l'image que j'en ai dans ma tête.

Katell acquiesce.

– C'est exactement ce que j'aime dans ces fêtes. Il n'y a pas besoin d'excuse, si ce n'est de vouloir s'amuser pour rassembler tout le monde. On danse, on mange, on rit. C'est simple, mais c'est ce qui rend ça si important.

Je suis captivée par cette simplicité si loin de mon ancien quotidien francilien agité. Paris et ses environs ont sans doute leur part de charme, mais cette convivialité... ça, non, nous ne l'avions pas là-bas.

– Viens, je vais te présenter le reste de la famille, me dit Katell.

Elle me fait signe de contourner l'étal de la buvette et, après avoir salué son père qui sert des clients, elle m'attire vers une jeune femme blonde souriante et m'explique :

– Voici Adèle, ma belle-sœur, la femme de mon petit frère Briac.

Probablement parce qu'il entend son prénom, un homme qui était un peu en retrait se retourne. Il ressemble à une version plus jeune d'Ewenn, avec un air plus insouciant. Pourtant, si j'en crois le porte-bébé sur son ventre, il a passé le temps de l'insouciance.

– Bonjour.

Adèle s'approche pour me faire la bise tout en demandant :

– C'est donc toi, la fameuse Coralie ? Florence n'arrête pas de parler de toi ! Bienvenue à Kerlaouen.

– Elle parle de moi en bien, j'espère ? dis-je à moitié pour plaisanter, à moitié sérieusement.

– Oh ! oui, t'inquiète. Elle essaie de me convaincre de venir me faire faire les ongles. Elle dit que tu es la meilleure.

– Je ne sais pas si je suis la meilleure, réponds-je, heureuse du compliment de ma patronne, mais si tu veux une manucure, ce sera avec plaisir.

– On va dire que je suis un peu occupée, en ce moment, dit-elle avec une grimace en désignant le bébé.

– Je comprends.

– Et voici la nouvelle addition à la famille : bébé Solenn, m'annonce Katell avec une pointe de fierté dans la voix.

La petite fille dort comme un bébé, c'est le cas de le dire. Mais il n'empêche qu'elle a l'air très mignonne. Je l'admire quelques instants, et une vague de nostalgie m'envahit. Elle me paraît loin, l'époque où Noé tenait ainsi dans le creux de mes bras. Maintenant, mon petit bout de chou s'est transformé en pré-ado qui passe son temps à lever les yeux au ciel dès que j'ouvre la bouche, comme si chacune de mes phrases était une offense personnelle à sa dignité naissante. Je suppose que c'est ça, grandir : passer du « Maman, je t'aime » à toute heure du jour au « Maman, tu me gênes » dès que je respire trop fort dans un rayon de moins de dix mètres. Alors, même si les réveils nocturnes étaient une tannée, cette époque me manque un peu.

– Oh ! Elle est magnifique ! Comment peux-tu paraître aussi zen avec un bébé si petit ?

– Oh ! Tu sais... je ne suis pas certaine d'être si zen que ça ! Mais on se partage les tâches à deux, n'est-ce pas, mon amour ? Enfin, sauf la tétée.

Adèle échange un regard complice avec son mari. Ils sont trop mignons pour ne pas les envier un peu. Je jette un coup d'œil à Briac, qui hausse simplement les épaules.

Quelque chose me donne l'impression qu'ils sont un couple soudé. Je les envie, moi qui n'ai ni pu compter sur ma famille, qui m'a tourné le dos à la naissance de Noé, ni sur un charmant mari comme celui d'Adèle pour m'aider.

– Alors, Coralie, tu te plais ici ? me demande ce dernier. Mon frère ou ma sœur ne t'ont pas encore fait fuir ?

– Briac ! s'indigne Adèle, avant de me confier : Tu comprendras très vite, Coralie, que chez Le Gall, ils ont beau être tous adultes, ils passent leur temps à se chercher des poux comme des gosses.

– Pas du tout ! On s'adore !

Adèle soupire et admet :

– C'est vrai, mais vous avez une façon bien à vous de le montrer.

Le sourire de Briac est franc, sa ressemblance avec Ewenn troublante, mais c'est intéressant de constater comment deux personnes aux traits similaires peuvent être si différentes. Là où Ewenn a l'air taciturne au premier abord, son frère est solaire.

– Bon, allez, c'est le moment de trinquer avec nous, ajoute Katell qui est revenue avec des verres de cidre.

Alors que nous buvons en bavardant, je suis consciente de *sa* présence avant même de le voir. Je ne sais pas bien pourquoi mais je me retourne, et il est là.

Ewenn.

Accompagné d'un monsieur âgé qui avance à l'aide d'une canne et qui tend la main de temps à autre pour saluer quelqu'un.

Nos regards se croisent, et pour la première fois depuis que je suis arrivée, je ressens une légère hésitation. Katell s'approche de son frère sans attendre et lance :

– Salut, Ewenn ! Coralie parlait justement de toi.

Il hausse un sourcil, et je sens mes joues chauffer. Je m'empresse d'expliquer :

– Je racontais combien tu avais été patient avec les garçons pendant notre petite virée en bateau !

– Ah oui ?

Il m'observe pendant un long moment. Ce n'est que lorsque le vieux monsieur qui l'accompagne lui donne un coup de canne qu'il détourne les yeux.

– Et moi, je compte pour du beurre ? Quelqu'un va-t-il me présenter à cette charmante jeune femme ?

Ewenn lève les yeux au ciel et annonce :

– Papi, je te présente Coralie, ma nouvelle voisine, qui travaille avec Maman et Katell. Coralie, voici mon grand-père, René.

René fait quelques pas vers moi, et je m'approche pour lui faire la bise. Du coup, je me sens obligée d'opérer de même avec Ewenn. C'est étrange, c'est la première fois qu'on se salue ainsi. Notre contact est bref, presque gêné. Il sent bon, comme s'il venait juste de se parfumer avec une fragrance masculine aux notes fraîches et aquatiques qui évoquent l'océan.

Très agréable.

– Alors, dites-moi, Coralie, où est votre mari ?

Ewenn écarquille les yeux, et Katell lâche un hoquet de surprise.

– Papi !

– Quoi ? rouspète le vieil homme. Je vois une jolie femme, je me renseigne pour savoir si je peux la draguer sans risque qu'un grand gaillard me tombe dessus.

Son expression est amusée alors qu'il poursuit :

– Parce que je ne suis plus très vaillant, mais vous auriez dû me voir il y a vingt ans, je me défendais plutôt bien.

– Il y a vingt ans, Mamie t'aurait tiré les oreilles si elle t'avait entendu dire que tu allais te battre, commente Katell.

Un petit sourire s'affiche sur les lèvres du grand-père, comme si penser à sa femme le rendait heureux. Ce vieux monsieur m'a tout l'air d'être un sacré personnage.

– Eh bien, René, je suis désolée de vous décevoir, il n'y a aucun mari à l'horizon pour venir vous défier. Mais la bonne nouvelle, c'est que vous pouvez donc me draguer en toute tranquillité ! dis-je en jouant le jeu.

Son sourire s'étend, ravi de ma réponse.

– J'aime cette femme ! s'exclame-t-il en se tournant vers Ewenn avec une lueur complice dans le regard. Tu devrais prendre des notes, mon garçon. Voilà comment il faut se comporter avec une dame : un peu de charme, de la galanterie, et hop, on va danser !

Ewenn, qui semblait jusqu'ici légèrement tendu, esquisse un sourire discret, presque imperceptible. René, lui, est tout à fait sérieux quand il repose ses yeux sur moi.

– Alors, ma belle Coralie, venez briller avec moi sous les projecteurs. Vous acceptez de me faire l'honneur de cette danse ?

– Comment refuser une proposition aussi tentante, René ? D'accord, je suis prête à enflammer la piste avec vous. Mais je préfère vous prévenir, c'est mon premier fest-noz, je ne sais pas...

– Ne vous inquiétez pas. Vous êtes tombé sur le meilleur professeur de tout ce coin de la Bretagne. Allez, suivez-moi. Et toi, tiens-moi ça.

Il donne sa canne à Ewenn, qui n'a pas d'autre choix que de la saisir. Je tends ma main vers René, qui la prend délicatement. Alors qu'il me conduit à petits pas un peu vacillants vers la piste de danse, je lance un coup d'œil par-dessus mon épaule à Ewenn comme pour lui promettre de prendre soin de son grand-père.

Nous nous retrouvons au centre de la ronde, entourés de couples qui tournoient au son de la musique traditionnelle. La mélodie joyeuse d'un *an dro* anime la foule.

René lève les bras.

– Allez, suivez-moi, Coralie !

Je m'exécute, et bientôt, nous suivons la musique. Le sol de la place semble vibrer sous les pas des danseurs, et même si, de prime abord, j'étais intimidée, je me laisse aller petit à petit aux mouvements, riant aux éclats avec René.

– Vous faites ça comme une pro ! me lance-t-il, le sourire aux lèvres.

Je suis étonnée par le flot d'énergie que je ressens au milieu de la foule. La musique, les rires et cette joyeuse cohésion me donnent l'impression d'être hors du temps, de partager un moment précieux avec des inconnus. J'ai le sentiment de ne plus être cette Parisienne un peu perdue en Bretagne, mais plutôt une nouvelle membre de cette grande famille chaleureuse.

Pendant quelques minutes, j'oublie tout : les tracas du déménagement, des travaux, mon inquiétude concernant Noé et celle qui ne me quitte jamais vraiment. Celle qui me tient parfois éveillée le soir, quand je me demande si j'ai pris la bonne décision en venant m'installer ici.

Je trouve brièvement le regard d'Ewenn qui, plus loin, observe la scène avec les bras croisés. Un doux sourire effleure ses lèvres. Je ne perçois aucune réserve ou contrariété sur son visage. Peut-être que cette soirée a sur lui aussi un effet positif ?

15
Ewenn

J'écoute d'une oreille distraite Loïc, mon pote d'enfance, alors que je garde un œil sur la piste de danse.

– C'est pas souvent qu'on te voit au fest-noz. Qu'est-ce qui t'a décidé à venir ? demande mon ami.

– Papi avait besoin de quelqu'un pour l'accompagner.

– Ouais.

Ma réponse n'a pas l'air de le convaincre. Il sait très bien que n'importe qui d'autre de ma famille aurait pu aller chercher notre grand-père. Celui-ci a l'air de vivre une seconde jeunesse en faisant virevolter Coralie sur la piste de danse. Cette dernière éclate de rire. Je ressens une pointe de jalousie.

Sérieusement, Ewenn ? Tu es jaloux de ton grand-père ?

Je me reconcentre sur Loïc.

– J'avais envie de sortir, ce soir. J'ai bossé comme un taré toute la semaine. Et comme vous êtes tous ici...

Je désigne du menton la table où sont installés sa femme, ses enfants et tout notre groupe d'amis. La plupart d'entre nous avons grandi ici, à Kerlaouen. Alors, à ce genre de fête, on n'a pas vraiment besoin de s'appeler pour savoir si on s'y retrouvera. C'est un incontournable.

– Et c'est qui, la femme qui va faire faire un arrêt cardiaque à ton grand-père s'il continue ce rythme ?

– Coralie, ma voisine. Elle bosse comme manucure chez ma mère.

– Ah oui ! J'en ai entendu parler. C'est elle qui a racheté la vieille maison ?

Je hoche la tête pour confirmer.

– Eh bien, elle a l'air sympa.

Je le fusille du regard une seconde avant de me rendre compte qu'il n'a fait aucun commentaire déplacé. Il a juste dit : « Elle a l'air sympa. » Ce qui est, en somme, la remarque la plus banale possible. Alors, pourquoi je réagis ainsi ?

Qu'est-ce qui ne tourne pas rond chez moi ?

Non seulement j'ai du mal à la quitter des yeux depuis le début de la soirée, mais en plus je le prends mal quand un de mes potes fait une remarque plutôt anodine à son sujet.

Sérieusement, qu'est-ce que c'est que cette fascination soudaine pour ma voisine ?

Une fascination que je ne devrais même pas me permettre.

Une femme qui peint ses volets en jaune – pardon, *en mimosa* – ne devrait provoquer chez moi qu'un haussement de sourcils, tout au plus.

Mais j'ai du mal à l'ignorer.

Il y a quelque chose dans sa façon de rire, de bouger, d'occuper l'espace qui... m'hypnotise.

C'est ridicule. Aussi ridicule que cette petite robe d'été bariolée qu'elle a choisie, d'ailleurs. Trop colorée, trop voyante. Il n'empêche qu'étrangement... elle lui va bien.

Arrête, Ewenn, tu divagues complètement.

Tout ce bruit, cette énergie, ce n'est pas ce que tu aimes. C'est une évidence.

– Chéri, je crois qu'on va devoir y aller, les enfants sont fatigués.

Sarah, la femme de Loïc, vient de me tirer de mes pensées en s'adressant à son mari.

– Désolée de vous interrompre, Ewenn. Je pensais qu'on resterait un peu plus, mais...

– Je comprends, ne t'inquiète pas. Ils sont encore petits.

Je me penche pour lui faire la bise et lui dire au revoir.

– Dis-nous quand tu es dispo pour passer à la maison un de ces soirs. Ça fait longtemps que tu n'es pas venu.

– Oui, je vous tiendrai au courant.

Je salue Loïc qui s'empare de la poussette et, alors qu'ils s'éloignent tous les quatre, je ressens cette petite pointe d'envie qui me saisit parfois quand je les vois eux, Adèle et Briac, Katell et Antoine, ou d'autres couples d'amis.

Je suis un des derniers célibataires parmi les gens qui m'entourent. Si j'oublie parfois d'indiquer à Sarah que je suis disponible pour aller dîner chez eux, c'est parce que je me sens toujours un peu en décalage quand j'y vais. Ils ont des vies à cent à l'heure entre le travail, les enfants et leurs activités, ou même les aménagements qu'ils entreprennent dans leurs maisons. En comparaison, je n'ai pas grand-chose à raconter, j'ai l'impression de faire du surplace, alors qu'eux ont leurs vies bien lancées. Je vais leur parler de quoi ? De mes interrogations sur le fait d'acheter un ficus ?

Je bois une gorgée de ma bière, songeant à rejoindre la table de mes amis, mais une fois de plus, je regarde les danseurs... et plus particulièrement l'une d'entre eux.

– Tu la mates tellement que ça en devient gênant.

Je sursaute. Katell s'est glissée à mes côtés.

Toujours aussi subtile, ma sœur...

Je suis fichu, avec elle dans les parages.

– Je ne sais pas de quoi tu parles, dis-je d'un ton détaché.

– Ah ! Vraiment ? réplique-t-elle, faussement innocente. Tu ne serais pas en train de scruter ta charmante voisine depuis le bord de la piste, les bras croisés comme un surveillant d'internat ?

– Quelle voisine ?

Même moi, j'ai envie de lever les yeux au ciel devant ma mauvaise foi évidente.

– Coralie, bien entendu. Pas la vieille Mme Kerjean. Quoi que quelqu'un ferait bien de la surveiller, sa hanche est à deux doigts de céder. Mais tu sais, Ewenn, si tu ne veux pas gagner le badge de « meilleur stalker du fest-noz », il faudrait peut-être te mêler aux autres.

– Sérieusement, Katell, lâche-moi. Et j'étais avec Loïc et Sarah il y a deux minutes.

Mais elle ne lâche jamais l'affaire, Katell. Elle me donne un coup de coude dans les côtes.

– Oh ! Allez, Frangin, ça serait bien que tu t'amuses, pour une fois. Tu devrais l'inviter à danser.

– C'est une danse de groupe.

– Tu sais très bien ce que je veux dire.

Je soupire lourdement.

– Bon, vas-y, c'est quoi ton plan, Katell ? Tu crois que je n'ai pas remarqué que tu as fait exprès de me laisser seul avec elle, l'autre jour sur le bateau ?

Katell étouffe un rire derrière sa main, son visage illuminé d'une réjouissance à peine dissimulée.

– Oh ! Mais j'avais réellement des choses à faire.

– C'est toi qui lui as dit de venir ce soir ?

– Tout le village est là, Ewenn. J'ai peut-être suggéré que ce serait sympa pour elle de venir et de rencontrer du monde. Pas forcément mon frère grognon. Mais maintenant que je te vois la regarder, je me dis que ce serait peut-être bien de profiter de la magie de la soirée...

– Laisse-moi tranquille avec ta magie. Je suis très bien là où je suis.

Elle me fixe du coin de l'œil, les bras croisés, comme si elle mijotait quelque chose de plus diabolique encore. Et c'est là qu'Adèle, ma belle-sœur, surgit à son tour.

– Salut, vous deux ! Tu comptes rester dans ton coin toute la soirée, Ewenn ?

Génial. Elles m'encerclent. Comme une meute de loups affamés. Adèle, avec son air de poupée et son sourire angélique, est encore plus difficile à refouler que ma propre sœur.

– Il préfère zieuter sa voisine qu'aller réellement lui parler. Tu sais, un peu comme quand il était collégien et qu'une fille lui plaisait.

– Hé ! Les deux spécialistes en relations humaines, c'est pas un peu fini ? Vous savez que je n'aime pas danser !

Adèle hausse les épaules avec une innocence qui ne me trompe pas.

– Très bien, mais ça m'arrangerait tout de même que tu te bouges. J'ai parié avec Briac, il a dit que tu n'irais jamais danser, et moi, je lui ai rétorqué que si. Alors, j'ai bien envie de gagner, tout de même. Au-delà du fait de pouvoir narguer ton frère, j'ai le changement des couches de tout le week-end qui est en jeu.

Katell demande avec sérieux :

– Tu ne vas pas laisser une jeune mère en manque de sommeil en détresse... Ewenn ?

Je les observe tour à tour. Je les connais, aucune des deux ne va abandonner. Je soupire, sentant la défaite arriver. L'idée de partir faire un tour du monde en bateau en solitaire, loin de toute ma famille, n'a jamais été aussi tentante qu'à cet instant.

– Une petite danse avec Coralie, et après tu pourras retourner bouder dans ton coin. Je promets de ne plus te harceler... pour ce soir, dit Adèle.

– D'accord. Mais je ne fais ça que pour que vous me fichiez la paix.

Je fais un pas et ajoute :

– Et aussi pour que Briac perde.

Katell donne un coup de coude à Adèle.

– Tu vois, je t'avais dit, la rivalité fraternelle, ça fonctionne toujours chez les Le Gall.

Katell m'adresse un sourire radieux comme si elle venait de remporter une victoire stratégique. Adèle applaudit timidement. L'air de rien, ces deux-là seraient capables de monter une révolution.

Je souffle un dernier coup, l'air mi-amusé, mi-désespéré, bois la dernière gorgée de ma bière avant d'abandonner la bouteille dans une poubelle, puis me dirige lentement vers Coralie, qui continue à danser aux côtés de Papi. Il faut que je traverse le cercle des danseurs pour les atteindre, et dès que j'arrive à proximité, je toussote pour attirer son attention.

– Besoin d'un relais, Papi ? demandé-je avec un sourire gêné.

– Ah ! Mon garçon a envie de se mettre dans le bain ! plaisante-t-il avec un clin d'œil.

Avec une imitation de ce qu'il doit penser être une attitude chevaleresque, il ajoute :

– Je vous laisse cette belle jeune fille, Ewenn. Faites-en bon usage.

Il saisit sa canne que j'avais posée près de la piste au cas où il en aurait besoin, et Coralie se retourne pour me faire face, un sourire amusé sur les lèvres.

– Eh bien, en voilà une surprise, Ewenn. Je te voyais plus du genre à observer les autres sur la piste qu'à te joindre à eux.

Je me frotte l'arrière du crâne, un peu mal à l'aise, avant de répondre :

– Ouais, eh bien... disons que les circonstances m'y obligent.

J'ai l'impression que les regards de Katell et d'Adèle me brûlent le dos. Coralie rit, un rire clair et chaud qui allège l'atmosphère.

– Obligé de danser ? Ça, c'est un concept que je ne connaissais pas.

Avant que je puisse trop réfléchir à ce que je viens de dire, je tends la main.

– Alors... tu danses ?

Je me sens pataud et gêné avec ma question. Mais Coralie m'offre un sourire encore plus éclatant qu'avant. Ses cheveux sont relevés en queue de cheval, et elle porte de grosses boucles d'oreilles en forme de roses violettes.

– Comment refuser une telle invitation ? dit-elle, se moquant clairement de moi.

Contre toute attente, elle saisit ma main, et ensemble, nous rejoignons les autres danseurs. Je n'ai jamais été fan de ces réjouissances folkloriques, mais bizarrement, la proximité de Coralie et son enthousiasme rendent l'exercice moins pénible.

Nos mains sont liées l'une à l'autre pendant la danse. Je me sens légèrement maladroit au début, alors même que j'assiste – obligé par ma famille, la plupart du temps – à ce type d'événements depuis ma naissance. Puis, peu à peu, j'oublie que je suis arrivé jusqu'au milieu des danseurs contraint et forcé. Je suis fasciné par Coralie, qui est si à l'aise qu'on ne pourrait jamais deviner qu'elle était encore novice en arrivant.

Bientôt, nous rions des erreurs que je fais. Enfin, surtout elle.

– Eh ! Pas mal, capitaine ! commente-t-elle quand j'arrive enfin à aligner trois pas sans me planter.

– Oh ! Tu sais, danser ne fait pas partie de mes talents cachés, loin de là.

– Tu veux aller manger quelque chose ? Je meurs de faim. Ça m'a ouvert l'appétit, et je suppose que Noé ne va pas tarder à se pointer l'air affamé.

– Avec plaisir.

Nous faisons la queue pour commander des galettes saucisse, et après avoir hésité sur l'endroit où nous installer, je guide Coralie vers un banc, au calme. À un endroit où, avec un peu de chance, nous n'allons pas être interrompus par mes amis ou ma famille.

Son regard vagabonde au loin, observant Noé et Maxime qui courent à travers la place.

– Il a l'air de bien s'amuser.

– Oui, je suis contente, il est venu en traînant des pieds, mais il semblerait qu'il ait fait des connaissances.

Noé éclate de rire au milieu de ses nouveaux camarades, ce qui ne manque pas d'amener un sourire sur le visage de Coralie. Elle lui fait un signe de la main, et il déboule comme une balle, les cheveux en bataille, les joues rouges d'excitation.

Elle lui donne la galette qu'elle vient de lui acheter.

– Salut, dis-je au petit garçon.

– Salut, Ewenn.

Du moins j'estime que c'est ce qu'il a dû dire, car il mange en même temps.

– Noé, je t'ai déjà dit de ne pas parler la bouche pleine.

Maxime arrive sur ses entrefaites, une galette également à la main.

– Salut, Tonton.

– Salut, mon bonhomme.

– Dis, tu pourras nous emmener en mer comme la dernière fois avec Noé ? C'était trop cool !

– Oui, pourquoi pas.

– Génial, tu viens Noé ? Les autres nous attendent.

Les deux garçons partent en courant, et Coralie s'empresse de dire :

– Tu n'es pas obligé...

Elle a l'air gênée.

– Ça ne me dérange pas. C'était plutôt sympa, l'autre jour, tu ne trouves pas ?

– Si... Mais je n'ai pas beaucoup de temps libre, et avec mes travaux...

Ah ! oui, les fameux volets qu'il faut finir de peindre. D'ailleurs, ce n'est probablement pas la seule chose à faire, vu l'état de sa maison.

Mais une idée me traverse l'esprit.

– Je pourrais les emmener un jour où tu travailles ? Ou bien un jour où, justement, tu as des travaux à faire chez toi et que tu préférerais que Noé soit absent.

Elle écarquille les yeux.

– Tu voudrais t'occuper de Noé... seul ?

– Écoute, je comprends si tu ne te sens pas de me le confier. La mer, c'est dangereux. Après tout, on ne se connaît pas bien...

Elle secoue la tête :

– Non, ce n'est pas ça. J'ai confiance en toi. J'ai vu comme tu t'es bien occupé de Maxime et lui l'autre jour, mais...

Elle se mord la lèvre avant de continuer :

– Je n'ai pas trop l'habitude qu'on me propose de s'occuper de mon fils.

– Oh...

Elle reste un instant silencieuse, son regard partagé entre Noé et moi. Je sens qu'elle est en plein dilemme.

– C'est vraiment gentil de ta part, mais... je ne voudrais pas abuser de ton temps.

Je secoue la tête.

– Ça ne me dérange pas, sinon je ne proposerai pas. Et je pense qu'il apprécierait, non ?

Et comme pour lui faciliter la tâche, Noé revient.

– Hé ! Maman, quand est-ce qu'on peut repartir en mer avec Ewenn ?

Coralie glousse doucement puis baisse les yeux vers son fils.

– Eh bien, justement, Noé, Ewenn proposait de vous emmener sur son bateau avec Maxime un jour où je travaille...

Noé ne peut cacher son enthousiasme, sautillant presque sur place.

– Oh ! ouais ! S'il te plaît, Maman, dis oui !

Je sens qu'elle hésite encore, mais finalement, avec un soupir résigné et un sourire en coin, Coralie finit par accepter :

– D'accord. Mais je te fais confiance, Noé, pour suivre à la lettre les recommandations du capitaine Ewenn.

– Promis !

– Et maintenant, tu peux le remercier.

– Merci, Cap'tain Ewenn ! crie-t-il avec un grand sourire avant de courir rejoindre Maxime.

Nous restons là en silence un moment, Coralie et moi, à regarder les enfants jouer. Il y a dans l'air une douce tranquillité, une sensation étrange que quelque chose a évolué, que nous ne sommes plus juste de simples voisins. Qu'il y a peut-être un début d'amitié entre nous ?

Je jette un coup d'œil à Coralie, qui semble elle-même pensive, un léger sourire aux lèvres.

Et pour une fois, je me dis que cette soirée, avec ses danses en cercle, ses sourires et ses lumières, n'était peut-être pas aussi insupportable qu'elle en avait l'air au début.

Mais es-tu sûr que c'est une amie qui est assise sur ce banc avec toi ? Parce qu'honnêtement, elle te plaît, non ?

16

Ewenn

Je me lève tôt en ce mercredi matin, avec cette excitation presque palpable à l'idée de me rendre en mer. J'inspecte rapidement mes affaires dans le garage : gilets de sauvetage, kit de premier secours, tout est là. Si quelqu'un me regarde en ce moment, il doit penser que je me prépare pour un périple autour du globe. Mais bon, j'aime éviter les mauvaises surprises, surtout quand je suis responsable de deux enfants pour la journée.

Je termine de charger le coffre de la voiture avec les sacs et je ferme le hayon dans un claquement sec. Soudain, une notification sur mon téléphone. Un message de Katell :

Katell
Bonne balade,
Cap'tain Grognon. Essaie
de ne pas trop traumatiser
les petites recrues !

Je lève les yeux au ciel. Cap'tain Grognon, vraiment ? Le mythe comme quoi je suis soupe au lait a encore de beaux jours devant lui, merci Katell ! Et je pourrais danser à tous les fest-noz que ça n'y changerait rien.

Je lui réponds rapidement d'un pouce levé pour éviter de perdre une éternité à rédiger un message que je n'ai aucunement envie d'écrire.

Par-dessus la clôture, je vois de l'agitation chez Coralie. Je repense à notre conversation ce week-end. J'ai pris cette décision sur un coup de tête, sans vraiment réfléchir. J'ai eu envie de faire plaisir au petit.

Je m'arrête dans mon élan, surpris par cette pensée. Si j'étais honnête avec moi-même, je devrais admettre que ce n'était pas uniquement pour Noé. L'idée de voir s'illuminer le visage de Coralie, de lui offrir ce moment de répit, y était aussi pour quelque chose. Je me rappelle son expression quand elle a finalement accepté : ce mélange de soulagement et de joie contenue qui m'a réchauffé le cœur bien plus que je ne voudrais l'admettre.

C'est étrange comme une simple proposition, lancée presque par instinct, peut révéler des sentiments qu'on préfère habituellement ignorer. Je secoue la tête, tentant de chasser ces réflexions.

C'est juste un service rendu à une voisine... n'est-ce pas ? Son fils s'ennuie, il aime la mer, elle s'inquiète pour lui, je rends service.

En parlant de Noé, le voilà qui sort de chez lui pour m'attendre dans l'allée. Je reconnais l'énergie typique d'un gamin de onze ans excité comme une puce. Il semble prêt à embarquer pour une traversée de l'Atlantique avec une simple casquette, un sac à dos et une détermination inébranlable. Je parcours les quelques mètres qui me séparent de leur maison.

– Salut, Noé ! Prêt pour cette grande aventure ?

– Oui, j'ai hâte !

Je le contourne, et Coralie est là, à la porte, un sourire radieux sur les lèvres. Elle porte une veste bleu roi plutôt classique, mais ses baskets à sequins tranchent complètement avec le reste de son look. Typiquement Coralie.

– Bonjour.

– Salut, réponds-je, tout en jetant un coup d'œil à Noé qui fait des allers-retours entre sa mère et moi, incapable de rester en place.

Elle s'approche de moi, et il y a ce moment de flottement où ni l'un ni l'autre ne sait quoi faire. Je finis par me pencher et lui faire la bise. Sa peau est douce contre ma joue, et pendant une fraction de seconde, je perçois le parfum léger de ses cheveux. C'est bref, mais suffisant pour me troubler plus que je ne l'aurais voulu.

– Prêt pour l'aventure, capitaine ?

Je hoche la tête tout en m'intimant mentalement de décrocher mon regard de son visage souriant.

Bon sang, reprends-toi, Ewenn. C'est ta voisine, la mère de Noé, et elle fait confiance à l'ami serviable que tu es censé être. Pas à l'idiot qui se perd dans la courbe de son sourire !

– Je crois que tout est prêt, annoncé-je avec un sérieux digne d'un marin annonçant à son capitaine que tout est en ordre pour une expédition dangereuse.

Mais Coralie ne se laisse pas impressionner par ma solennité. Elle rit doucement, et le son résonne un peu trop agréablement dans l'air frais du matin, avant qu'elle demande à son fils :

– Tu as bien pris ta casquette, pirate ?

– M'man ! On n'est pas des pirates ! Je suis un marin, maintenant.

Coralie lève les mains en signe de reddition.

– Ah ! Bon, au temps pour moi ! Pardonne à ta pauvre mère, elle mélange les termes...

Je souris intérieurement. Ce gamin a un sacré caractère.

– Eh ! Maxime est déjà là, crie Noé soudainement en apercevant la silhouette de mon neveu qui arrive en trottinette.

Maxime nous rejoint, aussi enthousiaste que Noé, flanqué de son sac à dos et prêt à embarquer. Les deux enfants, heureux de se retrouver, font déjà des projets pour cette journée, ce qui me laisse le temps de parler en tête à tête avec Coralie.

– Ne t'inquiète pas, je ferai attention. Je lui apprendrai quelques trucs. Suffisamment pour qu'il ne coule pas un bateau tout seul dans le futur.

Elle hausse un sourcil.

– C'est vraiment censé me rassurer ?

Elle n'a pas l'air inquiète outre mesure, ce qui me tranquillise. Elle me fait confiance, et cette idée gonfle ma poitrine d'une pointe d'orgueil. Elle ajoute :

– Fais quand même attention à mon petit marin, hein. Et peut-être, ne lui donne pas trop le démon de la mer. Il risquerait de me demander un bateau comme cadeau de Noël.

– Promis, je le ramène intact. Et si vraiment il veut un bateau, je connais un architecte naval...

Elle me fusille du regard, et je ne peux lui cacher que je me retiens de rire. Mais le sérieux reprend vite le dessus.

– J'ai ton numéro, je t'appellerai s'il y a quoi que ce soit.

– Si tu veux, tu peux m'envoyer des nouvelles en plein parcours. Au cas où... je sais pas... Au cas où une tempête improvisée vous tomberait dessus ou qu'un dauphin géant ait décidé de prendre contrôle du bateau.

Il n'y a aucune chance que tout cela arrive, elle le sait tout aussi bien que moi. Mais je perçois la nervosité dans sa voix. Je sais déjà à cet instant que je vais lui faire un rapport détaillé de nos activités, photos à l'appui. Car l'imaginer au salon en se rongeant les sangs pour savoir si son fils n'est pas passé par-dessus bord me paraît inacceptable.

– Je te tiendrai au courant, pas de problème. Mais au pire, on croisera des poissons volants, tout au plus.

Elle répond d'un simple acquiescement de la tête, ses yeux rivés aux miens, comme pour me rappeler qu'elle me confie ce qu'elle a de plus précieux.

Le message est reçu cinq sur cinq.

– Noé, Maxime, prêts à voguer vers le large ?

Ma question met fin au moment.

Quand mes deux moussaillons sont installés dans ma voiture et prêts pour l'aventure, je démarre et roule en direction du port. Mon regard croise une dernière fois celui de Coralie dans le rétroviseur, alors qu'elle nous fait un petit signe de la main, jusqu'à ce que nous soyons trop loin pour le voir.

***

Nous voilà bientôt tous les trois à bord du *Grenat*, amarré au quai. Il n'est pas immense mais il a tout ce qu'il faut pour une journée en mer. Je jette un coup d'œil à Noé, qui a la bougeotte.

Maxime, plus posé, inspecte doucement les environs. Il connaît déjà la routine.

– Vous êtes prêts ?

Mon ton se veut sérieux, comme si je prenais cette sortie comme une leçon de navigation.

Noé se tourne vers moi avec des yeux brillants.

– Je vais devenir un vrai marin, grâce à toi ?

Je hoche la tête, mi-sérieux, mi-amusé.

– Je n'ai pas pour habitude de former des pirates, alors tu pourras te considérer comme un marin en devenir d'ici la fin de la journée.

Il bombe le torse, comme s'il voulait se montrer à la hauteur de la promotion.

– Maxime va te montrer quelques nœuds de base, dis-je en désignant des bouts sur le pont. Pendant ce temps, je vais faire les derniers préparatifs pour le départ.

Les deux garçons se concentrent et jouent bientôt à nouer les cordages. Noé observe les mouvements de Maxime avec une attention absolue. Il semble absorber chaque instruction comme une éponge.

Une fois les amarres larguées, je prends la barre. Nous glissons doucement hors du port, je demande à mes mousses de remonter les pare-battages et je prends la direction du large.

– Les garçons, on va hisser la grand-voile !

Je positionne le bateau face au vent, et ils tirent de toutes leurs forces sur les drisses. Je leur donne un coup de main puis j'ajuste les écoutes avant de couper le moteur. Bientôt, il n'y a plus que le bruit du *Grenat* qui fend les vagues, ponctué par les rires, parfois étouffés, de Maxime qui essaie tant bien que mal d'expliquer à Noé comment former un nœud de chaise.

– T'inquiète, ça viendra, dis-je à Noé en glissant un regard indulgent dans sa direction.

– C'est important de savoir faire des nœuds, non ?

– La mer est pleine de surprises. Parfois bonnes, parfois moins. C'est important d'être prêt à réagir et de savoir comment naviguer, mais aussi de profiter des moments de calme, comme celui-ci. Juste écouter l'eau, le vent... et se laisser porter.

Il semble réfléchir en silence.

Peu après, Maxime s'endort sur un des bancs du cockpit, bercé par les vagues et épuisé par sa matinée énergique. Pendant ce temps, un Noé infatigable reste près de moi, écarquillant les yeux face au moindre détail.

Je ressens son enthousiasme, son émerveillement sain et honnête pour quelque chose de plus grand que lui. Quelque chose qu'il explore encore. Et à ma grande surprise, je me surprends à apprécier être celui qui l'aide à cette découverte.

C'est étrange, cette sensation. Je ne suis pas père, même si fut un temps, cela faisait partie de mes projets de vie. Bien sûr, je fréquente quelques enfants en tant qu'oncle – pas drôle, d'après Katell –, en tant qu'ami. Mais mon rôle, en général, se limite à tenir un bébé dans les bras le temps que son parent déploie une poussette, ou bien participer quelques minutes à la partie de foot dans le jardin de mes parents avec Maxime et Damien. Pour la première fois, je comprends un peu mieux ce que ça fait de vouloir protéger quelqu'un, de vouloir lui montrer le monde. C'est aussi grisant que terrifiant. Je me demande si c'est ce que ressentent tous les pères ? Ce mélange d'émerveillement et de responsabilité. Cette envie de bien faire, même si on n'est pas sûr de savoir comment s'y prendre.

Voir ses yeux brillants d'excitation, répondre à ses questions incessantes, partager mon amour de la mer avec lui... ça réveille quelque chose que je ne soupçonnais pas. Une forme de plénitude, peut-être ?

Enfin, je ne suis que le voisin qui l'emmène en bateau.

– Ça te plairait de te mettre à la barre, hein ?

Noé lève les yeux vers moi, le visage illuminé.

– Oh ! Ouais ! Tu crois que je pourrais apprendre à être capitaine, comme toi ?

Je hoche la tête en souriant.

– Bien sûr. Ça demande un peu de temps, un peu de patience... Mais si tu es motivé, tu le deviendras.

– Hé ! Dis, tu crois que je pourrai emmener Capitaine Chou-fleur, la prochaine fois ?

Je souffle par le nez et tente de ne pas éclater de rire.

– Non, désolé... La mer et les cousins du lièvre ne sont pas vraiment compatibles.

Noé fronce le nez avec une moue déçue.

– Pourquoi tu l'appelles comme ça ?

– Eh bien, parce qu'il existe une superstition, dans la marine : il ne faut pas prononcer le nom de l'animal aux grandes oreilles. Car autrefois, on en emmenait à bord, dans des cages pour pouvoir les manger, après plusieurs jours de mer. Mais certains animaux mangeaient les cordages ou donnaient des maladies, alors ils ont été bannis.

– Ah... dommage.

Mais son enthousiasme débordant, qui me rappelle un peu celui de sa mère, ne tarde pas à revenir.

– J'adore cette journée ! J'apprends un tas de trucs.

17

Coralie

L'odeur des soins pour cheveux se mélange aux effluves de vernis à ongles tandis que je dépose mes affaires dans la réserve du salon. Le petit rituel du matin m'aide à ne pas trop penser à Noé qui, à cette heure-ci, doit déjà être sur le bateau. Je vérifie le nettoyage de mon poste de travail et teste mes lampes à UV.

– C'est aujourd'hui qu'Ewenn emmène les garçons en mer ? demande Florence en actionnant la machine à café.

– Oui.

Mon portable vibre à ce moment précis, et mon cœur fait un bond ridicule dans ma poitrine. Le message vient d'Ewenn, et une photo s'affiche : Noé et Maxime, tout sourires, posent devant le bateau. Ewenn a écrit :

Ewenn
L'équipage est au complet,
prêt à prendre la mer !

– Alors, ils sont bien arrivés ? demande Katell en se penchant par-dessus mon épaule. Oh ! Regarde comme ils sont mignons !

Florence s'approche à son tour, une tasse de café dans chaque main.

– Ne t'inquiète pas, ma belle. Ewenn a beau jouer les ours mal léchés, il est très responsable sur l'eau. C'est son élément.

Elle m'adresse un sourire rassurant, et je me demande comment elle connaît ma principale inquiétude de la journée. Elle ajoute en haussant les épaules :

– Je suis maman. Même si mes enfants ont passé l'âge que je vérifie leurs moindres faits et gestes, je me souviens de cette époque.

Je prends la tasse qu'elle me tend, savourant la chaleur qui se diffuse dans mes mains.

– Je sais que je m'inquiète pour rien... C'est juste que... c'est la première fois que je confie Noé à quelqu'un d'autre que ma baby-sitter habituelle de Paris ou ma meilleure amie Nawell.

– Et tu l'as confié à Ewenn ? s'amuse Katell. Je ne sais pas si je dois être impressionnée par ton courage ou inquiète pour ta santé mentale.

– Katell ! la réprimande sa mère.

– Je plaisante, Coralie. J'ai entièrement confiance en Ewenn. La preuve, n'oublions pas que Maxime est sur ce bateau.

Je regarde à nouveau la photo, mon pouce caressant distraitement l'écran. L'image d'Ewenn ce matin me revient : son sérieux quand il m'a promis de faire attention à Noé, la façon dont il s'est penché pour me faire la bise, ce moment de flottement entre nous...

– Terre ! Terre à Coralie ! chantonne Katell en agitant sa main devant mon visage. La journée commence, et Mme Legoff arrive dans dix minutes pour sa manucure.

Je secoue la tête et range mon téléphone dans la poche de ma blouse. Le salon commence à s'animer : Florence allume les dernières lampes, Katell dispose les magazines du jour, et la radio diffuse les premières notes d'une chanson pop. La routine s'installe, mais une partie de moi reste amarrée au port, où mon fils s'apprête à vivre une journée d'aventure.

Le carillon de la porte tinte régulièrement alors que les clientes se succèdent. Je suis en train de nettoyer mon poste après une french manucure quand Mme Prigent s'installe à ma table. Cette dame d'un certain âge fait partie des piliers du salon, et son besoin de tout commenter n'a d'égal que sa maladresse légendaire.

– Alors, Florence m'a dit que votre petit est en mer, aujourd'hui ? me demande-t-elle pendant que je lime ses ongles.

Je m'apprête à répondre quand mon téléphone vibre sur le coin de la table. Je jette un coup d'œil discret : une nouvelle photo d'Ewenn. Cette fois, Noé tient la barre, concentré comme s'il dirigeait un paquebot de croisière.

– Oh ! c'est une photo des marins ! s'exclame Mme Prigent en se penchant brusquement, renversant au passage le flacon de vernis que je venais d'ouvrir.

Une tache écarlate s'étale sur le revêtement blanc de ma table de travail.

– Ce n'est rien, ce n'est rien !

Je m'empresse de la rassurer alors qu'elle se confond en excuses.

– Je suis vraiment navrée, ma petite. Vous savez, j'ai toujours été un peu... comment dire...

– Enthousiaste ? suggère Katell depuis son poste, un sourire dans la voix.

Florence arrive déjà avec des serviettes en papier, habituée aux petites catastrophes de Mme Prigent.

– Voilà ce qui arrive quand on est trop curieuse. Mais maintenant que le mal est fait, partagez-nous cette photo, Coralie !

Je leur montre l'écran de mon téléphone, et un concert de « Oh » et de « Ah » s'élève dans le salon.

– Noé a l'air dans son élément, commente Florence.

Mon téléphone vibre à nouveau. Cette fois, c'est une photo de Maxime, profondément endormi sur un banc du cockpit.

– Au moins, il y en a un qui ne risque pas de tomber à l'eau, plaisante Katell en regardant par-dessus mon épaule.

La matinée file entre les soins et les conversations. Les clientes se relaient, chacune y allant de son commentaire sur l'aventure maritime de Noé. Comment tout le monde est-il au courant de cette sortie ? Aucune idée. La magie de Kerlaouen, on dirait. Ce n'est pas comme si Florence ne m'avait pas prévenue dès mon arrivée...

Certaines clientes me racontent leurs propres expériences de premières séparations avec leurs enfants, d'autres s'extasient sur la gentillesse d'Ewenn, ce qui me fait invariablement sourire, connaissant son côté grognon. Je me rends compte que la plupart ont l'air de considérer que ce n'est qu'une façade, et il se pourrait bien que mon voisin ait en fait une réputation de gentil.

La matinée avance ainsi, rythmée par le vrombissement des sèche-cheveux, le tintement du carillon et les vibrations régulières de mon téléphone. Chaque message d'Ewenn est comme une petite bouée à laquelle je m'accroche, me rassurant sur le fait que tout va bien, que mon fils s'amuse, qu'il est en sécurité.

Vers midi, alors que je termine ma dernière cliente de la matinée, je reçois une photo particulièrement touchante : Noé, les cheveux ébouriffés par le vent, un immense sourire aux lèvres, tenant fièrement un bout qu'il a apparemment réussi à nouer correctement. Le message d'Ewenn qui accompagne la photo dit simplement :

Ewenn
Un vrai marin en devenir.

Je fixe l'écran du regard un moment, émue par la joie pure qui émane de mon fils. C'est exactement pour ça que nous sommes venus ici : pour ces nouvelles expériences, pour ce sourire.

L'heure de la pause déjeuner arrive, et Florence annonce d'un ton qui n'admet aucune protestation :

– Bon, on va déjeuner chez Gaël, et c'est moi qui invite.

Quelques minutes plus tard, nous nous retrouvons toutes les trois installées sur la terrasse de la crêperie aux parasols rouges. L'odeur de sarrasin et de caramel au beurre salé emplit l'air. Le patron flirte gentiment avec nous, Katell le menace une fois de plus d'en parler à sa femme. Je crois que cela est une tradition locale, en fait. En tout cas, ça me fait rire.

– Alors, comment tu te sens ? me demande Katell en dépliant sa serviette. Pas trop stressée ?

– Non, ça va.

Je me rends compte que je le pense vraiment.

– Je devrais être plus inquiète, non ? Je veux dire, mon fils est en plein milieu de la mer avec un voisin que je connais à peine.

– Mais tu fais confiance à Ewenn.

Ce n'est pas une question de la part de Florence, plutôt une affirmation qui me fait réfléchir.

Oui, je lui fais confiance. C'est ça qui m'étonne, en fait.

La serveuse arrive avec nos galettes, interrompant momentanément la conversation. Une fois qu'elle s'éloigne, Katell lance :

– Tu as dit tout à l'heure que tu ne confiais pas souvent Noé ?

Je secoue la tête, sentant une boule se former dans ma gorge.

– À Paris, j'avais une baby-sitter, pour assurer les moments où je bossais et où il n'était pas à l'école, mais c'était... professionnel. Là...

– Là, tu laisses quelqu'un entrer dans votre vie, complète Florence.

Les mots me frappent par leur justesse. Je prends une profonde inspiration, jouant distraitement avec ma fourchette.

Katell demande :

– Ta famille, ils étaient dans le coin ? Ils ne t'aidaient pas un peu ?

Ma famille. Sujet délicat que j'aborde rarement, encore moins avec des collègues de travail. Mais je ne me sens pas d'éluder la question face à Katell et Florence. Peut-être est-ce l'ambiance décontractée de ce déjeuner au soleil, peut-être est-ce le fait qu'elles n'ont été que bienveillance depuis mon arrivée en Bretagne, mais je me jette à l'eau :

– Ma famille... J'étais très jeune quand je suis tombée enceinte. Mes parents n'ont jamais accepté ma grossesse. Quand j'ai décidé de garder Noé, ils m'ont tourné le dos.

Le silence qui suit est lourd de compassion. Florence pose sa main sur la mienne. Ce geste de soutien me touche bien plus que je ne l'aurais pensé, et je continue :

– J'ai toujours pensé qu'ils changeraient d'avis en voyant leur petit-fils grandir. Qu'ils voudraient faire partie de sa vie...

– Mais ce n'est pas le cas, devine Katell.

– Non. Ils le voient deux fois par an, maximum. Et encore, c'est plus par obligation que par envie. C'est une des raisons pour lesquelles j'ai quitté Paris. J'en avais assez d'attendre après eux, d'espérer qu'ils s'intéressent enfin à nous. Je ne pouvais pas continuer à passer à côté d'opportunités au cas où ils se réveillent et nous acceptent. Noé mérite mieux que ça... et moi aussi, je crois ?

– C'est certain, affirme Katell.

Mon téléphone vibre quand une nouvelle photo arrive à point nommé pour rompre la gravité de l'instant : Noé et Maxime en train de manger leurs sandwichs, les cheveux ébouriffés par le vent marin, l'air parfaitement heureux.

Je montre la photo aux deux femmes, elles rient. Quand je repose l'appareil sur la table, Florence, qui a toujours sa main près de la mienne, me dit :

– Tu sais, parfois, la famille qu'on se choisit est plus précieuse que celle qu'on nous a donnée.

Je lève les yeux vers elle, touchée par ces paroles et par la tendresse maternelle dans son regard. Pour la première fois depuis longtemps, je me sens vraiment à ma place, assise dans cette crêperie, entourée de ces femmes qui m'ont accueillie sans jugement, pendant que mon fils vit sa première aventure en mer avec un homme qui, malgré son côté bourru, a su gagner ma confiance.

Je prends une bouchée de ma galette, savourant ce moment de paix, cette sensation d'appartenance que je n'avais pas ressentie depuis si longtemps.

L'après-midi au salon s'écoule plus tranquillement que la matinée. Les clientes sont moins nombreuses, ce qui me laisse plus de temps pour vérifier mon téléphone, une manie qui fait sourire Florence à chaque fois.

Une notification apparaît :

Ewenn
On rentre au port vers 18 h.
Ton marin a du talent.

Je ne peux retenir le sourire qui s'épanouit sur mon visage.

– Oh ! Je connais ce sourire ! chantonne Florence depuis son poste. Mon fils aurait-il encore envoyé un message ?

– C'est juste pour me dire qu'ils rentrent à dix-huit heures, me défends-je, sentant mes joues chauffer.

– Bien sûr, bien sûr… Et c'est pour ça que tu rougis comme une adolescente ?

– Je ne rougis pas !

– Si tu le dis, ma chérie, répond-elle avec un clin d'œil qui me fait lever les yeux au ciel.

La fin de l'après-midi devient une douce torture. Je regarde l'horloge toutes les cinq minutes, ce qui n'échappe pas à mes collègues. Même mes dernières clientes semblent s'amuser de mon impatience.

– C'est long, d'attendre son marin, pas vrai ? me taquine Cécile, la prof de maths, pendant que je termine de poser des strass sur ses ongles.

– Un peu, avoué-je. Mais au moins, je sais qu'il s'amuse.

– Et puis il est entre de bonnes mains, ajoute-t-elle avec un regard entendu. Ewenn Le Gall est peut-être un ours, mais c'est un ours au grand cœur.

Je souris malgré moi, repensant à toutes les petites attentions qu'il a eues aujourd'hui : les photos, les messages rassurants, sa patience avec Noé...

– Vous avez raison, murmuré-je, plus pour moi-même que pour ma cliente.

L'horloge indique enfin 17 h 30, et mon cœur fait un bond quand Florence déclare :

– Bon, on va commencer à ranger.

Je m'active, plus efficace que jamais dans mon rangement. Flacons alignés, instruments désinfectés, table nettoyée, tout est impeccable en un temps record.

Katell plaisante :

– Tu sais, si on avait su qu'il suffisait d'un rendez-vous au port pour te faire ranger aussi vite...

– Ce n'est pas un rendez-vous !

– Non, bien sûr que non. Tu vas juste retrouver ton fils... et mon fils, qui ont passé la journée ensemble.

Le ton de ma patronne est plein de sous-entendus.

– Florence !

Elle éclate de rire devant mon air outré.

– Allez, file ! me lance-t-elle en me poussant gentiment vers la sortie. Va les retrouver !

Je ne me fais pas prier, attrapant mon sac et ma veste. Mais sur le pas de la porte, je marque une pause et me tourne vers les deux femmes. Je lance par-dessus mon épaule :

– Merci pour aujourd'hui. Pour tout.

Leurs sourires chaleureux m'accompagnent alors que je quitte le salon, le cœur battant d'une excitation que je n'essaie même plus de nier.

***

La brise porte des odeurs d'iode et d'algues, quand je sors de ma voiture sur le port. Je suis fébrile. C'est idiot, je le sais. Ce n'est qu'une journée, après tout. Mais c'est notre première vraie séparation à Noé et moi depuis notre arrivée ici, si on met de côté les longues journées qu'il passe seul à la maison.

Je repense à la conversation du déjeuner, à tout ce que cette journée représente. Ce n'est pas juste Noé qui apprend à naviguer, c'est moi qui apprends à faire confiance, à lâcher prise, à laisser d'autres personnes entrer dans notre duo.

Et puis il y a Ewenn...

Je secoue la tête, tentant de chasser les pensées qui me traversent l'esprit. Des images de ce matin : son sourire rare mais sincère, la façon dont il s'est penché pour me faire la bise, ce moment de flottement entre nous... Non, non, non. Ce n'est pas le moment de penser à ça.

Pourtant, chaque photo qu'il a envoyée aujourd'hui, chaque message attentionné... Je ne peux m'empêcher de sourire en repensant à sa façon de me tenir informée, comme s'il avait compris exactement ce dont j'avais besoin sans que j'aie à le demander.

Les goélands crient au-dessus de ma tête, me ramenant au présent.

Je repère le *Grenat* qui s'approche du port, sa silhouette se détachant sur l'horizon. Une petite silhouette sur le pont fait de grands signes dans ma direction.

– Maman !

La voix de Noé porte sur l'eau, claire et excitée. Je fais signe à mon tour, incapable de retenir mon sourire. À côté de lui, Ewenn manœuvre le bateau avec assurance, ses gestes précis et mesurés contrastant avec l'agitation de mon fils.

Le voilier s'approche lentement du quai. Je peux maintenant distinguer les détails : les cheveux ébouriffés de Noé, le sourire satisfait de Maxime et le regard d'Ewenn qui croise le mien un instant avant de se reconcentrer sur sa manœuvre.

Ewenn me jette une amarre. Je l'attrape maladroitement, ce qui lui arrache un petit sourire en coin.

– Super réflexe.

– Oh ! ça va, hein ! Je n'ai pas eu de formation marine, moi !

– Pas encore, répète-t-il avec ce même sourire qui fait faire des choses étranges à mon estomac.

Noé saute sur le ponton dès que le bateau est amarré, se jetant dans mes bras avec l'enthousiasme d'un boulet de canon.

– C'était trop bien ! Tu sais pas quoi ? J'ai appris à faire des nœuds, et puis j'ai tenu la barre, et...

– Doucement, mon cœur, ris-je en le serrant contre moi. Tu as toute la soirée pour me raconter.

Ewenn aide Maxime à descendre à son tour puis nous rejoint. Je m'approche et lui dis simplement :

– Merci.

Ce n'est qu'un tout petit mot, mais il est prononcé d'une façon sincère, bien plus significative qu'un long discours, je crois.

– De rien, c'était vraiment une chouette journée. Pas vrai, les gars ? On remet ça un de ces jours ? Enfin, si Maman est d'accord, ajoute-t-il comme s'il venait de se rendre compte qu'il est allé un peu vite.

– Oh ! oui ! répond Noé avant même que j'aie pu dire quoi que ce soit.

– Je crois que tu as ta réponse...

18

Coralie

Noé s'éloigne sur le quai, alors que Maxime l'a appelé pour lui montrer je ne sais quoi au fond de l'eau du port. Mon fils a un sourire qui ne ment pas : il a passé une super journée.

Ewenn est à mes côtés, les mains dans les poches de son short. Je remarque qu'il a l'air plus détendu que d'habitude, presque souriant.

– Il se débrouille vraiment bien, dit-il. Il a un don naturel pour la navigation.

– Tu me dis ça pour gonfler mon ego de maman ou tu le penses réellement ? demandé-je pour plaisanter.

Mais quand je croise le regard de mon voisin, je constate que ce ne sont pas des paroles en l'air. J'aurais dû m'en douter, Ewenn n'est pas un grand bavard. Quand il parle, ce n'est pas pour ne rien dire.

– Encore merci de l'avoir emmené. Je ne sais pas s'il se rend compte de la chance qu'il a d'avoir pu faire cette sortie.

Ewenn hausse les épaules, comme si ce n'était rien. Et dans un élan de remerciement ou peut-être d'inconscience totale de ma part, je propose :

– Tu voudrais... euh... venir dîner à la maison, ce soir ? Pour te remercier d'avoir emmené Noé avec toi aujourd'hui.

Ewenn semble pris au dépourvu, la surprise se lit clairement sur son visage. Mais ce n'est rien comparé à mon propre étonnement.

Pourquoi j'ai proposé ça ? Depuis quand j'invite mon voisin à dîner sur un coup de tête ? Depuis quand j'invite des gens à dîner tout court ? Je ne sais pas cuisiner !

– Ce n'est vraiment pas nécessaire...

Je pourrais prendre sa réponse comme une façon polie de décliner, mais Noé, qui s'est rapproché entre-temps, enfonce le clou :

– Oh ! oui, Ewenn ! Viens dîner, comme ça, tu raconteras à Maman cette histoire sur la baleine que tu as vue une fois !

– Une baleine...

J'ai du mal à m'enthousiasmer sur l'animal marin quand je pense à la gaffe que je viens de faire. Si je lui fais des coquillettes au beurre, on peut considérer ça comme une invitation digne de ce nom ?

– Alors, s'il faut raconter l'histoire de la baleine... dans ce cas, comment refuser ?

Je souris nerveusement. Je devrais peut-être lui demander s'il a le goût du risque ! Mes talents en cuisine sont aussi fiables qu'un GPS dans une forêt vierge.

Vous connaissez la cuisson al dente ? Moi, je pratique celle al carbone, et ça n'a rien à voir avec la méthode de cuisson, plutôt le résultat.

– Parfait ! dis-je, sentant mon cœur s'accélérer légèrement et ma voix monter dans les aigus. Disons... dans deux heures ? Le temps que je prépare et que... Noé se dessale !

Ewenn me dévisage, les sourcils légèrement froncés.

Ça se voit tant que ça que je transpire ? J'ai vraiment un souci avec ça depuis que je suis en Bretagne ! Qui aurait cru que le réchauffement climatique irait si vite ? Surtout ici !

– Ça me va, acquiesce-t-il. Je ramène quelque chose ?

Le dîner tout entier ? Non, je ne peux pas lui demander ça ! Je viens de l'inviter.

– Juste ton appétit ! Et... ton sens de l'humour, si tu en as envie.

Et une bonne dose de compréhension.

Ewenn nous observe avec un air amusé.

– À tout à l'heure, alors. Et merci pour l'invitation.

Alors que nous remontons dans la voiture, Noé, assis à côté de moi, me regarde avec un sourire entendu.

– Quoi ? dis-je en démarrant.

– Rien, répond-il innocemment. C'est juste que c'est la première fois que tu invites quelqu'un à la maison depuis qu'on est arrivés ici.

– C'est pour le remercier. Il a été cool avec toi, non ?

– Hmm, hmm.

– Ça veut dire quoi, ça, « hmm, hmm » ? demandé-je en tournant la tête rapidement pour croiser son regard.

– Tu sais bien.

– Comment ça ? Non, je ne sais pas !

Il soupire et lève les yeux au ciel comme lorsqu'il est obligé de m'expliquer un truc qui est de sa génération et pas de la mienne.

– Tu le regardes comme cet acteur dans la série que vous aimez bien regarder avec Nawell.

– Hein ? Pas du tout !

– Si, c'est vrai...

– Quoi qu'il en soit, c'est juste le voisin. Il faut bien faire connaissance avec les voisins, non ? Et là, je dois lui faire à dîner. Ça se fait, d'inviter les voisins à dîner.

Je ne sais plus bien qui j'essaie de convaincre, Noé ou moi ?

– Bien sûr, Maman, dit-il en levant les yeux au ciel. Bien sûr...

Je démarre la voiture en secouant la tête, me demandant déjà dans quelle galère je viens de me mettre. Je suis vraiment nulle en cuisine. Et maintenant, j'ai exactement deux heures pour tenter de préparer un repas mangeable pour impressionner – non, pas impressionner, juste remercier mon voisin.

Qu'est-ce qui m'a pris d'être aussi impulsive ? J'ai encore mis la charrue avant les hippopotames, ou quelque chose comme ça.

***

Une heure plus tard, le désastre est de plus en plus imminent ! J'ouvre frénétiquement les placards à la recherche d'une solution. C'est bien connu, les aérer fait apparaître des plats tout faits comme par magie.

Qu'est-ce qui m'a pris d'inviter Ewenn à dîner ?

– Tu aurais peut-être dû réfléchir avant de l'inviter, lance Noé depuis le canapé, le nez dans son livre.

– Merci pour ton soutien inconditionnel, mon fils. Tu pourrais proposer de m'aider au lieu de me faire la morale. Je suis dans de beaux draps jusqu'au cou !

– Ce n'est pas comme ça qu'on dit...

Je ne relève pas et attrape à la place mon téléphone pour composer le numéro de Nawell. Elle décroche à la deuxième sonnerie, et je passe l'appel en vidéo. Je reconnais le tissu de son canapé.

– SOS cuisine ! J'ai besoin de ton aide de toute urgence ! dis-je sans préambule.

– Bonsoir à toi aussi, ma caille, rit Nawell. Qu'est-ce qui t'arrive encore ?

– J'ai invité mon voisin à dîner.

– Le beau gosse ?

– J'ai jamais dit qu'il était beau gosse, réponds-je du tac au tac en jetant un coup d'œil à Noé pour voir s'il suit ma conversation.

Mais impossible de dire s'il lit vraiment ou pas.

– Tu viens de l'inviter à dîner.

– Pas dîner *dîner* ! Dîner juste *dîner*.

– Je n'ai pas compris la différence entre tes cinquante nuances de dîner, mais étant donné que tu n'as pas proposé à un mec de venir chez toi depuis des lustres...

– Je l'ai invité à dîner alors que je ne sais pas cuisiner !

– Oui, et sachant ça, c'est d'autant plus surprenant. C'est que ça doit être un super beau gosse.

– C'est mon voisin, Nawell ! rétorqué-je en faisant les gros yeux et en insistant sur chaque syllabe comme pour justifier que mon invitation n'a rien à voir avec le physique – certes avantageux – de mon voisin. Je l'ai invité pour le remercier d'avoir emmené Noé en mer sur son bateau. Rien de plus.

– Ah ! parce qu'en plus, il a un bateau ? Je ne savais pas que tu cherchais un *sugar daddy*, mais pourquoi pas.

– Nawell ! Tu es au courant qu'on est en visio et qu'en plus d'entendre la moquerie dans ta voix, je la vois.

– Je n'essayais pas de me cacher.

Je soupire.

– Bref, ça ne m'aide pas, tout ça. Il arrive bientôt, et je ne sais pas quoi lui faire à manger.

– Et donc, tu as besoin de mes talents culinaires par téléphone ?

– Exactement ! Il faut que tu me sauves la mise. Quelque chose de simple que même moi, je ne peux pas rater.

– Même toi ? Tu veux dire, la fille qui a réussi à faire brûler de l'eau ? s'esclaffe-t-elle.

– C'était une fois ! Et l'eau n'a pas brûlé, la casserole a juste... un peu fondu.

Le rire de Nawell résonne par le haut-parleur. Elle met la main devant sa bouche, et je lui tire la langue.

– D'accord, d'accord. Je vais t'aider. Mais d'abord... avoue qu'il te plaît.

– Nawell !

Je fais un signe de tête en direction de mon salon pour lui faire comprendre que je ne suis pas seule, mais elle m'ignore.

– Coralie !

J'ouvre la porte-fenêtre de la cuisine et sors sur la terrasse. Je siffle entre mes dents :

– Noé est juste à côté !

– Ça va ! C'est plus un bébé.

– Mais quand même !

– Bon, alors ? Le voisin canon ?

– J'ai jamais dit que mon voisin était canon ! crié-je avant de me rendre compte d'un détail qui n'en est pas un.

Je suis à l'extérieur.

À quelques mètres de la maison d'Ewenn.

Je tourne la tête dans cette direction tout en m'accroupissant, comme si j'étais un soldat et que je devais me cacher d'un feu ennemi.

Je ne le vois pas dépasser de la haie.

Pourvu qu'il n'ait pas eu l'idée de venir s'asseoir sur sa propre terrasse ou un truc du genre !

– Coralie ? Pourquoi je vois le sol, tout à coup ? demande Nawell.

Je retourne le téléphone, lançant des coups d'œil nerveux sur le côté.

– Putain, Nawell ! Qu'est-ce que tu me fais faire ! chuchoté-je. Si ça se trouve, il a tout entendu !

– Qui ça ? Noé ? Il va vraiment s'en remettre. Tu sais, une fois, il m'a dit qu'il trouvait Zendaya jolie. Va savoir à qui il pense quand il est seul dans sa chambre et que...

– Nawell ! On parle de mon fils de onze ans, là !

– Oui, qui est tout à fait capable de comprendre que sa maman trouve le voisin canon.

– Chut ! Arrête de répéter « voisin canon » ! sifflé-je.

– Pourquoi ? Il est derrière toi ? Tu es où, là ? Pourquoi t'as l'air accroupie ?

– Ben, parce que je le suis ! Je suis dehors !

– Mais qu'est-ce que tu fous dehors ?

– Je fais en sorte que Noé n'entende pas toutes tes bêtises, mais du coup, je suis à quelques mètres de la maison d'Ewenn, donc si tu pouvais arrêter de...

– Maman ? Qu'est-ce que tu fais ?

Je manque de m'étaler sur la terrasse en sursautant. J'entends Nawell éclater de rire, et mon fils me dévisage depuis le seuil de la maison, l'air décontenancé.

– Je discute du dîner avec Tata Nawell ! réponds-je en essayant de retrouver l'équilibre.

– Ou plutôt de l'appétissant voisin, marmonne celle-ci.

Je redresse mon téléphone pour lui faire face.

– Toi, arrête, sinon je coupe le son.

J'ai à peine le temps de voir son visage faussement effaré que Noé demande :

– Pourquoi on dirait que tu te caches ?

– Je ne me cache pas... je... je faisais quelques squats. Tu sais, avant un bon repas. Ça... ça aide à la digestion.

Je me redresse. Mes cuisses me rappellent qu'effectivement, un peu de sport de temps à autre ne leur ferait pas de mal. Noé me dévisage avec cette expression d'adolescent qui trouve ses parents gênants.

– T'es vraiment bizarre depuis qu'on habite ici, lance-t-il avant de retourner à l'intérieur.

Au bout du fil, j'entends Nawell se tordre de rire. Je repositionne mon téléphone face à moi.

– Pourquoi t'es morte de rire ?

– Parce que toute cette interaction... Bref, je ne vais rien ajouter car je sens que tu es à deux doigts de me raccrocher au nez.

– Je ne sais pas ce qui me retient, c'est certain, rétorqué-je, pince-sans-rire.

– Au hasard, le fait que tu n'as toujours pas trouvé de solution pour ton dîner.

Je jette un coup d'œil en direction de la maison d'Ewenn. Il est trop tôt pour qu'il ait allumé les lumières, et si je ne savais pas qu'il est chez lui, je pourrais croire que la maison est vide.

– Non.

– Bon, ne t'inquiète pas, Tata Nawell a une solution. Mais va me chercher Noé, il va te falloir un commis.

19
Ewenn

Je me tiens sur le pas de la porte de la maison de Coralie à observer les deux seuls volets qu'elle a peints en jaune mimosa… un bouquet serré dans la main. Maintenant que j'y réfléchis, pourquoi j'ai apporté des fleurs ? Je tente de me convaincre que c'était simplement pour la remercier de l'invitation, mais une part de moi sait que j'essaie peut-être – sûrement – de faire bonne impression.

Ces foutues fleurs me paraissent tout à coup une idée ridicule. Trop vieux jeu ? Trop…

Ce n'est pas comme si c'était un rencard ! Je vais manger chez ma voisine… avec son fils.

Alors que je m'apprête à frapper à la porte, je tente de me convaincre que j'aurais aussi amené des fleurs chez Mme Kerjean, mon autre voisine, si elle m'avait invité. Non pas que j'aurais eu envie qu'elle le fasse. C'était mon institutrice de CE2, et je n'en garde pas un souvenir chaleureux.

Au moment où je m'apprête à frapper, la porte s'ouvre, et je me retrouve comme un idiot, le poing en l'air, à observer Coralie.

Elle s'est changée depuis tout à l'heure et elle porte une jupe fleurie couplée à un débardeur rose fuchsia… qui met très en valeur son décolleté.

Je déglutis. Heureusement, elle semble totalement aveugle à mon zieutage inapproprié.

– Bonsoir ! lance-t-elle avec une joie qui paraît cacher une certaine nervosité. J'ai vu que tu étais sorti de chez toi il y a un moment déjà, alors j'ai eu peur que tu sois devant la porte à essayer de sonner. La sonnette ne marche pas... Bref... ce sont des fleurs ?

– Euh... ouais...

Je lui tends maladroitement mon bouquet de fleurs.

– C'est pour toi, précisé-je.

Comme si elle allait croire que c'était le dîner pour Capitaine Chou-fleur.

Elle cligne des yeux, surprise. Puis un sourire ému s'affiche sur ses lèvres. Elle a l'air sincèrement touchée. Ce qui me fait autant plaisir que ça me met mal à l'aise.

– Je me suis dit... Enfin, comme tu aimes beaucoup la couleur... je crois. Désolé, c'est peut-être un peu...

– Non, c'est... c'est adorable ! Vraiment... Entre !

Heureusement que nous n'avons pas de public, parce que cette interaction est aussi pénible à vivre qu'un ado qui essaie de draguer pour la première fois.

Non pas que j'essaie de la draguer.

Enfin, je crois ?

Non, c'est même certain. Je dîne avec *ma voisine.* Il n'y a rien de sexy là-dedans. Enfin, à part la voisine.

Stop, mon cerveau !

Je pénètre dans la maison pour la première fois depuis notre altercation concernant sa cheminée. Le salon est moins vide, c'est certain, même si on sent qu'il manque encore quelques meubles.

Mon regard parcourt la pièce. Ça correspond en tout point à l'image que j'ai de Coralie. Coloré, vivant, chaleureux. Sur un buffet en bois qu'elle a dû tenter de peindre elle-même en vert, il y a de multiples cadres photo présentant Noé à différents âges : de la traditionnelle photo de bébé à celle d'école, où il affiche un sourire édenté. Un canapé bleu canard trône au milieu de la pièce sur lequel règne un chaos organisé de coussins colorés. Une plante verte dans un coin, des plaids un peu kitsch et des bibelots en tous genres traînent un peu partout. Tout cela fait ressortir la personnalité pétillante de Coralie. Un peu désordonnée, mais accueillante.

– Je... En revanche, je n'ai pas de vase, lance-t-elle depuis la cuisine. Alors, je fais avec les moyens du bord.

Je me tourne à temps pour la voir mettre les fleurs dans... le bol d'un blender. Pas très conventionnel, il est vrai, mais à voir son sourire, j'en oublie ce détail.

Elle relève la tête vers moi et déclare :

– Elles sont vraiment magnifiques. Je n'ai pas reçu de fleurs fraîches depuis une éternité.

Alors qu'elle installe son vase de fortune au centre de la table, tout questionnement au sujet du fait d'emmener ou non des fleurs est oublié. Je suis même fier d'y avoir pensé.

– C'est très joli, chez toi, dis-je pour rompre le silence.

Elle me regarde un instant, un peu déconcertée.

– Ne te sens pas obligé de dire ça. J'ai vu ta maison, ça doit te sembler un avant-goût de la fin du monde en comparaison.

Je secoue la tête.

– Non... ça te ressemble. Contrairement à chez moi.

Qui ne ressemble à rien.

Avant que l'un ou l'autre ait le temps d'ajouter quoi que ce soit, Noé bondit dans le salon comme un éclair.

– Ewenn ! Tu sais que j'ai aidé Maman à...

Il s'arrête en plein milieu de sa phrase en remarquant les fleurs et demande :

– T'as offert des fleurs à Maman ? C'est... romantique, ça !

– Noé ! se récrie Coralie, le rouge lui montant instantanément aux joues.

Je toussote et tente de rattraper les pots cassés, en panique intérieurement, entre la gêne de Coralie et le fait que je n'arrive pas à savoir ce que Noé pense de tout ça. Je me sens comme un mauvais acteur dans un film dont on ne m'aurait pas donné le script.

– Simple geste de remerciement, Noé. Ma maman m'a appris que, quand on était invité à dîner, on n'arrivait pas les mains vides.

– Hmm, hmm, répond-il en fronçant les sourcils.

– Tu vois, mon chéri, même Ewenn, à son âge, écoute les conseils de sa maman, reprend Coralie, cherchant à désamorcer l'embarras généralisé. Mais bon, assez perdu de temps, je meurs de faim. Si on mangeait ?

Elle me fait signe de m'asseoir à la petite table dressée pour trois puis propose à Noé de venir l'aider en cuisine. Depuis ma chaise, je les regarde interagir dans l'espace étriqué qui aurait bien besoin d'un rafraîchissement, mais qui a déjà bien plus fière allure qu'à l'époque où la maison était régulièrement squattée. Cela doit bien faire dix ans que personne ne vivait ici, et avant ça, les propriétaires étaient assez âgés pour n'avoir plus envie de passer leurs samedis dans les magasins de bricolage.

Coralie place le plat au centre de la table.

– Voilà... c'est une tortilla. Noé a aidé... beaucoup.

– Bravo, Noé, dis-je.

Ce qui me vaut un sourire du petit garçon, tandis que Coralie nous sert généreusement.

Dès la première bouchée, je soupçonne quelque chose d'étrange. Ce n'est pas mauvais, pas du tout. Mais il y a... un croustillant inattendu. Le regard de Noé trouve le mien, et je constate qu'il a remarqué la même chose.

– Maman, pourquoi ça craque sous la dent ?

– Euh... je ne sais pas. J'ai suivi la recette de Nawell à la lettre. Tu as bien épluché toutes les patates...

– Si je peux me permettre, intervins-je en sentant encore quelque chose résister dans ma bouche, je pense qu'il y a des coquilles d'œufs.

Noé lève les yeux au ciel, et Coralie, effarée, s'écrie :

– Oh ! mon Dieu ! Je suis désolée ! J'aurais dû commander des pizzas.

– Mais non, c'est très bon, tenté-je de la rassurer.

J'enfourne une bouchée et je le regrette immédiatement. Au moment où je croque, un craquement retentit tellement fort que je pense qu'on l'a entendu jusqu'au port.

Coralie éclate de rire avant de couvrir sa bouche avec ses mains, soudain gênée. Mais Noé ne se prive pas de rire, et je finis par les rejoindre tous les deux... Enfin, quand j'arrive à me débarrasser des coquilles d'œufs intempestives.

– Ewenn, je suis désolée. Je suis une catastrophe en cuisine et...

– T'inquiète, ça apporte du croustillant à la soirée, plaisanté-je.

– Sérieusement, j'aurais dû acheter un truc tout fait. Je savais que j'allais tout foirer.

– Non, ça n'aurait pas été aussi bien. Je suis impressionné, vraiment. Ça donne un petit challenge supplémentaire au dîner. Va savoir, ça pourrait devenir une nouvelle tendance.

– Oui, celle des plats immangeables !

– C'est très bon. La texture est étrange, mais le goût y est. C'est l'essentiel.

Même si la tortilla est loin d'être parfaite, l'ambiance autour de la table est légère, rythmée par nos rires et quelques blagues lancées par Noé. Sa complicité avec Coralie m'impressionne. Ils échangent sans cesse des piques, mais la tendresse entre eux est évidente. Cette soirée, malgré ses petits ratés, a le goût d'une réussite.

Le dîner à peine terminé, Noé commence à bâiller. Il faut dire qu'une journée en mer est souvent épuisante.

– Allez, au lit, mon grand, insiste gentiment Coralie.

– Mais je veux rester, il n'est pas si tard.

– Si tu veux qu'on aille à la plage demain, il faut obéir. Et tu dois encore te brosser les dents.

Noé bougonne mais capitule. Il est évident qu'il est cuit.

– Dis, on fera d'autres sorties en mer ? me lance-t-il d'un ton un peu indécis, comme si j'allais revenir sur ma proposition.

– On en reparlera, lui réponds-je en souriant. Et seulement si tu obéis à ta maman.

Il me jette un dernier coup d'œil plein d'espoir avant de filer vers sa chambre.

Alors qu'il disparaît, une étrange sensation me saisit. Je me rends compte que je suis en train de créer un lien avec lui et je ne sais pas si c'est bien ou pas.

Je retrouve en lui l'enthousiasme pour la mer que j'avais à son âge, et peut-être aussi autre chose ? Le sentiment d'apporter quelque chose à quelqu'un ?

Coralie s'excuse quelques minutes plus tard et va lui souhaiter bonne nuit. J'en profite pour commencer à débarrasser la table, mais j'ai à peine le temps de ramasser les assiettes et de les ramener à la cuisine qu'elle redescend en rouspétant.

– Non, non ! Tu n'as pas à faire ça. Tu es invité, après tout !

– C'est la moindre des choses après un si bon dîner, plaidé-je.

Elle hausse les yeux, désabusée.

– Un dîner catastrophique, tu veux dire ! Heureusement que j'avais de la glace pour t'offrir un dessert à peu près correct.

– J'ai bien mangé, et surtout, on a bien rigolé. Ça compense largement, non ?

Elle me prend un plat des mains, et j'en profite pour lui affirmer, les yeux dans les yeux :

– J'ai passé une super soirée.

Elle me regarde un instant de façon inhabituelle, comme si elle essayait de mesurer la sincérité de mes mots. Puis elle se tourne et dépose le plat dans l'évier. Je la prends de court en attrapant l'éponge.

– Mais tu ne vas pas faire la vaisselle en plus !

– Pourquoi ? Il va bien falloir la faire, de toute façon.

Elle secoue la tête.

– Pourquoi j'ai l'impression que quoi que je dise, tu vas me trouver un argument contraire ?

Je souris doucement. Je n'ai pas menti en disant que j'avais passé une bonne soirée, mais je ne suis pas prêt à lui avouer que c'est un moyen de prolonger le moment.

– Ça ira plus vite à deux, dis-je en commençant à faire couler l'eau.

Elle attrape un torchon et soupire :

– Demain, je vais devoir féliciter ta mère pour ton éducation. Tu viens avec des fleurs, tu fais la vaisselle. Tu es bon à marier !

Elle se reprend immédiatement, se rendant probablement compte de sa gaffe. Elle pique un fard.

– Pardon, je... Enfin, tu sais, c'est une expression... Bref...

Par réflexe, je pose ma main sur son avant-bras, et un frisson me parcourt. Ses yeux suivent mon geste, je la retire immédiatement. Je songe que j'ai les doigts mouillés et que ça a dû la surprendre.

C'est ça, hein ?

– Ne t'inquiète pas. Je suis sûr que ça lui fera très plaisir que tu lui dises ça.

Même si je sais que je vais avoir ensuite le droit à un interrogatoire en règle.

– Vous avez l'air très proches avec ta famille.

– Oui, c'est le cas. J'imagine que c'est le fait de tous vivre dans le même village.

– Peut-être, mais je trouve ça très chouette.

Je n'ose pas poser la question qui me brûle les lèvres, et c'est finalement elle qui me donne la réponse sans que j'aie besoin de la lui demander.

– Je n'ai absolument pas ce genre de relation avec ma propre famille, alors je suis un peu jalouse.

– Tu as Noé, tempéré-je, même si je sais que ce n'est pas ce qu'elle entend par là.

Son sourire triste disparaît cependant à l'évocation de son fils.

– Oui, il est toute ma vie. Et j'espère qu'il deviendra un adulte qui amène des fleurs à sa voisine et qui fait la vaisselle avec elle.

Elle plaisante, mais je sens un brin d'émotion dans sa voix.

– Je ne m'en fais pas trop pour lui. Il a une maman qui est terrible en cuisine mais qui m'a l'air d'assurer pour le reste.

– Hé !

Elle me donne un coup de torchon mais rit de bon cœur. Je suis heureux que la conversation soit devenue plus légère.

Le silence entre nous devient presque confortable alors qu'on termine la vaisselle. Puis, une fois l'évier vide, elle me propose une tisane, que j'accepte volontiers pour prolonger encore un peu ce temps à deux.

Nous nous retrouvons au salon, assis sur ce grand canapé un peu tassé mais confortable, chacun avec une tasse à la main.

Mes yeux s'attardent sur les photos autour de nous. Il y en a une sur le guéridon, juste à côté de moi, où un Noé qui doit avoir deux ans tout au plus est entouré de Coralie et d'une autre femme. Ils rient aux éclats tous les trois.

Coralie s'aperçoit de mon regard curieux et se penche pour attraper la photo. Elle me frôle, et son parfum floral me chatouille les narines.

– C'est Noé, ma meilleure amie Nawell et moi, m'explique-t-elle en pointant du doigt. Nous étions tous les trois des bébés, à l'époque.

– C'est une très belle photo.

Ma voix est basse, je me sens un peu troublé par sa proximité.

– J'ai eu Noé très jeune, comme tu peux le voir. J'avais à peine dix-huit ans.

Je reste silencieux, l'observant. Elle sourit à la photo mais semble un peu triste. Comme si les souvenirs étaient à la fois doux et amers.

– J'étais seule... enfin, presque. Il y avait Nawell. Mes parents... Mes parents ne m'ont pas soutenue. Pas du tout, évoque-t-elle d'une voix plus basse.

Je l'écoute attentivement. Je ne suis pas certain à 100 % qu'elle se rende compte que je suis là. Elle fixe le cliché du regard, comme perdue dans ses pensées. J'ai envie de faire un truc stupide comme serrer sa main ou lui dire qu'elle peut me parler, mais j'ai peur que ça gâche tout. Je retiens presque ma respiration. Parce qu'aussi étonnant que ça puisse paraître, j'ai envie de connaître la suite. D'en découvrir un peu plus sur elle, sur leur histoire avec Noé.

– Il n'y avait que Nawell, Noé et moi, répète-t-elle. Le père de Noé n'a jamais voulu le reconnaître, ni le connaître, d'ailleurs. Et c'est probablement mieux comme ça.

Mon cœur se serre pour le petit garçon. Coralie soupire.

– Nawell a été extraordinaire. Elle m'a accueillie chez elle, elle a bercé Noé quand il avait des coliques, elle... c'est elle, ma famille.

– Elle m'a l'air d'être une femme exceptionnelle, réponds-je.

Tout comme toi.

C'est tout ce qu'elle ne dit pas qui me fait prendre conscience de la force de caractère qu'elle a. Assumer seule un enfant à l'âge où elle en était presque encore une.

Et maintenant, redémarrer à zéro en laissant tous ses repères derrière elle.

– C'est la seule chose que je regrette de ma vie d'avant, de ne plus pouvoir la voir tous les jours. C'est aussi pour ça que je te dis que tu as de la chance d'avoir une grande famille juste à côté de chez toi.

– Je le sais. Je râle parce que leur activité favorite est de mettre le nez dans mes affaires, mais je dois admettre que je suis bien entouré. On se soutient, et je sais qu'ils seront toujours là pour moi. Ils l'ont été, quand j'ai eu besoin d'eux.

Elle hoche la tête, comme si elle comprenait. Et je n'ai pas de doute sur le fait que c'est le cas.

Je la vois différemment, désormais. Coralie, pleine de vie, d'humour et de maladresse, cache en réalité une force tranquille, une résilience qui me parle.

Je me demande si elle se rend compte à quel point elle m'impressionne. À quel point elle est plus forte que moi, moi qui n'ai pas accompli grand-chose, à part dans ma vie professionnelle. Elle a remis toute sa vie en question pour offrir le meilleur à son fils. Moi, je n'ai même pas été capable de le faire pour la femme que je pensais aimer. Je me sens si égoïste à côté d'elle.

Alors qu'on continue à discuter, sur des sujets plus légers, une certaine proximité s'installe. Tout semble plus simple, plus fluide entre nous. Je me rends compte, en quittant la maison, que cette soirée n'était en aucun cas une simple invitation à dîner.

Ce soir, j'ai eu l'impression que mon cœur battait un peu plus vite, un peu plus fort. C'est grisant et terrifiant à la fois.

Terrifiant parce qu'une pensée glaciale me traverse l'esprit. Plus elle prend ses marques ici, plus elle semble s'épanouir dans cette petite vie bretonne, et plus je redoute le moment où tout ça ne lui suffira plus. Un jour, elle se rendra compte que ce coin de Bretagne est trop petit pour elle. Les lumières de Paris, l'effervescence de sa vie d'avant, ses amis, ses habitudes... tout ça finira par lui manquer. Et ce jour-là, elle partira.

Comme mon ex.

C'est peut-être pour ça qu'il faudrait que je reste à distance. Me tenir à la lisière de son bonheur, sans vraiment y plonger. Parce que, quand elle décidera de repartir, la chute sera moins douloureuse. Du moins, c'est ce dont j'essaie de me persuader, même si je sens déjà que c'est trop tard.

20

Coralie

Je pousse la porte d'entrée de chez moi avec un soupir de soulagement. Mes escarpins volent dans un coin. Je devrais vraiment installer un meuble à chaussures, mais bon, à chaque jour suffit sa corvée, comme je dis toujours. Mon sac suit le même chemin que mes chaussures. Ce n'est pas très adulte comme comportement, mais après une journée de boulot, j'estime avoir le droit de semer un peu le chaos. C'est enfin le week-end !

Le bruit caractéristique d'une cuillère contre un bol attire mon attention vers la cuisine. Je trouve Noé attablé devant ce qui semble être... le mont Saint-Michel version céréales chocolatées. Je grimace devant la montagne de sucre qu'il ingurgite.

– Mon chéri, je t'avais promis de préparer des lasagnes, ce soir.

– J'avais faim.

Il marmonne sans même lever les yeux de son bol.

Quelque chose cloche. D'habitude, mon fils me raconte sa journée avant même que j'aie eu le temps d'arriver jusqu'à la cuisine. Là, il regarde ses céréales comme si elles détenaient les prévisions météo fiables de l'été breton.

Je m'installe en face de lui, tentant d'adopter un ton léger :

– Alors, qu'est-ce que tu as fait, aujourd'hui ?

– Maxime est passé.

– Oh ! c'est super, ça ! lancé-je avec enthousiasme.

Mais son expression contrariée me fait ravaler mon optimisme. Il y a définitivement quelque chose qui ne va pas. Je connais mon fils par cœur, et là, il a cette petite ride entre les sourcils qui n'apparaît que quand quelque chose le tracasse vraiment.

Je remarque aussi qu'il malmène ses céréales plus qu'il ne les mange, les noyant méthodiquement dans le lait comme s'il tentait de les punir d'un crime quelconque. Mon instinct maternel s'affole comme un gyrophare.

– Il s'est passé quelque chose avec Maxime ?

Il hausse les épaules, ce geste universel des pré-ados qui signifie « peut-être bien que oui, peut-être bien que non, mais tu vas devoir me tirer les vers du nez ».

– C'est juste que… commence-t-il avant de s'interrompre.

– Que quoi ?

– Il a parlé d'Ewenn.

Mon cœur rate un battement. Je ne sais pas pourquoi mais j'ai soudain un mauvais pressentiment.

– Ah bon ? Et qu'est-ce qu'il a dit ?

Je tente de feindre un détachement que je ne ressens pas du tout.

Noé plonge sa cuillère dans son bol, créant un petit tourbillon laiteux, avant de lâcher :

– Il dit que tu es amoureuse de lui.

Je sens mes joues s'embraser instantanément. Pas tant à cause de l'accusation elle-même, mais plutôt parce que, pendant une fraction de seconde, mon cœur a fait un bond stupide dans ma poitrine.

– Il a vraiment beaucoup d'imagination, Maxime.

– Mais j'ai vu comment tu le regardes...

Je repense à son allusion dans la voiture, l'autre jour.

– Ça avait plutôt l'air de t'amuser quand tu m'en as parlé.

J'essaie de garder un ton léger. Mais Noé n'est pas dupe. Il relève enfin la tête, et je vois dans ses yeux quelque chose qui me brise le cœur : de la peur.

– Maxime a dit que tu vas sûrement l'épouser. Comme la mère de Paul dans mon ancienne école, qui s'est mariée avec son nouveau copain, et maintenant, Paul est super malheureux parce que son beau-père est horrible avec lui et...

– Wow, wow, wow ! l'interromps-je. Tu ne crois pas que tu vas un peu vite en besogne ?

Je laisse échapper un rire nerveux, mais son expression reste grave.

– Ce n'est pas drôle, Maman.

– Non, tu as raison, ce n'est pas drôle, acquiescé-je en retrouvant mon sérieux. Mais tu ne penses pas que si j'avais des projets de mariage, tu serais le premier au courant ?

Il pousse son bol et croise les bras.

– Je ne veux pas qu'il devienne mon beau-père.

– Noé...

– Non ! Il va tout gâcher ! On est bien, tous les deux, non ? Pourquoi il faudrait que ça change ?

La véhémence dans sa voix me prend au dépourvu. Mon fils, d'habitude si posé, si raisonnable, semble au bord des larmes.

– Mon cœur, je te promets qu'il n'y a rien entre Ewenn et moi. Rien du tout !

– C'est ça ! Et les fleurs qu'il t'a apportées l'autre soir, c'était pour quoi, alors ?

Je me mords la lèvre. Je ne veux pas lui mentir, mais comment lui expliquer que, même si Ewenn me fait parfois ressentir des choses que je n'avais pas ressenties depuis longtemps, je ne ferai jamais rien qui puisse perturber notre équilibre ?

– C'était juste... Tu sais, Tata Nawell en a déjà offert à Maman, aussi. Ce n'est pas pour autant qu'on est amoureuses.

Mais avant que je puisse compléter mon explication, Noé se lève brusquement, sa chaise raclant le sol dans un crissement qui me fait grimacer.

– Je ne veux pas t'écouter ! Je le déteste !

– Noé !

Mais il est déjà parti, montant l'escalier en trombe. Le claquement de sa porte résonne dans la maison comme un coup de tonnerre, me laissant seule avec un bol de céréales détrempées et un cœur lourd.

J'observe la chaise vide en face de moi, essayant de comprendre comment une simple rumeur d'enfant a pu déclencher une telle tempête. La vérité, c'est que je ne m'attendais pas à ce que mon fils puisse être aussi catégoriquement opposé à l'idée même que je puisse refaire ma vie.

Pas que ce soit d'actualité.

Vraiment pas.

Je n'y ai jamais songé sérieusement, d'ailleurs. Il y a eu quelques hommes dans ma vie depuis la naissance de Noé, mais rien de notable, rien qui n'était fait pour durer. Je n'en ai même jamais présenté un à mon fils. Peut-être pour éviter ce genre de scène, d'ailleurs...

Un peu plus tard, assise sur mon canapé, les jambes repliées sous moi, je fixe du regard ma tasse de thé devenue froide. Il est tard, Noé n'est toujours pas redescendu de sa chambre, et mon cerveau tourne comme un hamster dans sa roue.

J'attrape mon téléphone et compose le numéro de Nawell. Elle décroche à la deuxième sonnerie.

– Si tu m'appelles à cette heure-ci, c'est soit une catastrophe, soit un drame, soit les deux.

Je souris malgré moi. L'humour de ma meilleure amie a toujours eu le don de me remonter le moral.

– Mon fils me fait la gueule pour quelque chose qui n'existe que dans son esprit.

– Qu'est-ce que t'as encore fait ?

– Rien ! C'est juste que... apparemment, tout le village pense que je suis en train de vivre une grande histoire d'amour avec mon voisin.

Je passe une main sur mon visage. Je sais que Maxime a dû entendre ce genre de théorie de la bouche d'un adulte, et quelque chose me dit que ce n'est pas de celle de son oncle. Plus d'une fois, Katell et Florence ont fait des allusions peu subtiles à ma « bonne entente » avec Ewenn, et une ou deux clientes également.

– Ewenn ? demande-t-elle, même si elle sait pertinemment de qui je parle.

– Oui.

– Ah ! oui, celui qui est venu dîner l'autre soir... Et donc, pourquoi ton fils fait la tête ?

Je lui raconte tout : Maxime et ses commérages, la réaction explosive de Noé, ses craintes concernant un potentiel beau-père.

– Tu l'aimes bien, hein ? me lance-t-elle, à brûle-pourpoint.

– Qui ça ?

– Le Père Noël ! Non, mais sérieux, Coco, le voisin ronchon, évidemment !

– Il n'est pas ronchon !

– C'est pas ce que tu disais au début. Alors, il te plaît ?

– Je... Non !

Ma protestation est trop véhémente pour être honnête. Le silence à l'autre bout du fil est assourdissant.

– D'accord, admets-je en soupirant. OK, peut-être qu'il me plaît un peu.

– Et lui, tu penses que tu lui plais ?

– Je... j'en sais rien... Il... il m'a offert des fleurs ?

Je ne sais pas pourquoi je bloque sur ce détail.

Enfin, si, je sais.

– C'est mignon.

– C'était juste de la politesse.

– Il aurait pu ramener le pain ou le dessert, dans ce cas.

– Il... Je crois qu'il sait que j'aime les couleurs...

– Avoue, ça t'a fait fondre !

Je ne la vois pas mais je peux entendre le sourire dans sa voix.

– Un peu, avoué-je. Jamais un homme ne m'a offert de fleurs.

– Tu as de la chance d'avoir précisé *un homme,* car je me serais empressée de te rappeler que je t'en offre à chacun de tes anniversaires et à toutes les occasions possibles, car je sais que tu adores ça.

– Mais bon, ça ne veut rien dire. Et puis de toute façon, dans l'hypothèse où je lui plairais ne serait-ce qu'un peu, je ne vais pas embarquer Noé dans un truc qu'il ne veut pas.

– Et depuis quand tu laisses un gamin de onze ans décider de ta vie amoureuse ?

– Ce n'est pas ça...

– Si, c'est exactement ça. T'as traversé des montagnes pour Noé, tu en es consciente ? Et tu fais tout pour lui depuis sa naissance. Mais quand t'as acheté cette maison et débarqué en Bretagne, c'était pas aussi une manière de penser un peu à toi ? Arrête de te couper les ailes.

Je rive les yeux sur le mur en face de moi où j'ai accroché une photo de Noé et moi à la plage. Il sourit, insouciant, heureux.

– Et si ça ne marche pas ? Si Noé avait raison ? Si...

– Et si tu arrêtais avec tes « si » ? Tu mérites d'être heureuse, Coralie. Ton fils aussi, bien sûr, mais pas au détriment de ton bonheur.

Je laisse échapper un long soupir.

– De toute façon, ce n'est même pas sûr qu'Ewenn soit intéressé par moi.

– Oh ! pitié ! Un mec qui apporte des fleurs pour un simple dîner ? Qui emmène ton fils faire du bateau ? Crois-moi, il est intéressé.

– Toute sa famille est très gentille, c'est peut-être juste...

– Coralie Garcia, arrête de te voiler la face !

Je soupire, soudain épuisée par toutes ces émotions.

– Je ne sais même pas si je suis prête pour ça.

– Personne n'est jamais prêt. C'est ça qui est excitant.

***

Après avoir raccroché avec Nawell, je reste allongée sur mon canapé, un plaid sur les genoux. Le silence de la maison est seulement perturbé par le tic-tac de l'horloge et le léger ronronnement du frigo.

– Si ça se trouve, lui, il me trouve juste envahissante et complètement barrée, murmuré-je dans le vide.

Mais même en prononçant ces mots, je ne peux m'empêcher de repenser à nos interactions. À la façon dont son regard s'attarde parfois sur moi quand il pense que je ne le vois pas. À son sourire qui se fait plus doux, ces derniers jours, quand nous discutons. À ces petits gestes attentionnés qu'il a de plus en plus souvent envers moi.

Les fleurs dans le blender me narguent depuis la cuisine. Je ferme les yeux, mais son image s'impose à moi : grand, avec ses yeux bleus perçants. Et cette façon qu'il a de passer sa main dans ses cheveux...

Stop !

Je me redresse brusquement sur le canapé. Ce n'est vraiment pas le moment de fantasmer sur mon voisin alors que mon fils est en train de bouder dans sa chambre à cause de lui.

D'ailleurs, en parlant de Noé... Je tends l'oreille, mais aucun bruit ne me parvient de l'étage. Il doit dormir. Mon cœur se serre en pensant à notre dispute. Est-ce que j'ai le droit de risquer notre équilibre pour quelque chose d'aussi incertain qu'une possible histoire avec Ewenn ?

Je me rallonge, scrutant le plafond comme s'il détenait toutes les réponses à mes questions. D'un côté, il y a Noé, mon fils, ma priorité depuis toujours. De l'autre, il y a cette petite voix qui me souffle que peut-être, juste peut-être, j'ai aussi le droit d'être heureuse autrement qu'à travers mon rôle de mère.

Et puis il y a Ewenn. Ewenn qui fait battre mon cœur un peu plus vite. Ewenn qui prend le temps d'expliquer à Noé comment fonctionnent les marées. Ewenn qui apporte des fleurs et m'aide à faire la vaisselle en silence.

S'il existe une chance infime qu'il ne me trouve pas complètement folle, je ne sais même pas quoi faire.

Mon regard se pose sur la photo de Noé et moi à la plage. Nous avons toujours été tous les deux, une équipe soudée. Est-ce que j'ai vraiment envie de changer ça ? Est-ce que j'en ai le droit ?

Je décide d'aller me coucher. Mais je tourne dans mon lit en cherchant une réponse que je ne trouve pas. Le sommeil me gagne peu à peu, mais même là, dans cet état entre veille et rêve, l'image d'Ewenn et le regard blessé de Noé se disputent dans mon esprit, sans qu'aucun ne prenne vraiment le dessus.

21
Ewenn

Je suis assis à ma table à dessin, une tasse de café froid près de moi, lorsque la sonnette de la porte retentit. Je me redresse, abandonnant ma tranquillité pour aller ouvrir. Je me demande qui peut bien se pointer à cette heure-ci.

Coralie ou Noé ?

Mais quand j'ouvre la porte, j'ai la surprise de découvrir Briac avec Solenn, installée dans une écharpe de portage.

– Salut, Tonton ! lance joyeusement mon frère.

– Salut, qu'est-ce que vous faites là ?

Briac se penche vers sa fille et lui chuchote :

– Je t'assure, ma chérie, que malgré cet accueil rustre, il est content de nous voir.

Je lève les yeux au ciel et lui fais signe d'entrer.

– Bien sûr que je suis heureux de vous voir. C'est juste que je ne vous attendais pas.

– Eh bien, surprise ! Cette petite demoiselle avait besoin de prendre l'air, et Adèle vient tout juste de s'endormir. J'en ai donc conclu que le moment était idéal pour une balade, et une chose menant à une autre, nous sommes passés devant chez toi, et Solenn a suggéré : « Et si nous allions rendre visite à Tonton Ewenn ! »

Briac sort la petite de son nid de tissu douillet et me la tend, comme si c'était un truc naturel de me donner un bébé à porter. J'ai une seconde de panique puis je me rappelle que ce n'est pas si compliqué que ça, que je l'ai déjà fait. En plus, elle est légère comme une plume.

La petite me dévisage de ses grandes billes bleues, comme si elle évaluait la situation pour décider si je suis digne de confiance ou non, pendant que son père demande :

– T'as quelque chose à boire ?

– Dans le... commencé-je avant de constater que Briac a déjà le nez dans le frigo. Je t'en prie, fais comme chez toi.

Il sort deux bières qu'il décapsule et revient au salon, son écharpe de portage toujours sur la poitrine. Le mélange est détonnant, surtout quand je pense que c'est mon petit frère qui est maintenant ce père de famille. J'ai comme l'impression qu'il y a un bug dans la matrice.

Je m'assois sur le canapé et installe Solenn sur mes genoux, face à moi, en faisant attention de lui maintenir la tête.

– Fais quand même gaffe, c'est potentiellement une bombe à retardement, annonce Briac.

– C'est-à-dire ?

– Ben, disons que j'ai appris à mes dépens que les couches ne sont pas 100 % étanches. Et que tu peux avoir besoin de changer le bébé... mais toi également.

Je regarde Solenn avec insistance pour lui intimer d'être gentille avec moi. La petite a un léger sourire. On m'a dit qu'à cet âge-là, c'était dû aux gaz. Est-ce que je ne devrais pas la rendre à son père, par précaution ?

Briac prend une gorgée de bière et m'adresse un sourire en coin. Je le connais, ce sourire. C'est celui qu'il affiche quand il s'apprête à jouer les petits frères fouineurs.

– Alors, cette voisine... commence-t-il d'un ton faussement détaché.

Je lève un sourcil.

– Quoi, Coralie ?

– Adèle m'a dit que vous avez dîné ensemble. Je l'ai trouvée plutôt sympa, au fest-noz.

Je baisse les yeux vers Solenn, comme si elle était soudain la chose la plus fascinante au monde.

– Elle l'est.

– Et ?

– Et quoi ?

– Vous avez dîné ensemble.

– J'ai aussi dîné chez Katell la semaine dernière et je n'ai pas l'impression que ça t'ait autant fasciné.

– Ouais, mais dîner chez notre sœur, ça n'a rien d'exceptionnel.

– Je fais des tas de dîners avec des tas de gens.

– Ah oui ? Comme qui ?

– Mes amis. Loïc et Sarah, par exemple. Je vais chez eux ce week-end, d'ailleurs.

Je suis heureux de le moucher, mais mon petit frère insiste.

– Et donc, ce dîner avec Coralie ?

– Elle m'a invité pour me remercier d'avoir organisé une sortie en mer avec Noé et Maxime. C'était un dîner... entre amis.

– Entre *amis*. Juste une amie ?

– Oui, juste une amie. On s'entend bien, c'est tout. On est voisins. Tu ne dînes jamais avec tes voisins ?

– Moi oui, toi...

– Personne n'habitait la maison d'à côté jusqu'au mois dernier.

Il s'assoit à côté de moi, et je lui lance un regard noir, le prévenant que je ne suis pas d'humeur à me faire asticoter. Mais comme 99 % des Le Gall, il passe outre la menace.

Briac se penche en avant, posant ses coudes sur ses genoux.

– Tu sais que tu n'as jamais su mentir, frérot ? Même quand tu volais les bonbons de Maman, tu te trahissais tout seul.

– Je crois que tu confonds avec toi.

– Pas du tout. Moi, je n'avais pas besoin de mentir, j'étais le préféré, de toute façon, rétorque-t-il avec un sourire débile collé au visage.

Je soupire, agacé, et regarde Solenn qui est étonnamment calme.

– J'espère que tu vas lui faire payer son arrogance, dis-je à ma nièce.

– N'essaie pas de changer de sujet, Ewenn.

– Qu'est-ce que tu veux que je te dise ? Oui, on passe du temps ensemble. Oui, je l'apprécie.

Je n'ai pas arrêté de repenser à notre soirée ensemble, à la sortie en mer, au fest-noz aussi. Oui, je ressens de l'attirance pour Coralie... Mais maintenant que j'ai réussi à me l'avouer, il y a un truc qui me fait peur. Cette sensation dans mon ventre quand elle sourit, cette envie de la revoir dès que j'ai quitté sa maison, cette façon dont mon cœur s'emballe quand elle est près de moi...

– Tu réfléchis trop, lance Briac, me tirant de mes pensées.

– Non, tu ne peux pas comprendre. C'est compliqué.

– Oh ! mais si, je sais exactement ce qui te fait flipper.

– Ah bon ? Et qu'est-ce qui me fait flipper, selon toi ? demandé-je, sur la défensive.

– Tu as peur qu'elle reparte. Qu'elle se rende compte que la vie ici est trop calme, trop loin de tout. Comme Marion.

Je me crispe à l'évocation de ce nom. Solenn doit le sentir car elle commence à s'agiter. Je la berce doucement, cherchant mes mots.

– Ça n'a rien à voir.

– Bien sûr que si. Tu as cette tête, celle du mec qui a envie de se lancer mais qui se retient.

– N'importe quoi.

Il me regarde avec l'air de dire « Arrête de me raconter des bobards », alors je soupire et finis par admettre :

– Coralie vient à peine d'arriver. Elle est en plein changement de vie. Qui te dit qu'elle ne va pas se rendre compte dans six mois que s'installer ici était une erreur ?

– Qui te dit que c'est ce qui va arriver ?

Je secoue la tête, agacé par sa simplicité d'esprit.

– L'expérience, peut-être ? Marion aussi adorait la Bretagne, au début. Les balades sur la plage, les fest-noz, la vie tranquille... Et puis un jour, j'ai sorti cette foutue bague et...

Ma voix se brise légèrement. Même après tout ce temps, ça fait encore mal. Je me revois comme un con, un genou à terre en pensant entendre un « oui » résonner entre les murs de ce salon encore vide, alors que je venais tout juste de récupérer les clés de la maison que nous avions achetée.

Mais à la place, j'ai eu une réponse qui a piétiné mes projets d'avenir : « Je ne peux pas, Ewenn. Je ne suis pas faite pour vivre ici. Tu mérites quelqu'un qui aime cet endroit autant que toi. »

Briac pose sa bière et me regarde sérieusement.

– Marion n'était pas honnête avec toi, ni avec elle-même. Elle a joué un rôle pendant des années avant de craquer. Coralie, elle, je ne la connais pas bien, mais elle me semble plus... authentique ?

– Qu'est-ce que tu en sais ?

– Je l'ai vue au fest-noz. La façon dont elle regardait autour d'elle, dont elle s'émerveillait de tout. Ce n'était pas du cinéma. Et puis merde, Ewenn, tu ne peux pas comparer toutes les femmes à Marion !

Je baisse les yeux vers Solenn, qui s'est endormie contre moi.

– Je sais bien. Mais j'ai été très clair avec Marion dès le début sur l'importance que j'accordais à vivre ici. Elle le savait. Et pourtant...

– Et pourtant elle t'a brisé le cœur, termine Briac doucement. Mais tu ne peux pas laisser cette histoire t'empêcher d'avancer et te laisser imaginer que toutes tes prochaines relations se termineront de la même manière.

Je sais au fond de moi que Briac n'a pas tout à fait tort. Mais je ne suis vraiment pas prêt à l'admettre.

– Je n'ai pas à justifier mes choix, expliqué-je. Ni à toi, ni à personne. Coralie est une fille bien. Je ne vais pas te mentir en te disant que je ne suis pas du tout attiré par elle. Mais je suis assez lucide pour savoir qu'elle n'est pas faite pour moi. Et moi, je ne suis pas l'homme qu'il lui faut.

Mon frère hausse un sourcil.

– Maintenant, j'aimerais qu'on parle d'autre chose.

Il se lève et tend les bras pour récupérer sa fille. Je la lui rends à regret, m'étant habitué à sa chaleur contre moi.

– On va y aller, annonce-t-il en la réinstallant dans l'écharpe. Ça va être l'heure de la tétée.

Je les raccompagne à la porte, soulagé en un sens qu'il ne reste pas plus longtemps. Avant de partir, il se tourne vers moi :

– Tu sais, il y a une différence fondamentale entre Coralie et Marion.

Je souffle. Fort.

– Marion t'a suivi ici, après vos études. Tu es la seule et unique raison pour laquelle elle s'est installée en Bretagne. Coralie n'est pas venue pour toi, elle est là pour poursuivre ses propres rêves. Son choix est indépendant de toi.

– C'est la paternité qui te fait croire que tu es devenu spécialiste en relations humaines ?

– Peut-être, dit-il en haussant les épaules.

Je referme la porte derrière lui sans répondre. Son commentaire m'agace parce qu'il est juste. Trop juste. Je retourne à ma table à dessin, mais je n'arrive pas à me concentrer. Mes pensées, elles, dérivent inévitablement vers la maison d'à côté, où une lumière vient de s'allumer dans la cuisine.

22
Ewenn

Je rentre chez moi après avoir passé la journée sur un chantier naval où un bateau que j'ai dessiné est en train d'être terminé. Ma voiture garée, je marche jusqu'à la boîte aux lettres pour relever le courrier. Quasiment que des publicités, et une lettre qui n'a aucun intérêt. Même le dossier SPAM de ma boîte e-mail semble plus palpitant à côté.

Depuis notre dîner, je n'ai pas revu Coralie. Est-ce que je l'évite ? Peut-être un peu. C'est ridicule, je sais. Et pourtant, je ne peux pas m'empêcher de guetter des signes de vie chez eux, depuis la fenêtre de ma cuisine ou quand je me trouve dans mon jardin.

Je soupire et m'apprête à entrer chez moi. Soudain, un mouvement au bord de mon champ de vision attire mon attention. Sortant d'un fourré comme si de rien n'était, Capitaine Chou-fleur – ce satané lapin qui, soyons honnêtes, est toujours aussi moche –, trottine paisiblement sur ma pelouse, ses grandes oreilles semblant traîner au sol à chaque bond nonchalant.

– C'est toi, bien sûr. Ils auraient mieux fait de t'appeler Houdini ou Michael Scofield[1].

Je m'avance vers la bête, qui me lance un regard que je qualifierais de vitreux.

1. Personnage principal de la série *Prison Break*.

– Bon, viens ici, Capitaine. Tu ne peux pas te balader où bon te semble.

Le lapin ne montre pas trop de résistance quand je l'attrape aisément par la peau du cou. Il a l'air d'avoir pris du poids depuis qu'il vit à côté.

– Je suis désolé de voir que tu es toujours aussi moche, cependant.

Sans autre choix qui s'offre à moi, je me dirige vers la maison d'à côté. Les fenêtres sont ouvertes, signe que Coralie et Noé sont probablement là. Je monte les quelques marches du perron, Capitaine Chou-fleur se laissant porter comme un bébé paresseux. Je frappe à la porte. Rien. Pas de réponse.

J'entends pourtant de la musique, même si ce n'est pas très fort. Ils sont donc bien là.

Je frappe une deuxième fois. Toujours rien.

Mince, qu'est-ce que je fais ?

J'ai toujours l'impression qu'il y a du bruit. Ils ne seraient pas dans le jardin ?

Je fronce les sourcils et contourne la maison. Je longe la haie qui nous sépare et les aperçois enfin. Coralie, un rouleau à la main, étale de la peinture sur un volet installé sur des tréteaux. Elle porte une salopette en jean, et ses cheveux sont retenus par un bandeau assorti à ses mèches bleues. Mais c'est surtout sa chorégraphie improvisée qui attire mon attention. Ses pieds se déplacent de droite à gauche au rythme de *J'irai où tu iras*[2], qu'elle chante à tue-tête. Puis elle fait un tour sur elle-même et utilise son rouleau comme micro.

2. Chanson de Céline Dion et Jean-Jacques Goldman, *D'eux*, 1995.

À ses côtés, Noé l'accompagne, dansant lui aussi mais plus timidement. Quand sa mère lui met le rouleau devant la bouche, il chante les paroles de Jean-Jacques Goldman.

Le spectacle est tellement inattendu que je reste là un moment, le sourire aux lèvres, à les observer avec Capitaine dans les bras.

Il faut l'admettre : ils ont l'air heureux. Coralie allie danse et peinture avec une dextérité qui force l'admiration, tandis que Noé a juste l'air de passer un bon moment.

Noé m'aperçoit enfin. Il arrête de danser, bouche bée, et me désigne :

– Maman ! Y a Ewenn... avec Capitaine Chou-fleur.

Coralie relève la tête, surprise, et repousse une mèche de cheveux qui s'échappe de son chignon maladroit. Toujours aussi naturelle, elle lâche un petit rire :

– Oh, oh... Il s'est encore échappé !

Elle pose son rouleau dans un pot de peinture et se rapproche de moi, accompagnée de Noé.

– Salut, je te ramène ton fugitif, dis-je en avançant pour placer Capitaine Chou-fleur dans les bras de Noé.

Le gamin attrape la bête sous les pattes avec dextérité et explique :

– Il n'arrête pas d'ouvrir sa cage.

– Ou alors, un petit garçon l'a encore lâché dans la maison sans surveillance... commente Coralie. Tu dois arrêter de faire ça, Noé, parce que ça devient la porte ouverte à toutes les fenêtres.

La porte ouverte à toutes les fenêtres ?

Cette manie de changer les expressions à sa sauce est surprenante mais charmante, je trouve.

– Il est très malin, insiste Noé. Je te jure que c'est lui qui a ouvert sa porte tout seul.

– C'est ça, oui. En attendant, va le remettre dans sa cage. Ce n'est pas le moment qu'il aille marcher dans la peinture ou qu'il reparte en vadrouille chez Ewenn.

Le garçon hoche la tête et disparaît dans la maison avec sa bestiole digne d'un rejeton du diable dans les bras.

Je reporte mon attention sur le volet qu'ils étaient en train de peindre et je ne peux m'empêcher de commenter avec un sourire taquin :

– J'ai l'impression que tu es mieux organisée, cette fois-ci. Au moins, tu ne risques pas de finir avec un pot de peinture sur la tête.

– Oui, Monsieur le Critique de bricolage professionnel. Depuis mon dernier cours magistral en peinture et chute d'échelle, j'ai retenu la leçon. Me voilà plus prudente et un peu mieux organisée, tu vois ?

– Une vraie pro, acquiescé-je en hochant la tête. Mais dis-moi, tu n'as pas pensé à changer la couleur ?

Elle pose une main sur sa hanche et plisse les yeux en me lançant :

– Tu plaisantes ? Ce jaune, c'est la touche finale pour transformer cette maison de sorcière en château !

– Jaune ? Je croyais que c'était *mimosa*.

– Peu importe, ça aura un super rendu une fois terminé. Ça donnera un coup de peps à la maison, non ?

Une chose est certaine, cela correspond à son énergie à elle. Mais je me vois mal lui répondre ça. Alors, je fais ce que je sais faire de mieux, je joue les sceptiques.

– Je ne dis pas que c'est affreux. C'est juste... très jaune.

Elle lève le menton et, d'un air de défi, annonce :

– Eh bien, tant pis pour toi si tu n'as pas l'œil artistique, Ewenn Le Gall.

Je hausse un sourcil, alors qu'elle reprend son rouleau.

– Tu sais que des gens me paient pour que je dessine leurs bateaux ?

– Je suis sûre qu'ils sont tristes et ternes.

– Ils ne sont pas jaunes ni mimosa, c'est vrai. Mais ils sont tout sauf tristes. Et je te rappelle que le mien porte le nom d'une couleur.

Elle hausse les épaules. Sans vraiment y réfléchir, je saisis le pinceau que Noé utilisait précédemment et prends sa place devant le volet à peindre.

– Oui, d'ailleurs, pourquoi ce nom ? demande Coralie.

– Tu veux la version poétique ou la version terre à terre ?

– La poétique, bien sûr.

– Le grenat aiderait à faire face aux obstacles en donnant de la force, du courage et de la détermination.

– C'est une belle symbolique, dit-elle en étalant la peinture avec précaution. Et quelle est la version terre à terre ? Quelque chose me dit qu'elle a une importance dans l'histoire.

– Eh bien... c'est la couleur de la peinture que j'ai appliquée sur la coque.

Son rire résonne, et quelque chose se dénoue en moi. C'est comme une vague de chaleur qui part de ma poitrine et se répand partout, jusqu'au bout de mes doigts. Je me surprends à retenir mon souffle, comme si je voulais capturer ce son, le garder précieusement avec moi.

C'est un rire franc, spontané, qui illumine son visage et fait pétiller ses yeux. Pas un de ces rires polis qu'on sort par convention. Non, c'est le genre de rire qui vous attrape par surprise et vous secoue tout entier. Le genre contagieux, aussi, parce que je sens les coins de ma bouche se relever malgré moi.

Et pendant une fraction de seconde, j'oublie tout le reste. J'oublie mes doutes, mes peurs, les mises en garde de mon instinct de survie. Il n'y a plus que ce son cristallin, cette joie pure qui émane d'elle, et cette envie irrépressible de me rapprocher d'elle, comme si son rire était un aimant et que j'étais fait de métal.

Coralie, totalement aveugle à mon trouble, m'interroge :

– Tu as choisi le nom de ton bateau à cause d'une couleur de peinture ?

– Oui... enfin, pas tout à fait. Ça m'a donné l'idée, et ensuite, en faisant des recherches, j'ai apprécié la signification.

Elle hoche la tête, et c'est sérieusement qu'elle déclare :

– Je crois que j'aime bien cette explication, en fait. Que tu aies été inspiré par une couleur. Tu sais ce qu'on dit : si tu choisis de vivre avec les couleurs, tu connaîtras le bonheur.

Je suis certain que c'est encore une expression à sa sauce, un peu arrangée de la réalité. Mais peu importe.

Je plonge mon pinceau dans le pot et continue de peindre à ses côtés. Elle n'a pas demandé mon aide, je n'ai certainement aucune raison de le faire, si ce n'est de prolonger le moment. Pas la peine de me mentir, je n'ai aucune envie de m'en aller. Mais comme elle ne dit rien, je reste là, et on travaille en silence pendant quelques minutes, sous la lumière dorée du soir qui éclaire les volets d'un éclat presque magique.

Je jette un coup d'œil rapide vers elle. Elle se mord la lèvre inférieure en peignant, concentrée. Je ne suis pas censé trouver ça craquant. Et pourtant...

Soudain, elle fait un très grand geste avec son rouleau, et un filet de peinture gicle directement sur mon bras.

– Ah ! non, zut ! Mais qu'est-ce que je viens de faire ! s'exclame-t-elle en riant.

Je regarde la trace de peinture jaune sur ma peau puis relève les yeux vers elle, feignant l'horreur.

– Je crois que c'est un complot. Tu fais exprès de vouloir me peindre à chaque fois, hein ?

Elle tend une main pour essuyer maladroitement, ce qui ne fait qu'étaler davantage la peinture.

Cela me fait l'effet d'une décharge électrique. J'essaie de la bloquer pour éviter qu'elle ne continue son carnage, mais si son geste ralentit, il devient plutôt une caresse involontaire. Je retiens mon souffle, incapable de bouger. Sa peau est chaude contre la mienne, et cette simple sensation suffit à faire battre mon cœur plus vite.

Elle doit ressentir ce changement d'ambiance, car ses doigts s'immobilisent sur mon avant-bras. Lentement, elle relève la tête. Nos regards se croisent, et le temps semble se figer. Ses yeux brillent d'une lueur particulière dans la lumière du soir, et je remarque pour la première fois les minuscules taches dorées qui constellent ses iris sombres.

J'ai envie de me pencher vers elle, de réduire cette distance qui nous sépare. Je jurerais que son regard glisse furtivement vers mes lèvres.

C'est comme si le monde extérieur avait cessé d'exister. L'odeur de peinture s'estompe pour faire place à son parfum. Il n'y a plus que nous, ce moment suspendu et cette attraction magnétique qui nous pousse l'un vers l'autre. Une partie de moi me hurle de reculer, de briser cet instant avant qu'il soit trop tard. Mais je reste là, immobile, prisonnier consentant de son regard.

Soudain, une exclamation stridente perce l'air :

– C'est bon ! Cap'tain Chou-fleur est dans sa cage !

Coralie recule d'un bond, retirant sa main de mon bras par la même occasion. Je me tourne comme un automate sur ressorts vers Noé. Il est là, figé à quelques mètres de nous, en train de nous observer. Ses sourcils se froncent, sa mâchoire est contractée.

Le gamin semble... contrarié ?

Son regard coule vers moi, et je me sens tout à coup très mal à l'aise. Comme si c'était lui l'adulte et moi l'enfant, et qu'il venait de me choper pour un truc qu'il m'avait spécifiquement interdit de faire.

Je prends cela comme un signal d'alarme. Un enfant n'a pas à ressentir cela. Je suis peut-être en train de forcer ma place là où je ne devrais pas.

Je me racle la gorge.

– Il se fait tard, dis-je maladroitement, cherchant une échappatoire. Bon courage pour la peinture, Coralie. J'étais plutôt ravi de vous revoir, tous les deux, mais je vais y aller.

Coralie ouvre la bouche pour dire quelque chose, mais Noé se poste près d'elle, toujours silencieux, avec un air de défi. Je sais qu'elle ressent qu'il y a quelque chose qui cloche, elle aussi.

– À bientôt, lancé-je en reculant en direction de leur portail.

Je ne m'attarde pas et file.

Le regard de Noé restera longtemps imprimé dans ma mémoire, c'est certain. Il me rappelle que je dois vraiment garder mes distances avec eux. Pas seulement pour moi. Je ne dois pas bousculer leur équilibre.

J'aspire à la simplicité. Rien de plus. Tout cela devient trop compliqué.

23
Coralie

Alors que je finis la manucure de ma dernière cliente de la journée, la porte du salon s'ouvre à la volée, faisant tinter joyeusement la clochette suspendue. Une voix familière, vive et pleine d'enthousiasme, retentit :

– Alors, c'est ici que ma meilleure amie se cache !

Je lève les yeux, interloquée, avant de reconnaître la silhouette élancée qui s'avance : Nawell. Ses cheveux noirs frisés partent dans tous les sens, comme si son énergie débordante se propageait jusqu'à leurs pointes. Ses grands yeux noisette pétillent, et son sourire éclatant illumine instantanément la pièce. Comme toujours, elle attire tous les regards, alors même qu'elle est d'une beauté sans fard et sans artifice, comme en témoignent son jean et son simple T-shirt en coton blanc.

– Nawell ! m'exclamé-je, incapable de cacher ma surprise.

Elle avance vers moi à grands pas, les bras tendus. Je me lève d'un bond, balbutiant une excuse à ma cliente, et la serre dans mes bras. Son étreinte est aussi réconfortante que son rire, une explosion de bonne humeur.

– Oh là là, Coralie, tes cheveux ! dit-elle en se reculant pour mieux me regarder. J'adore ce bleu ! Je suis fan !

Je ris en passant une main dans mes mèches. J'avais presque oublié ma récente folie capillaire.

– C'est mon nouveau petit côté breton, il faut croire. Tu sais, ici, ils aiment bien le bleu.

– Nouvelle vie, nouveaux cheveux, hein ? Ça te va bien, mais surtout, c'est très réussi. Je suppose que c'est l'œuvre de l'une d'entre vous ? demande-t-elle en se tournant vers Katell et Florence.

Je me tourne pour les regarder, ainsi que leurs clientes, qui nous observent avec amusement. L'embarras me saisit. Dans ma surprise de voir Nawell, j'en avais presque oublié leur présence.

– Oh ! euh... Nawell, je te présente Florence, la propriétaire du salon, et sa fille Katell. Ce sont elles qui m'ont accueillie ici et qui ont la patience de me supporter tous les jours. Florence, Katell, voici Nawell, ma meilleure amie.

Nawell s'approche d'elles pour les saluer.

– Enchantée ! Merci de prendre soin de ma Coralie, dit-elle avec sincérité. Elle m'a beaucoup parlé de vous, et je vois qu'elle ne mentait pas : ce salon est magnifique !

Florence, chaleureuse, lui rend son sourire.

– Et nous sommes ravies d'avoir Coralie avec nous. Elle est la note de fraîcheur qui manquait ici.

Une cliente, qui a des papillotes en aluminium dans les cheveux, hoche vigoureusement la tête. Katell se penche pour maintenir la structure précaire et éviter une catastrophe avant d'annoncer :

– Et c'est moi qui lui ai fait ses mèches bleues. Il faut dire qu'après la coupe improvisée de mon frère, ils avaient besoin d'un petit rafraîchissement.

Un sourire machiavélique tord la bouche de Nawell. Elle dit lentement, comme si les pièces d'un puzzle se mettaient en place :

– Oui… c'est vrai que vous êtes la mère et la sœur *du voisin*.

Elle insiste sur ce dernier mot, et je dois lui faire les gros yeux. Katell a un petit rire qui me mortifie. *Nom d'une petite bonne femme !* Je n'avais vraiment pas besoin que les deux femmes comprennent que je parle d'Ewenn à Nawell.

Je me sens comme une souris dans une cage, avec un chat qui rôde autour.

– Je lui ai raconté la mésaventure de la clôture ! m'empressé-je d'ajouter pour me justifier.

Mais cette traîtresse de Nawell – qui va très rapidement être supprimée de la liste de mes amis – fait mine de changer de conversation… tout en ne changeant pas de conversation.

– Et les Bretons, ils sont aussi charmants qu'on le dit ?

Pitié ! Que quelqu'un la bâillonne !

Je l'adore. Je l'aime de tout mon cœur. Mais parfois, j'ai vraiment envie de lui couper la langue. Et à cet instant, j'y songe sérieusement.

Avec un coupe-ongles. Dans d'atroces souffrances.

Mais… j'ai aussi une cliente dont la manucure a besoin d'une couche de top coat.

– Je reviens dans deux minutes, annoncé-je sur un ton qui signifie clairement qu'elle ne perd rien pour attendre.

Je me rassois face à ma cliente, un brin mortifiée qu'elle ait assisté à ça – et de l'avoir oubliée quelques minutes, il faut l'avouer.

– Désolée, ce n'était pas prévu, et je me suis laissée déborder par l'émotion de la revoir…

– Oh ! Ne vous excusez pas, Coralie. Je sais comme ça fait plaisir quand nos proches nous surprennent. Ça fait un peu de vie dans le salon, dit-elle avant de continuer plus bas : et un ragot pour moi à raconter quand je verrai mes propres copines.

Elle ponctue sa phrase d'un clin d'œil, et je me demande si je suis dans une réalité alternative. Tout le monde a décidé de me mettre mal à l'aise, cet après-midi ? Et je suis si intéressante que ça pour que les gens aient envie de parler de moi ? Je ne pose pas la question. Je préfère ne rien savoir.

Je reprends la main de ma cliente pour les derniers soins.

Nawell ne reste bien évidemment pas silencieuse une seule seconde. Elle s'approche du bac où Florence rince les cheveux de sa cliente. Je l'observe, prête à bondir au cas où il faudrait la plaquer au sol pour l'empêcher de divulguer une information compromettante sur moi.

Florence, toujours avenante, en profite pour faire la conversation :

– Alors, Nawell, vous restez longtemps dans le coin ?

Nawell hausse les épaules.

– Aucune idée, à vrai dire. Je suis venue sur un coup de tête, vous voyez. J'avais besoin de m'évader et je voulais absolument voir où Coralie et Noé ont atterri. Ça faisait un moment que je me disais que je devais venir, alors ce matin, j'ai pris mes affaires, attrapé le premier train, et me voilà !

Florence rit doucement, visiblement amusée par son enthousiasme.

– Eh bien, vous êtes une aventurière !

Nawell hausse les épaules.

– J'ai toujours été comme ça. Quand quelque chose me tient à cœur, je fonce. Et là, c'était important pour moi de voir par moi-même ce que Coralie a construit ici. Je n'arrivais pas à me faire une idée claire. Alors, j'ai décidé de venir vérifier si elle disait la vérité !

Je roule des yeux, amusée malgré moi, alors que j'applique l'huile nourrissante sur les mains de ma cliente, terminant ainsi le soin.

– Tu crois vraiment que j'aurais inventé des histoires ?

– Je te connais. Tu aurais bien pu enjoliver un peu, juste pour me rassurer, répond Nawell avec un clin d'œil.

Florence hoche la tête, visiblement impressionnée.

– Eh bien, vous avez de la chance d'avoir une amie aussi fidèle. Et puis ça fait plaisir de rencontrer quelqu'un qui connaît bien notre Coralie.

Il y a de l'affection dans la voix de Florence. Et j'apprécie qu'elle me désigne par « notre » Coralie. Cela me donne l'impression de faire partie de quelque chose. D'être acceptée, entourée. Et je crois que ça me plaît beaucoup.

Nawell lui adresse un sourire complice.

– C'est qu'elle est forte, notre Coco. Franchement, déménager ici, repartir de zéro... Je ne sais pas si j'en aurais été capable. Mais elle, elle fait ça comme si c'était facile.

Florence et Katell échangent un regard approbateur, et je sens mes joues chauffer légèrement. Nawell n'a pas son pareil pour transformer une simple visite en une déclaration publique de soutien.

Je suis en train d'encaisser ma cliente alors je fais mine de me concentrer sur cette tâche pour ne pas croiser leurs regards.

– Bon, trêve de bavardages, dit Nawell avec un sourire en coin. Maintenant que je suis là, il faut que je découvre tout ce que ce village a à offrir.

Elle se tourne vers Florence et Katell, soudain sérieuse.

– Alors, par quoi je commence ? Le meilleur café du coin ? Les endroits à ne pas rater ? Les célibataires les plus en vue ? Je prends toutes les recommandations !

Florence éclate de rire, et Katell s'apprête à répondre, mais, ayant fini de raccompagner ma cliente, je l'interromps :

– Nawell, calme-toi ! On commence par ma maison, d'accord ? C'est déjà une aventure en soi. Je te promets qu'on fera le tour du village ensuite. Et arrête de dire des bêtises. Pour qui je passe, moi ?

Florence intervient :

– Il faut lui montrer le port et les criques, Coralie. C'est là que vous verrez tout le charme de Kerlaouen, ajoute-t-elle à destination de Nawell.

– Ça me semble un super programme, indique ma meilleure amie.

Nous finissons par prendre congé du salon, mais pas avant qu'elle promette à Florence et Katell de leur confier ses boucles folles.

Alors que nous roulons vers chez moi, Nawell observe les paysages, partagée entre curiosité et scepticisme, je le ressens.

– Tu as vu comme c'est charmant ? demandé-je.

– Oui, je suppose, si on aime les endroits paumés.

– Arrête de dire n'importe quoi, je sais que tu trouves ça très beau. Tu râles juste pour le plaisir de me rappeler que tu n'avais pas envie que je déménage.

– Je ne vois pas comment tu peux avoir de l'intérêt pour un endroit où je ne suis pas.

– Ah ! voilà ! La *drama queen* est de retour.

– Tu m'as troquée contre une vue sur mer et des hortensias ! OK, ils sont beaux mais ils ne sont pas moi ! s'égosille-t-elle, faussement indignée.

J'éclate de rire, et elle aussi.

– Tu m'as manqué, Nana. Je suis contente que tu sois là, je n'arrive pas à croire que tu sois venue sur un coup de tête.

– Je n'arrive pas à croire que tu aies tenu aussi longtemps sans me supplier de venir. J'ai cru que tu ne m'aimais plus.

– Toujours dans l'exagération !

– C'est pour ça que tu m'aimes.

Je gare la voiture et coupe le moteur. Nawell observe la façade avec un mélange d'incrédulité et de consternation.

– Coralie, je vais être honnête... C'est encore pire en vrai qu'en photo, dit-elle en fronçant les sourcils. Ce n'est pas une maison, c'est une ruine avec des volets jaunes !

Je lève les yeux au ciel, habituée à son manque de filtre.

– Arrête un peu. Ce n'est pas si terrible, répliqué-je en descendant de la voiture. Elle a du potentiel, c'est tout. Tu ne peux pas voir ça avec ton imagination de Parisienne étriquée.

Nawell sort à son tour et pose les mains sur ses hanches.

– Potentiel ? Je veux bien, mais il va te falloir une baguette magique pour le révéler.

– Ou juste un peu de patience et de travail, rétorqué-je en souriant. Quelques coups de peinture fraîche et tu verras, dans quelques mois, ce sera un petit bijou. Regarde, j'ai déjà commencé avec les volets.

Elle secoue la tête en soupirant.

– J'avais remarqué. Toi seule peux décider de peindre des volets en jaune.

– C'est *mimosa*.

Elle lève les yeux au ciel.

– Peu importe. Mais je te préviens, je ne dors pas là-dedans sans une inspection anti-fantômes. Ce genre de maison attire les esprits, je le sais. Ou les fées. Une dame dans le train m'a raconté qu'il y en avait dans le coin.

J'éclate de rire tout en déverrouillant la porte.

– Viens donc voir l'intérieur, Madame la Sceptique. Ça va te rassurer.

Nous entrons dans la maison, et Nawell s'arrête dans l'entrée, observant les murs et les meubles d'un œil critique.

– Bon, je dois avouer que c'est... moins pire que ce que j'imaginais. C'est cosy, à ta façon.

– Merci pour ce compliment à moitié sincère, dis-je en rigolant. Mais attends, tu n'as pas encore tout vu.

Je pose mon sac et appelle :

– Noé ! Viens voir qui est là !

Des bruits de pas précipités résonnent à l'étage, suivis d'un cri d'excitation.

– Nawell !

Noé dévale l'escalier à toute vitesse et saute littéralement dans les bras de ma meilleure amie. Elle le rattrape avec un éclat de rire, le serrant fort contre elle.

– Mon amoureux, il est là ! s'exclame-t-elle en le tenant à bout de bras pour l'examiner. Regarde-moi ça, tu as grandi, c'est pas possible ! T'as mangé quoi, des gâteaux magiques ?

Noé, hilare, secoue la tête.

– Tu sais que je fais de la voile, maintenant ? Avec Ewenn, le voisin. Et je suis super fort ! ajoute-t-il fièrement.

– Évidemment que tu es super fort. Tu es Noé, après tout.

Nawell ébouriffe ses cheveux en riant. Puis elle relève la tête vers moi, haussant un sourcil. Je fais comme si je n'avais rien vu. Je sais que c'est à cause du fait que Noé a mentionné Ewenn.

À ce sujet, d'ailleurs, je suis étonnée qu'il parle de lui. J'ai bien vu qu'il n'avait pas l'air ravi quand il nous a aperçus en train de peindre tous les deux, mais il n'a fait aucun commentaire depuis le soir où il m'a fait une scène à ce sujet. Peut-être s'est-il aperçu de lui-même que sa réaction était un peu exagérée, puisqu'il n'y a rien entre Ewenn et moi.

Ah oui, Coralie ? Pas même un petit moment de tension quand tu as essayé de nettoyer la peinture sur son bras ?

Mais pour l'instant, mon petit garçon sourit de toutes ses dents, clairement ravi de voir Nawell. Et c'est tout ce à quoi je dois penser.

– J'ai plein de choses à te montrer, Nawell. Tu veux voir ma chambre ? Tu dois voir Capitaine Chou-fleur, il est juste ici !

Il revient avec son lapin aux oreilles tombantes, dont l'apparence laisse Nawell bouche bée.

– Eh bien, il est... euh... unique ! s'exclame-t-elle.

Je sais qu'elle le trouve moche. C'est une très mauvaise menteuse. D'ailleurs, Noé s'en aperçoit aussi.

– Ewenn aussi le trouve vilain.

– Ewenn ? Tu as présenté ton lapin à ton voisin, Coralie ? me taquine-t-elle.

– Tu le sais déjà, je t'ai raconté l'incident avec la clôture. Viens plutôt visiter le reste de la maison, lancé-je pour éviter le sujet Ewenn.

On dirait que, depuis qu'elle est arrivée, le sort s'acharne à vouloir nous faire parler de lui.

Nous montrons à Nawell chaque pièce avec enthousiasme. Elle admet qu'il y a de belles possibilités d'aménagements, malgré les nombreux travaux à réaliser.

En retournant dans la cuisine, je lui propose un thé. Nawell se tient à mes côtés, alors que je remplis la bouilloire, les yeux rivés vers la fenêtre.

– C'est donc celle-ci, la fameuse maison du voisin ?

– Arrête de faire une fixette là-dessus, soupiré-je.

– Je veux bien, mais c'est difficile, avoue-le.

Je relève la tête, m'apprêtant à rouspéter, mais quand je croise son regard, elle me désigne l'extérieur du menton. Machinalement, je tourne la tête et...

Ewenn est dans son jardin, en train d'arroser ses plantes... torse nu.

Il est de dos, et même si nous sommes un peu loin, je peux admirer chaque muscle dessiné, sa peau légèrement hâlée par ses sorties en mer.

Malgré moi, je déglutis et j'ai du mal à détacher mes yeux du spectacle.

– Il se retourne dans combien de temps ? demande Nawell, me sortant de mes pensées.

– Hein ? Qu'est-ce que j'en sais ?

– Je suppose qu'il arrose ses plantes tous les soirs. Moi, si j'avais l'opportunité de mater un tel spectacle tous les jours, je connaîtrais déjà les horaires et me posterais à la fenêtre avec la précision d'un coucou suisse.

– Je ne sais pas... Je ne crois pas... Bref, j'en sais rien s'il fait ça tout le temps ! Je ne l'espionne pas.

Je m'éloigne de la fenêtre pour aller poser la bouilloire sur son socle. La voix de Nawell me parvient dans mon dos :

– Je crois que je comprends pourquoi tu as acheté cette maison, Coco. La vue est magnifique !

24

Ewenn

J'arrose distraitement mon jardin comme tous les soirs. Ce n'est pas l'activité la plus passionnante de ma journée, mais elle a l'avantage de me faire prendre l'air et de me laisser du temps pour réfléchir.

Sauf que ce soir, mes pensées sont accaparées par une seule personne : Coralie.

J'entends distinctement sa voix et son rire qui proviennent de sa terrasse. J'ai cru qu'elle discutait avec Noé, mais un rapide coup d'œil m'a confirmé qu'elle était avec une autre femme.

Je n'ai pas osé regarder trop longtemps, de peur de paraître curieux, mais je n'ai pas reconnu cette dernière. Cela dit, je ne connais pas chaque habitant de Kerlaouen ou de ses environs, non plus...

J'ai beau éviter leur direction, l'image de ma voisine est comme imprimée sur mes rétines. Je secoue la tête, agacé par ma propre obsession. Depuis quand je pense autant à quelqu'un ? Ce n'est pas mon genre. Je suis plutôt solitaire, j'apprécie ma tranquillité. Du moins, c'est ce que je croyais jusqu'à ce que Coralie débarque avec ses cheveux multicolores et son sourire contagieux.

Je m'accroupis pour arracher quelques mauvaises herbes, tentant de me concentrer sur cette tâche simple. Mais mon esprit dérive vers notre dernière discussion il y a trois jours. Le moment où elle a essayé d'enlever cette tache de peinture sur mon bras, la sensation légère de ses doigts sur ma peau...

Reprends-toi.

Ce souvenir agréable est immédiatement suivi de celui du regard de Noé et de son expression fermée quand il nous a vus ensemble.

Est-ce que notre rapprochement, aussi minime a-t-il été pour l'instant, le dérange ?

Mais on ne s'est pas vraiment rapprochés, si ?

Je me redresse, passant une main dans mes cheveux. La situation est plus complexe que je ne voulais l'admettre au départ. M'intéresser à Coralie, ce n'est pas juste m'intéresser à une femme. C'est aussi accepter qu'il y ait un enfant dans l'équation. Un enfant qui, visiblement, n'est pas très enthousiaste à cette idée.

Et moi, est-ce que c'est quelque chose que je me sens prêt à assumer ?

Dans l'hypothèse où Coralie serait intéressée par une relation avec moi, je ne peux pas occulter Noé. C'est un gamin génial, mais il y a une différence entre être juste le voisin sympa qui l'emmène faire du bateau et faire partie de sa vie en tant que copain de sa mère.

Je n'en suis pas déjà à me demander si j'ai envie de devenir une figure paternelle pour lui mais je suis obligé d'y penser. Parce que si ce début d'étincelle qui existe entre Coralie et moi nous conduit à quelque chose de plus concret, je devrai me poser la question. Alors, autant y réfléchir maintenant, car je n'oublie pas qu'il y a un petit garçon avec des sentiments bien réels au milieu.

Bon sang, c'est déjà si compliqué alors que ça n'a même pas commencé.

– Eh bien, eh bien ! La Bretagne regorge vraiment de trésors cachés !

Je sursaute violemment. Une voix féminine, enjouée et totalement inconnue, vient d'interrompre le fil de mes pensées. En me retournant, je découvre une jeune femme aux cheveux frisés qui me fait un grand sourire par-dessus la haie. Son expression est si amicale qu'on pourrait croire qu'on se connaît depuis des années.

– Euh... bonjour ?

Je suis déstabilisé par cette apparition soudaine, même si je me doute qu'il s'agit de la personne avec qui Coralie discutait il y a quelques minutes.

– Je suis Nawell, la meilleure amie de Coralie !

Son regard appuyé me met mal à l'aise. J'ai la désagréable impression qu'elle me jauge, comme si elle cherchait à confirmer quelque chose.

– Enchanté.

Je n'ai pas le souvenir que Coralie ait mentionné sa visite prochaine, mais ce n'est pas comme si on avait des agendas partagés, de toute façon.

Nawell s'accoude à la haie avec une familiarité déconcertante.

– Alors, c'est vous, le fameux voisin qui a appelé la police ?

Je sens mes joues chauffer. Bien sûr qu'elle est au courant de ça. Je suppose que c'est le genre d'histoire qu'on raconte à sa meilleure amie.

Je m'apprête à répondre, cherchant une façon de me justifier sans avoir l'air complètement idiot, quand j'aperçois Coralie qui sort de chez elle. Je vois son air perdu quand elle constate que Nawell n'est plus assise dans son fauteuil sur la terrasse, et elle écarquille les yeux en nous voyant tous les deux.

Elle s'avance vers nous d'un pas rapide, presque nerveux.

– Salut, Ewenn.

– Salut.

– Ewenn me parlait de votre rencontre, dit Nawell.

Je lui parlais de notre rencontre ? Je n'ai rien fait de tel ! C'est elle qui a commencé à parler de la police !

– Ah oui ?

Coralie me dévisage avec stupeur et appréhension.

– Je...

– C'est un très beau jardin que vous avez là, Ewenn ! me coupe Nawell.

Je tourne la tête machinalement pour vérifier que personne ne serait venu transformer d'un coup de baguette magique mon jardin qui est tout sauf remarquable pendant les cinq dernières minutes.

– Euh... merci ?

– J'ai toujours pensé qu'un homme qui jardine, c'est le signe d'une grande patience. Ce qui est une qualité tout à fait appréciable, n'est-ce pas, Coralie ?

– Eh bien...

Elle n'a pas l'air d'avoir particulièrement d'avis là-dessus, mais je crois surtout qu'elle se pose la même question que moi : qu'est-ce que sa copine est en train de comploter ? Parce que, soyons honnêtes, elle n'en a rien à faire, de mon jardin. D'ailleurs, personne n'en a rien à faire, même pas moi.

Alors, je tente d'amener la conversation sur un autre sujet :

– Noé n'est pas là ?

– Je viens de le déposer chez ta sœur, annonce Coralie. Il fait une soirée pyjama avec Maxime.

Je suis étonné de cette information, mais dans le bon sens.

– Super. C'est chouette qu'il se fasse des copains.

Coralie réplique par un hochement de tête et un air tendu. Je comprends alors qu'elle est partagée entre le fait d'être heureuse pour Noé et celui de l'avoir confié à d'autres personnes. Je sais combien elle est protectrice avec lui. J'ajoute :

– Ne t'inquiète pas. Katell ne les laissera rien faire de dangereux ou d'interdit. Je ne suis même pas certain qu'elle tolérerait un décalage de l'heure à laquelle il faut se brosser les dents.

Un léger sourire se dessine sur son visage, et j'ai l'impression qu'elle me remercie du regard. Mais peut-être que je me fais des films. Et qu'elle se demande juste quand cette discussion va prendre fin.

Nawell tape dans ses mains, me rappelant brutalement sa présence.

– Bon, vu qu'on est tous réunis, j'ai une idée géniale ! Et si on dînait ensemble ? Je cuisine.

– Ewenn a peut-être des obligations...

– Tu as des obligations, Ewenn ?

Nawell me fixe du regard, les mains sur les hanches, avec une expression qui m'impressionne un peu. C'est comme si elle me mettait au défi d'arriver à trouver une excuse pour ne pas venir.

– Eh bien...

J'essaie de mesurer si Coralie a envie que je vienne. Parce que moi ? Honnêtement, je n'ai rien prévu de plus palpitant que parcourir le catalogue d'une plateforme de streaming et de potentiellement m'endormir devant un épisode de *Série de crimes*.

Comme je mets trop de temps à répondre, Nawell conclut :

– Voilà, tu es dispo ! En plus, Coralie m'a dit que tu es du coin. Tu vas pouvoir m'expliquer tous les trucs à faire pendant mon séjour. N'est-ce pas, Coco ?

Coralie paraît perdue. Moi-même, je ne comprends pas bien ce qui m'étonne le plus : que Coralie ait parlé de moi à son amie, que celle-ci insiste pour qu'on dîne ensemble, que Coralie ne semble pas savoir si elle a envie que je reste ou pas... et que moi-même, je me pose sérieusement la question. La seule sûre d'elle est Nawell, et j'ai comme l'impression qu'elle vient de nous forcer la main.

– Je ne voudrais pas déranger, tenté-je poliment.

– Déranger ? Tu plaisantes ? Ce sera parfait ! Je fais les meilleures lasagnes de Paris, lance Nawell.

– Tu n'habites pas à Paris, marmonne Coralie, qui semble enfin avoir retrouvé l'usage de la parole.

– Allez, Ewenn, tu n'as pas le droit de refuser ! Après tout, il faut bien que je fasse un peu plus connaissance avec toi, non ?

Son ton est innocent, mais son regard pétille de malice. J'ai l'impression de me faire manipuler mais je ne sais pas exactement comment m'en sortir.

Alors, je m'entends céder :

– Je... D'accord.

– Parfait ! s'exclame Nawell en tapant à nouveau dans ses mains. 19 h 30. Ne sois pas en retard !

Elle s'éloigne d'un pas dansant, nous laissant dans un silence gênant. Coralie reste plantée là, tripotant nerveusement le bas de son T-shirt. Je devrais probablement dire quelque chose, mais quoi ?

– Je peux... ne pas venir, si tu préfères.

Elle lève enfin les yeux vers moi, et je suis frappé par leur intensité. Il y a tant d'émotions qui s'y bousculent que j'ai du mal à les déchiffrer toutes. De la gêne, certainement. De la déception, aussi.

Un mince sourire fait son apparition sur ses lèvres, et elle secoue la tête.

– Non, non. C'est juste que Nawell est... elle est...

– Un ouragan ? suggéré-je.

Un rire lui échappe, bref mais sincère, et quelque chose se détend dans ma poitrine.

– Exactement. Et j'ai l'impression qu'elle t'a forcé la main. Alors, pareil pour toi, si tu as mieux à faire...

Elle me laisse une porte de sortie que je vais m'empresser de refermer. Je fais en sorte de la regarder droit dans les yeux quand j'affirme :

– Ça me fait plaisir de passer la soirée avec toi... avec vous, me reprends-je.

Elle m'adresse une expression timide qui n'est pas habituelle chez elle, et pendant un instant, je me perds dans la façon dont il montre une certaine part plus vulnérable d'elle. Puis elle fait un pas en arrière, comme si elle venait de prendre conscience qu'elle me regardait depuis trop longtemps.

– Je devrais... y aller. Il faut que je range un peu avant que...

– Bien sûr.

Elle tourne les talons et se dirige vers sa maison. Je la regarde s'éloigner, remarquant la tension dans ses épaules, la façon dont elle marche un peu trop vite.

Juste avant d'entrer, elle se retourne brièvement, et nos regards se croisent une dernière fois.

Je reste planté là, mon tuyau d'arrosage toujours à la main, comprenant que je viens probablement de tomber dans un piège savamment orchestré par Nawell. Et le plus étrange, c'est que je ne regrette pas d'avoir accepté.

25

Coralie

À peine sommes-nous rentrées que j'invective Nawell, les mains sur les hanches et le regard accusateur :

– Non, mais qu'est-ce qui t'a pris ?

Nawell, qui s'est déjà dirigée vers la cuisine comme si elle habitait ici depuis toujours, hausse les épaules avec une nonchalance étudiée.

– Oh ! tu veux parler du fait que j'ai invité ton charmant voisin à dîner ? Je ne vois pas où est le problème.

– Le problème ? Tu l'as pratiquement harcelé pour qu'il accepte !

– Harcelé ? Moi ?

Elle pose une main sur son cœur, feignant l'indignation.

– Je lui ai juste proposé gentiment de se joindre à nous. Et puis, franchement, tu as vu comment il te regardait ? Il n'attendait que ça.

Je sens mes joues s'empourprer malgré moi.

– Il ne me regardait pas... différemment.

– Ah bon ? Et c'est pour ça que tu rougis comme une adolescente ?

– Je ne rougis pas !

Je me tourne vers le frigo pour cacher mon visage.

– Et puis c'était quoi, ce numéro avec son jardin ? « Oh ! un homme qui jardine, quelle qualité appréciable ! »

Je l'imite avec une voix haut perchée qui ne lui ressemble pas du tout.

Nawell éclate de rire tout en sortant les ingrédients pour ses lasagnes.

– Tu aurais dû voir ta tête ! On aurait dit que tu craignais que je te pique ton mec.

– Ce n'est pas mon mec.

– Pas encore.

– Nawell !

– Quoi ? Ne me dis pas que tu ne craques pas complètement pour lui. Je te connais par cœur, ma chérie. Tu crois que je n'ai pas vu que tu n'arrêtais pas de le mater, sur la terrasse, quand tu pensais que je ne faisais pas attention ?

– Je ne... Je ne le matais pas !

Je m'étrangle presque avec mon indignation.

– Non, tu avais juste la langue qui pendait comme un Saint-Bernard en pleine canicule. J'ai cru que j'allais devoir te tendre une serpillière pour éponger la bave.

– C'est même pas vrai ! J'ai juste jeté un petit coup d'œil discret de temps à autre.

– Ah ! Tu vois ? Tu admets que tu regardais !

– Oui... par... curiosité. Tu sais, tu vois un truc bouger...

– Un truc ?

– Bref, un mec, quoi.

– Oui, un mec pour lequel tu craques. Ça va, tu peux me l'avouer, quand même ! Je ne vais pas aller le crier sur tous les toits.

Je soupire, ce qui ne fait que renforcer son sourire.

– Allez, dis-le...

– Nawell...

– Dis-le.

Je craque.

– Je l'aime bien ! J'ai avoué. Tu es contente ?

– Je suis certaine que tu peux mieux faire mais je vais me contenter de ça pour l'instant. Allez, mets la table. Je ne te demande pas ton aide en cuisine, tu sais très bien pourquoi...

Je fais mine de râler, mais nous savons que c'est plus sûr pour tout le monde.

Avant l'arrivée d'Ewenn, je fais un petit tour par la salle de bains pour me rafraîchir et changer de tenue. Je ne veux pas avoir l'air de celle qui essaie de trop en faire, mais...

– Coralie ! On vient de frapper à la porte !

– J'arrive ! Va ouvrir !

– Je ne peux pas, j'ai les mains prises !

Zuticule !

Je descends l'escalier quatre à quatre tout en finissant d'accrocher mes boucles d'oreilles, et constate que Nawell est dans la cuisine en train de scroller sur son téléphone.

– Je croyais que tu avais les mains prises ?

– Crois-moi, il n'a pas envie que ce soit moi qui ouvre la porte.

Ma boucle d'oreille récalcitrante se coince dans mes cheveux.

– Il est en avance, non ?

– Il est 19 h 30, ma belle. Et manifestement, ton architecte naval est ponctuel. Une qualité de plus à ajouter à la liste.

– Ce n'est pas *mon* architecte naval.

– On en reparlera dans quelques semaines...

Je m'arrête devant la porte, prends une grande inspiration et pose la main sur la poignée.

Mon cœur fait un petit saut dans ma poitrine. Ewenn se tient là, une bouteille de vin à la main, vêtu d'un simple jean et d'une chemise bleue qui fait ressortir ses yeux.

– Salut.

Il a un petit sourire auquel je réponds de façon un peu plus prononcée. Je ne me rends pas bien compte que je le fixe du regard telle une bienheureuse en extase, jusqu'à ce qu'il me tende la bouteille.

– J'ai apporté du vin.

– C'est parfait !

J'ai peut-être répondu un peu trop vite.

– Entre, je t'en prie.

Nawell surgit de la cuisine avec un plat dans les mains, qu'elle dépose sur la table.

– Ewenn ! Tu es pile à l'heure ! Les lasagnes sont prêtes !

On dirait que toute l'organisation de la soirée a été millimétrée. À la place d'Ewenn, je trouverais ça un peu flippant. D'ailleurs, moi-même, je trouve ça un peu flippant.

Nous passons à table, et je remarque que Nawell a légèrement modifié ma mise en place. Elle s'installe en bout de table tout en annonçant :

– Je me mets là, c'est plus pratique pour aller en cuisine.

Ce qui ne me laisse pas d'autre choix que de m'installer face à Ewenn.

Lors des premières minutes du repas, la conversation tourne autour des lasagnes – excellentes –, de la météo – pas trop mal –, et Nawell explique sa décision de nous rendre visite sur un coup de tête.

– Alors, Ewenn, qu'est-ce que tu peux me dire sur Kerlaouen ? Je meurs d'envie d'en savoir plus sur ce petit coin de paradis qui a volé le cœur de ma meilleure amie.

Je manque de m'étrangler avec ma propre salive en comprenant le sous-entendu de Nawell. Heureusement, Ewenn, encore novice en manipulation façon Nawell, ne semble pas le remarquer.

– Je ne suis pas objectif, j'adore cet endroit. Peut-être trop pour mon propre bien.

Je me demande ce qu'il veut dire par-là, mais Nawell insiste :

– Et comment sont les gens, ici ?

– Plutôt accueillants, réponds-je.

Ewenn me sourit et ajoute :

– Les habitants du village ont un vrai sens de la communauté.

– Et les meilleurs spots ? Les trucs à ne pas rater ?

Le visage d'Ewenn s'illumine.

– Eh bien, il y a des criques sympas, mais il y a aussi un sentier côtier absolument magnifique qui longe les falaises en direction du phare. Peu importe l'heure, du lever au coucher du soleil, c'est à couper le souffle.

– Oh ! Ça a l'air génial ! On pourrait y aller demain avec Noé, hein, Coco ? Tu ne travailles pas le 15 août ? Et toi, Ewenn, tu pourrais nous guider ?

– Il a probablement des choses à faire...

Ewenn ouvre la bouche comme s'il réfléchissait à la question puis déclare :

– J'ai un déjeuner chez mes parents à midi, mais on pourrait y aller dans l'après-midi... si ça vous tente.

Son regard croise le mien, et je sens mes joues chauffer.

– Super ! Une randonnée guidée par un local, il n'y a rien de mieux. N'est-ce pas, Coco ?

– Mmh.

Je prends une gorgée de vin pour me donner une contenance. Nawell s'excuse et part en cuisine. Le silence qui s'installe n'est pas exactement inconfortable, mais je sens une certaine tension dans l'air. Ewenn joue distraitement avec son verre de vin.

– Ta maison commence vraiment à prendre forme, dit-il doucement. Les volets mimosa lui donnent beaucoup de caractère.

Je souris, touchée qu'il le remarque.

– Merci. Tu approuves mon choix de couleur, finalement ?

– Je... je m'y fais.

Son sourire me prend au dépourvu, et je sens que je vais finir par ressembler à une tomate bien mûre avant la fin de la soirée.

Au moment même où je me dis que, finalement, ce dîner n'est pas si mal, Nawell revient à table et lance :

– Et si on rendait cette soirée un peu plus intéressante ?

Je connais ce ton. Celui qui annonce généralement des catastrophes.

– Comment ça ? demande Ewenn, mi-curieux, mi-alarmé.

– On peut faire un petit jeu ?

Nawell pose ses coudes sur la table, son visage rayonnant d'enthousiasme.

– Chacun pose une question aux autres, et on doit répondre honnêtement.

Voilà. Il est là, le moment où elle va faire tout déraper.

– Nawell...

– Pas de « Nawell » qui tienne, Coco. On est entre amis, on s'amuse. Rien de méchant, promis.

Je n'ai pas le temps de répliquer qu'elle enchaîne :

– Je commence ! Question facile : quel est votre plat préféré ?

Ewenn semble se détendre légèrement, même s'il doit se demander pourquoi on joue à un jeu digne d'une cour de récré. Je me pose la même question, à vrai dire.

– Les moules-frites de ma mère. Elle a une recette secrète pour la sauce.

– Tellement prévisible comme réponse de la part d'un mec qui vit au bord de la mer, le taquine Nawell. Et toi, Coco ?

– Le tiramisu, tu le sais.

– C'est pas un plat, c'est un dessert.

– Tu n'as pas précisé si ça devait être salé ou sucré, rétorqué-je juste pour l'embêter.

Je profite de notre petit échange verbal pour lui offrir un regard insistant. Je la connais assez pour savoir que ces questions innocentes ne sont qu'un prélude à quelque chose qui risque de ne pas me plaire. Mais elle m'ignore et lance :

– À ton tour de poser une question, Ewenn !

Il réfléchit un instant.

– Quel est votre endroit préféré au monde ?

– Paris ! répond immédiatement Nawell.

Je fixe des yeux mon verre de vin, prenant mon temps pour répondre.

– Je crois... je crois que c'est ici, maintenant.

Les yeux d'Ewenn se posent sur moi avec une intensité qui me fait frissonner. Bon sang, pour un gars qui ne parle pas beaucoup, il se rattrape avec le regard...

– On passe aux questions plus personnelles : à quoi ressemble votre partenaire idéal ?

Et voilà. La bombe est lâchée.

– Nawell ! C'était mon tour de poser une question !

Elle fait mine de ne pas entendre.

– Ewenn ? insiste-t-elle.

– Tu n'es pas obligé de répondre.

Je n'ose même pas le regarder en le lui rappelant. J'imagine qu'il va trouver une excuse pour se défiler. Mais à ma grande surprise, il ne le fait pas. À la place, sa belle voix grave résonne.

– Quelqu'un d'authentique. Qui n'a pas peur d'être soi-même. Qui a du caractère mais aussi beaucoup de tendresse. Quelqu'un qui... qui illumine une pièce rien qu'en y entrant.

Mon cœur rate un battement. Je sens son regard sur moi mais je garde la tête baissée.

– Et toi, Coralie ?

La voix de Nawell est douce, maintenant, presque encourageante.

– Je...

Il y a un silence.

Merde, il faut que je dise quelque chose.

Je me sens comme sur le sommet d'une montagne russe avant que le wagon amorce la descente. Je pourrais fermer les yeux, me taire. Ou être courageuse : regarder ma peur en face, l'affronter et répondre à la question en mettant une partie de moi à nue. Quitte à ce que je me crashe.

Lentement, je lève les yeux, croise l'azur des iris d'Ewenn.

– Quelqu'un de fiable. De solide. Qui comprend que mon fils passe avant tout mais qui… qui sait aussi me faire sentir que je suis plus qu'une mère.

Le silence qui suit est plus explicite que le moindre mot. Je sens mes joues brûler et mon cœur battre si fort que je suis sûre que tout le monde peut l'entendre.

– Je vais débarrasser le plat, annoncé-je en me levant d'un bond.

Je ne laisse pas le temps à qui que ce soit de le faire à ma place, je m'en empare et fonce vers l'évier. J'ai besoin de mettre un peu de distance entre Ewenn et moi, mais la fuite est un maigre soulagement. Je n'ai jamais autant regretté d'avoir une cuisine ouverte. Est-ce que si je m'asperge le visage d'eau, ça va paraître étrange ? Vu la chaleur de mes joues, je serais bien capable de me mettre à faire de la vapeur comme une locomotive.

Quand, quelques minutes plus tard, j'entends Ewenn annoncer qu'il est l'heure pour lui d'y aller, je ne sais pas si je suis soulagée ou déçue.

– Merci pour le repas, c'était vraiment délicieux.

– Tout le plaisir était pour nous, n'est-ce pas, Coralie ?

– Oui, bien sûr, murmuré-je en revenant dans le salon, encore troublée par le jeu des questions.

– Pour demain, dit-il en s'adressant principalement à moi, on pourrait se retrouver vers 14 heures ?

Très honnêtement, j'avais complètement oublié cette histoire de balade et je pensais que lui aussi.

– Parfait ! s'exclame Nawell avant que je puisse répondre. On sera prêtes !

Nos regards se croisent une dernière fois alors qu'il franchit le seuil. Ses yeux bleus semblent vouloir me dire quelque chose, mais je n'arrive pas à savoir quoi. Il y a tant de non-dits entre nous : est-ce un fardeau ou une promesse ?

– Bonne nuit, murmure-t-il.

– Bonne nuit.

La porte se referme doucement, me laissant face à Nawell, qui croise les bras en me regardant avec une expression de jubilation.

– Tu es absolument machiavélique !

Elle éclate de rire tout en se dirigeant vers la table pour ramasser les dernières assiettes.

– Je préfère le terme « stratégiquement bienveillante ». Ça sonne mieux, tu ne trouves pas ?

– Tu as passé la soirée à nous mettre mal à l'aise avec tes questions !

– Mal à l'aise ? Ma chérie, j'ai juste accéléré ce qui était déjà évident pour tout le monde sauf vous deux.

Je m'effondre sur une chaise, enfouissant mon visage dans mes mains.

– Je ne sais pas ce qui m'a pris de lui répondre comme ça.

– Moi, je t'ai trouvée parfaite. Et de toute façon, tu n'as fait qu'énoncer ce que tu recherches. Maintenant, à lui d'en faire ce qu'il veut. Il n'y a jamais de mal à dire ce que l'on souhaite d'un potentiel partenaire.

– Tu ne crois pas que c'était tout de même un peu trop...

– Direct ? Je te connais, Coco. Lui, pas bien encore, mais quelque chose me dit que si je n'avais pas insisté ce soir, je pouvais revenir dans six mois, vous en auriez été au même point.

– On se fait peut-être des films.

Elle claque sa langue et secoue la tête.

– Tu craques pour lui, il craque pour toi, je te le confirme, aussi sûr que je m'appelle Nawell.

Je relève la tête, sentant toute la complexité de la situation peser sur mes épaules.

– Mais ce n'est pas si simple. Et il y a Noé, il y a...

– Il y a surtout toi qui as peur, me coupe-t-elle gentiment. Peur d'être heureuse, peur de laisser quelqu'un entrer dans votre vie. Mais peut-être qu'Ewenn en vaut le coup, tu sais.

Je fixe du regard la porte par laquelle il est parti, repensant à ses mots. « Quelqu'un qui illumine la pièce en y entrant ». Est-ce que je pourrais être cette personne ?

– Et demain, tu auras toute une randonnée pour en apprendre encore plus sur lui.

– Tu es impossible. En plus, je ne suis pas une grande fan de randonnée.

– J'ai improvisé avec les moyens du bord, ma belle ! Je viens juste d'arriver et j'ai déjà organisé un dîner et une rando. À ce rythme-là, vous êtes mariés avant que je reparte.

– Tu repars quand, déjà ? ironisé-je.

– Bien trop tôt, j'en ai peur.

– Ça, ça dépend de quel point de vue !

Une partie de moi se sent légère, excitée par ce qui pourrait arriver demain. Je n'ai pas ressenti ça depuis... trop longtemps pour y réfléchir. Et alors que je me rince les mains au lavabo, mon regard se pose sur la fenêtre éclairée de la maison d'à côté. Est-ce qu'Ewenn est dans le même état d'esprit que moi ?

26
Coralie

Je gare la voiture sur le petit parking en terre, mon cœur battant déjà la chamade. Non pas à cause de la future randonnée, même si je ne suis clairement pas une grande sportive, mais parce qu'Ewenn est déjà là, appuyé contre sa voiture, les bras croisés sur son torse. Il porte un short cargo et un T-shirt blanc qui met en valeur son bronzage, et je me sens soudain très consciente de ma tenue : un legging de sport et un débardeur rose que Nawell m'a assuré être parfait. Là, tout de suite, je n'en suis plus si sûre.

– Maman, tu comptes rester dans la voiture toute la journée ?

La voix de Noé me sort de ma contemplation.

– J'arrive, j'arrive.

Nawell, qui est déjà sortie, se penche à ma fenêtre avec un sourire narquois.

– Tu sais que depuis la voiture, la vue est moins belle ?

Je lui lance un regard noir avant de sortir. Ewenn s'approche de nous.

– Salut, Noé. C'était bien, ta soirée chez Maxime hier ?

À ma grande surprise, ils se tapent le poing, et mon fils lui répond avec le même enthousiasme qu'il y a quelques jours, quand il ne considérait pas encore Ewenn comme une menace. Je suis surprise et soulagée de voir Noé si à l'aise avec lui.

– Trop bien ! On a fait une partie de foot dans son jardin et après, on a mangé des pizzas. Sa mère nous a même laissé jouer à la console super tard !

– Pas si tard que ça, précisé-je.

– Bon, on y va ou on s'enracine sur le parking ? lance Nawell.

Ewenn prend naturellement la tête du groupe, nous guidant vers le début du sentier. Je remarque qu'il a coiffé ses cheveux en arrière, ce qui lui donne un air... dangereusement séduisant. Après la soirée d'hier, je ne sais plus trop où nous en sommes. Nos confessions à demi-mot pendant le jeu des questions tournent encore dans ma tête.

– Tu vas voir, Nawell, déclare Noé avec importance, ici, c'est carrément plus beau que Paris !

– Ah bon ? Et qu'est-ce qui te fait dire ça ? T'es jamais venu sur ce sentier, non ?

– Y a la mer. Rien que ça, c'est génial.

Leur échange me fait sourire. Ewenn se tourne vers nous pour annoncer :

– Le sentier est assez facile au début, mais il y a quelques passages un peu plus techniques après. On fera des pauses, si besoin.

Son regard s'attarde sur moi une seconde de plus que nécessaire.

Cela fait une vingtaine de minutes que nous marchons quand je remarque le manège de Nawell. Elle a cette façon pas du tout subtile d'attirer l'attention de Noé dès qu'une opportunité se présente. Comme maintenant, où elle s'écrie en s'approchant d'un bosquet :

– Oh ! Noé, viens voir ! Je crois que j'ai vu un truc bouger dans ces buissons !

Mon fils, toujours partant pour une aventure, se précipite vers elle, me laissant seule avec Ewenn. Je vais finir par croire que les buissons bretons sont particulièrement animés.

– Ta copine n'est pas très discrète, murmure Ewenn avec un petit rire.

Je manque de trébucher sur une racine.

– Comment ça ?

– Son petit jeu pour nous laisser seuls. J'ai compté, c'est la quatrième fois qu'elle « voit quelque chose d'extraordinaire » qui nécessite absolument l'attention de Noé.

– Oh ! mon Dieu, je suis désolée...

Il secoue la tête, amusé.

– Ne le sois pas. C'est... mignon.

Devant nous, j'entends le rire de Noé qui résonne. Nawell lui raconte visiblement une histoire abracadabrante sur les créatures mystérieuses qui peuplent les côtes bretonnes.

– Et là, poursuit-elle avec emphase, certains disent avoir vu des sirènes !

– N'importe quoi ! proteste Noé. Les sirènes, ça n'existe pas.

– Ah bon ? Et comment tu peux en être sûr ? Tu as exploré toutes les mers du monde ?

– Non, mais...

– Alors, tu ne peux pas être certain ! Peut-être qu'en ce moment même, il y en a une qui longe le port de Kerlaouen.

Je souris en les écoutant. Nawell a toujours eu ce don pour captiver Noé avec ses histoires farfelues.

Même quand il était tout petit, elle inventait des contes absurdes qui le faisaient rire aux éclats.

– Ils s'entendent vraiment bien, observe Ewenn.

– Oui, Nawell est spéciale. Un peu rentre-dedans par moments, mais elle fait partie de ces personnes qui illuminent la vie des autres sans même s'en rendre compte.

Je percute trop tard que j'ai utilisé le mot qu'il a employé hier soir pour décrire sa personne idéale. Son regard se pose sur moi avec une intensité qui me fait frissonner malgré la chaleur.

– MAMAN ! hurle soudain Noé. Nawell dit qu'un jour, elle a vu un dauphin faire un *backflip* !

– C'est vrai ! proteste Nawell. J'ai même la vidéo quelque part...

– Les dauphins font des *backflips*, intervient Ewenn. Mais c'est rare en milieu naturel.

– Tu vois ! s'exclame Nawell, triomphante. L'expert local confirme !

Leur chamaillerie continue de plus belle, leurs voix s'éloignant légèrement alors qu'ils prennent de l'avance sur le sentier. Je sais pertinemment que c'est volontaire de la part de Nawell et je lui suis reconnaissante, en un sens.

– Attention ici, me prévient Ewenn alors que nous arrivons à un passage plus escarpé. Le terrain est un peu instable.

Comme pour confirmer ses dires, je sens les pierres bouger sous mes pieds. Super. Parce que trébucher devant lui est exactement ce dont j'ai besoin pour parfaire mon image de femme gracieuse et assurée.

– Donne-moi ta main, propose-t-il en tendant la sienne.

Mon cœur fait un bond dans ma poitrine. J'observe sa main tendue pendant une fraction de seconde avant de la saisir, essayant d'ignorer la chaleur qui se propage dans tout mon corps à ce contact.

– Merci.

Sa main est chaude et calleuse, bien plus grande que la mienne. Il me guide avec précaution, et je me surprends à penser qu'il pourrait me guider n'importe où, je le suivrais sans hésiter.

– Quand j'étais gamin, raconte-t-il alors que nous franchissons le passage délicat, on venait souvent ici avec les copains. Une fois, on a décidé que ce serait une bonne idée de descendre jusqu'à la petite crique en bas...

– Ne me dis pas que...

– Si. On s'est fait prendre par la marée. On a dû appeler les pompiers.

J'éclate de rire, imaginant un mini-Ewenn tout penaud face aux secours.

– Je ne dois pas en parler trop fort.

Il jette un coup d'œil vers Noé qui marche devant.

– Je ne voudrais pas lui donner des idées.

– Ah ? Parce que tu te soucies de ta mauvaise influence sur mon fils ?

Il me lance un regard faussement offensé.

– Je suis un citoyen modèle, maintenant.

Nos mains sont toujours liées, même si le passage difficile est derrière nous. Aucun de nous ne fait mine de vouloir rompre ce contact.

– Tu as fait beaucoup d'autres bêtises ?

– Une fois, on a essayé de faire du surf avec des planches en polystyrène qu'on avait piquées derrière le supermarché.

– Comment ça s'est terminé ?

– Trois points de suture, et mes parents m'ont puni.

Je secoue la tête, amusée.

– Pauvre Florence. Note pour moi-même : garder un œil sur Noé quand il est avec toi.

Son pouce caresse doucement le dos de ma main, un geste si léger que je pourrais presque croire l'avoir imaginé.

– Je te promets d'avoir une meilleure influence, maintenant.

Il y a quelque chose de sincère dans sa voix. Je comprends que ce n'est pas une promesse en l'air. Mais pourquoi est-ce qu'il me dit ça maintenant ? Nos regards se croisent, et pendant un instant, le monde autour de nous semble s'effacer. Du moins jusqu'à ce que la voix de Noé m'interpelle encore.

– Maman !

Je relâche la main d'Ewenn, comme si elle m'avait brûlée, pour répondre à mon fils, toujours troublée par ces mots si simples mais loin d'être anodins.

– Oh ! putain !

– Nawell ! Surveille ton langage !

– Désolée, mais là... même moi, je dois admettre que c'est à couper le souffle.

Nous venons d'arriver au sommet d'une falaise qui surplombe l'océan. Le panorama qui s'offre à nous est tout simplement spectaculaire : l'immensité bleue s'étend à perte de vue, rythmée par les vagues qui viennent s'écraser contre les rochers en contrebas. Le soleil de l'après-midi fait scintiller la surface de l'eau comme si des milliers de diamants y étaient dispersés.

– C'est encore plus beau qu'une story Instagram, me glisse Nawell.

– Ça change de la vue sur le périph', hein ?

– Me cherche pas ou je te pousse du haut de la falaise.

Noé, qui s'est approché du bord – pas trop près, j'y veille –, reste silencieux, manifestement impressionné par le spectacle.

– Vous voyez le phare, là-bas ? Quand j'étais petit, il y avait encore un gardien qui vivait dedans, nous dit Ewenn.

Nawell échange un regard complice avec mon fils.

– Ça te dit qu'on fasse la course jusqu'au phare ?

Les yeux de Noé s'illuminent.

– Vraiment ?

– Bien sûr !

– Yes ! Je vais gagner ! s'écrie Noé.

– Pas trop vite ! ajouté-je, alors qu'ils s'élancent déjà.

– T'inquiète ! me lance Nawell par-dessus son épaule. De toute façon, avec mes talents sportifs légendaires, on n'ira pas bien loin !

Je les regarde s'éloigner, souriant en entendant leurs rires et leurs exclamations. Le vent marin ébouriffe mes cheveux, et je prends une profonde inspiration, savourant l'air iodé.

– C'est une vraie force de la nature, dit Ewenn en désignant mon amie qui trottine plus qu'elle ne court.

– Tu n'imagines même pas. Elle a toujours été comme ça, à foncer tête baissée dans la vie. Parfois, je l'envie.

– Pourquoi ?

– Cette façon qu'elle a de tout prendre à la légère, de transformer chaque moment en aventure... Même les situations les plus banales deviennent extraordinaires avec elle.

– Je trouve que tu te débrouilles pas mal non plus dans ce domaine.

Je me tourne vers lui, surprise.

– Comment ça ?

– Tu as quitté Paris, tu t'es installée ici avec ton fils, tu rénoves une maison... Ce n'est pas rien. Et tu le fais avec le sourire.

– Ce n'est pas vraiment comparable...

– Si, ça l'est. C'est juste une façon différente d'être courageuse.

Ses mots me touchent plus que je ne voudrais l'admettre. Au loin, j'entends encore les rires de Noé et Nawell qui résonnent, portés par la brise marine.

Je m'approche du bord de la falaise, suffisamment près pour sentir la puissance de l'océan, mais pas trop pour ne pas déclencher ma peur du vide. L'émotion me submerge soudain, aussi puissante que les vagues en contrebas.

– Je ne regrette pas, murmuré-je.

Ewenn s'est rapproché de moi, si près que je peux sentir sa présence dans mon dos.

– Quoi donc ?

– D'être venue m'installer ici.

Je prends une grande inspiration.

– Parfois, je me réveille la nuit et je panique. La maison qui tombe en ruine, le crédit à rembourser, Noé qui doit s'adapter à sa nouvelle école...

Ma voix tremble légèrement.

– Mais il me suffit de voir ça...

Je fais un geste vers l'horizon infini.

– Et tout s'efface. C'est comme si l'océan emportait tous mes doutes avec lui.

Ewenn reste silencieux un moment. Quand il reprend la parole, sa voix est tendue, presque triste.

– La vue ne suffira pas toujours, tu sais. Il y aura des jours où même ce paysage ne pourra pas effacer tes problèmes.

Je me tourne vers lui, surprise par son ton.

– Tu parles en connaissance de cause ?

Il hausse les épaules, évitant mon regard.

– Disons que j'ai appris que la beauté d'un lieu ne fait pas tout.

– Ce n'est pas que ça.

Il relève les yeux, croisant mon regard.

– Comment ça ?

– Ce n'est pas juste la vue, Ewenn. Ce sont les gens. Ta mère qui m'a donné ma chance au salon. Katell et Maxime qui font tout pour que Noé s'intègre. Les clientes qui prennent de ses nouvelles. Mme Kerjean qui le surveille en mon absence. Toi qui l'emmènes faire du bateau...

Je marque une pause avant de continuer :

– Ce que je veux dire, c'est que... en un peu plus d'un mois, je me sens plus à ma place ici qu'en vingt-neuf ans à Paris. Les gens que j'ai rencontrés...

Je cherche mes mots.

– Ils m'ont fait me sentir chez moi. Vraiment chez moi. Pas juste à un endroit où je vis.

Le regard d'Ewenn s'adoucit, et je vois quelque chose changer dans ses yeux, comme si une barrière invisible venait de tomber en lui.

– Tu vas me trouver ridicule, mais je sais que je suis où je devrais être.

Il secoue la tête et répond :

– Je ne te trouve pas ridicule.

– MAMAN ! Nawell dit qu'elle va s'évanouir !

L'instant est passé, mais le cri perçant de Noé ne m'inquiète pas outre mesure. Disons que Nawell joue de son côté *drama queen* quand elle est avec lui.

– Je ne vais pas m'évanouir ! proteste mon amie. Je fais juste une pause... très longue... allongée dans l'herbe...

Je ne peux m'empêcher de rire.

– On ferait mieux d'aller les rejoindre avant qu'elle décide de faire une sieste ici.

Ewenn acquiesce mais, avant que nous nous mettions en route, il pose doucement sa main sur mon bras.

– Tu as raison, tu sais.

– À quel sujet ?

– Ce ne sont pas les lieux qui nous font nous sentir chez nous. Ce sont les gens.

Son regard est si intense que j'en ai le souffle coupé. Il y a tellement de choses dans cet échange, dans ces quelques mots. J'ai tellement de questions à lui poser.

Alors que nous reprenons notre marche, je sens sa main frôler la mienne. Ce n'est qu'un effleurement, si léger qu'il pourrait être accidentel. Mais quelque chose me dit que ça ne l'est pas. Et pour la première fois depuis longtemps, je me surprends à espérer. À espérer que peut-être, juste peut-être, le meilleur reste à venir.

27

Ewenn

Alors que nous sommes de retour sur le parking, je vois le regard de Nawel s'illuminer d'une lueur que je commence à reconnaître : celle qui annonce un plan pas du tout subtil.

Elle porte dramatiquement la main à son ventre et annonce :

– Je meurs de faim ! J'ai une envie FOLLE de crêpes !

Coralie hausse un sourcil, pas dupe pour un sou.

– Des crêpes ?

– Que veux-tu, je suis en manque de beurre salé ! Et puis...

Elle se tourne vers Noé avec un sourire complice.

– Je suis sûre que mon petit breton préféré connaît le meilleur endroit pour en manger, non ?

Les yeux de Noé s'illuminent instantanément.

– Oui ! Il y a la crêperie sur la place ! Elle fait les meilleures crêpes du monde !

– Du MONDE, carrément ?

– Ouais !

– Bon, Coco, tu me prêtes ta voiture ? Noé et moi, on a un *date*.

– J'en conclus que je ne suis pas invitée et Ewenn non plus ?

– Non, Ewenn va te raccompagner chez toi.

Elle me lance un clin d'œil si peu discret que j'ai envie de rire. Cette fille est à moitié folle, je crois. Elle arrache presque les clés de la main de Coralie et pousse Noé vers la voiture, puis se retourne une dernière fois vers nous avec un sourire rayonnant.

– Amusez-vous bien !

Je les regarde s'éloigner, Noé déjà en train de négocier le nombre de crêpes qu'il pourra commander. À côté de moi, Coralie secoue la tête, mi-amusée, mi-exaspérée.

– On y va ?

– Oui, bien sûr.

Elle m'emboîte le pas, et je déverrouille ma voiture. Dans un élan de galanterie sorti de je ne sais où, je lui ouvre sa portière.

– Merci.

Elle me frôle, et son parfum me chatouille les narines. Comment arrive-t-elle à sentir si bon après deux heures de randonnée ?

Alors que je démarre le moteur, Coralie suit le duo Noé-Nawell des yeux et lance :

– Au moins, s'ils engloutissent leur poids en crêpes, ils seront un peu plus calmes.

Je ne peux retenir un sourire en pensant à l'énergie débordante de ces deux-là.

– Il y a quelque chose de vraiment spécial entre eux.

– C'est vrai.

Elle joue distraitement avec un de ses bracelets.

– En fait, Nawell a été la seule constante adulte dans la vie de Noé. En dehors de moi, bien sûr. Et comme elle n'a pas le rôle ingrat de l'éducation...

– Elle est la tata cool ? complété-je pour elle.

– Exactement ! Je suis contente qu'elle soit venue, et je suis un peu triste qu'elle reparte déjà après-demain.

Je songe à ce que m'a dit Briac à propos du père de Noé. Si Nawell a été la seule adulte dans l'entourage de Noé à part Coralie, cela me confirme qu'il ne fait pas partie de la vie du petit garçon. Mais je me vois mal interroger Coralie là-dessus maintenant. Alors, à la place, je dis :

– Katell dit que je suis l'oncle grognon.

– L'oncle grognon ? Vraiment ?

– Oui, Briac est l'oncle fun, et moi l'inverse.

– Oh ! arrête !

Elle me donne un petit coup sur l'épaule.

– Je suis sûre qu'elle n'en pense pas un mot. Je t'ai vu avec les enfants, tu t'en sors plutôt bien.

– Plutôt bien ?

Je prends un virage en essayant de ne pas trop sourire.

– Serais-tu en train de chercher les compliments, Ewenn Le Gall ?

– Mmmh.

– OK, je trouve que tu t'en es admirablement bien sorti avec Noé et Maxime, l'autre jour. Je ne connais pas beaucoup d'hommes qui auraient accepté de passer une journée entière avec deux garçons de onze ans, encore moins sur un bateau !

– Pourquoi pas sur un bateau ?

– Aucune chance de s'échapper !

– En règle générale, « s'échapper » ne fait pas vraiment partie des options disponibles quand on est préposé à la garde d'enfants...

– Tu vois, qu'est-ce que je disais ! Tu prends tes responsabilités. C'est plus important qu'être *fun*.

Sa phrase, qui a commencé comme une plaisanterie, finit presque en murmure. Comme si elle se rendait compte au fur et à mesure de la signification plus sérieuse de celle-ci. Encore une fois, je me demande quelle est son histoire avec le père de Noé.

Elle marque une pause, et je sens venir la question avant même qu'elle la pose.

– Et toi ? Tu veux des enfants ? Je veux dire, hypothétiquement ? Un jour ? À moins qu'être tonton suffise à remplir ton quota de temps passé avec des humains miniatures.

La question me prend aux tripes malgré son ton léger. Je fixe la route des yeux, cherchant mes mots.

– Si, en fait... Ça a toujours fait partie de mes projets. Mais la vie en a décidé autrement.

Je sens son regard sur moi, patient, attentif. Je prends une inspiration.

– J'étais en couple avec quelqu'un... Marion. On avait des projets. C'est à ce moment-là qu'on a acheté la maison. Je lui ai fait ma demande et...

Je laisse ma phrase en suspens, les souvenirs remontant comme une vague amère.

Coralie reste silencieuse, me laissant le temps de rassembler mes pensées. Je regarde obstinément la route, même si une partie de moi apprécie qu'elle ne cherche pas à combler ce silence gênant avec des banalités.

– Elle a dit non, lâché-je finalement. Et elle m'a annoncé qu'elle n'était pas faite pour la vie en Bretagne.

– Pour la vie en Bretagne ? répète Coralie, visiblement surprise.

Un rire sans joie m'échappe.

– Ouais, dit comme ça, ça peut paraître étrange, comme raison.

Je ralentis à l'approche d'un rond-point, prenant le temps de mettre de l'ordre dans mes explications.

– On s'est rencontrés pendant mes études. Quand je suis revenu m'installer à Kerlaouen, elle m'a suivi. Au début, tout semblait parfait. Elle disait adorer la région, les gens, notre petite vie ici...

Je secoue la tête, amer de ma propre naïveté.

– Mais au fil du temps, ça s'est dégradé. J'ai été aveugle, je suppose. Pour moi, tout allait bien : mon boulot me plaisait, j'avais ma famille autour de moi, on achetait une maison plus grande... J'étais exactement là où je voulais être. J'avais mon petit plan de vie en tête.

Je marque une pause, serrant le volant un peu plus fort.

– Je n'ai juste pas vu qu'elle, elle n'était pas heureuse.

Le silence s'installe dans l'habitacle, lourd de non-dits. Je me gare devant chez moi, coupant le moteur.

– C'est pour ça, alors ? demande doucement Coralie. Ce que tu as dit tout à l'heure sur la falaise, que la vue ne faisait pas tout ?

Je hoche lentement la tête, surpris qu'elle ait fait le lien.

– Je suis désolée.

– Tu n'as pas à l'être. C'était il y a quatre ans et, quand j'y repense, c'était probablement pour le mieux. J'étais jeune, j'étais amoureux, mais ça ne suffit pas. Tu ne peux pas faire ta vie avec quelqu'un qui a des projets radicalement différents des tiens.

– Oui, j'imagine que si son projet, c'était de parcourir le monde, la Bretagne n'était probablement pas assez grande pour elle, aussi belle soit-elle.

– Elle ne rêvait pas de parcourir le monde, juste de vivre à un endroit où elle peut aller se chercher un café sophistiqué à moins de cinq minutes à pied, histoire de respirer des pots d'échappement de bon matin.

– C'est encore pire.

Coralie fronce le nez en une petite grimace comique.

– Chacun ses choix. Et je ne lui en veux pas. Elle a l'air heureuse, elle a rencontré quelqu'un et vient d'avoir un bébé. Elle m'a envoyé un faire-part.

Elle a l'air choquée par l'information.

– Qui fait ça ? Envoyer un faire-part à un ex !

Sa réponse me déclenche un éclat de rire.

– Je ne sais pas.

Je secoue la tête.

– Je ne lui en veux pas. Si elle est heureuse, je suis content pour elle.

Coralie me scrute longuement avant de demander :

– Et toi ? Est-ce que tu es heureux ?

Je pèse mes mots avant de répondre :

– Je crois que je suis exactement là où je veux être dans ma vie.

Son discret sourire ne fait que renforcer cette opinion.

28

Coralie

Nous sommes toujours assis dans la voiture, en silence. Je regarde mes mains posées sur mes genoux, digérant ce qu'Ewenn vient de me révéler. Étrangement, ses aveux me touchent plus que je ne voudrais l'admettre.

– Tu veux venir boire quelque chose ? Je n'ai pas de crêpes à te proposer mais j'ai sûrement de quoi faire un goûter digne de ce nom, si tu as faim.

Il tourne la tête vers moi, surpris. Je me mords la lèvre, me demandant si ce n'est pas inapproprié de lui parler de crêpes alors que lui vient de s'ouvrir sur son ex.

Mais après tout, est-ce qu'un goûter n'est pas justement la réponse à tous les maux ?

– Avec plaisir.

Je quitte la voiture et fouille dans mon sac à la recherche de mes clés, essayant d'ignorer les battements un peu trop rapides de mon cœur. Ce n'est qu'un verre entre voisins, pas vrai ? Rien de plus.

Je bataille avec la serrure. Évidemment, elle choisit ce moment précis pour faire des siennes ! Et quand je parviens enfin à pénétrer chez moi, un bruit d'eau qui coule m'interpelle.

– On a oublié de fermer un robinet ? marmonné-je.

Je fais quelques pas dans la maison, et cette idée s'évanouit très vite.

Oh ! Non ! Non, non, non !

Je me précipite vers la cuisine, Ewenn sur mes talons. La scène qui m'accueille me fait pousser un cri d'horreur digne d'un mauvais film d'épouvante : une véritable mare s'est formée au milieu de ma cuisine, et l'eau continue de s'écouler du plafond en un filet régulier.

– C'est pas vrai ! C'est un cauchemar ! Y en a partout !

Je suis tétanisée au milieu de la cuisine. Heureusement, Ewenn est un peu plus réactif que moi.

– Il faut couper l'eau. Tu sais où se trouve le compteur ?

Je l'observe, bouche bée. Le compteur ? Quel compteur ? Ah ! oui, *ce* compteur !

– Dans le jardin ?

Il hausse un sourcil amusé devant mon hésitation.

– Tu n'as jamais eu besoin de le couper depuis que tu vis ici ?

– Non... Enfin, je l'ai ouvert à notre arrivée. Oui, c'est bien dans le jardin, près du portail.

– J'y vais, alors.

Il se dirige vers la porte et, alors que j'ai toujours les yeux rivés sur ma fuite, ne sachant pas par quel bout commencer à gérer le début de ce problème, il me lance :

– Coralie ?

– Oui ?

– Respire. Ce n'est que de l'eau.

Quand je reprends mes esprits, je vais chercher des serviettes dans la salle de bains. Je commence à les étaler sur le sol, mais c'est comme essayer d'absorber l'océan avec une éponge. Ewenn est revenu, l'eau a arrêté de jaillir comme un geyser, c'est déjà ça ! Je m'accroupis pour ramasser une serviette déjà trempée, glisse et me retrouve les fesses par terre dans la flaque.

Parfait. Vraiment parfait.

Ewenn s'approche pour m'aider à me relever. Il est calme, contrairement à moi.

– Merci... et je suis désolée.

– Ce sont des choses qui arrivent. Tu n'y es pour rien.

– Ah oui ? Souvent ? Dans les maisons normales ? Ou juste dans les épaves que les folles comme moi s'obstinent à vouloir retaper ?

Il retient un sourire face à mon ton dramatique.

– Plus souvent que tu ne le penses.

Pourtant, ses mots ne me rassurent pas. Cette fuite, c'est la goutte d'eau qui fait déborder la canalisation. Je sens la frustration monter en moi. Ma maison a des allures de piscine municipale, et je ne parle même pas du fait que je ne sais pas encore d'où ça vient. Je ressens tout à coup une grande lassitude.

– On devrait aller à l'étage pour chercher l'origine du problème. Ta salle de bains est juste au-dessus, non ?

J'acquiesce, et nous grimpons l'escalier en silence. Je m'attends au pire, et quand nous passons la porte, effectivement, le spectacle n'est pas beau à voir.

– On va ouvrir la trappe sous la baignoire.

Je laisse Ewenn prendre les opérations en main. Il va chercher des outils chez lui, pendant que je tente d'éponger un peu le sol avec une serpillière. À son retour, je réponds à ses besoins : aller lui chercher une lampe torche, une bassine.

Je suis léthargique, fatiguée... épuisée.

Au bout de quelque temps, Ewenn sort de sa position allongée en direction de la trappe de la baignoire et s'assoit le dos contre celle-ci.

– Bon, c’est plus complexe que prévu. Le joint est complètement mort, et la canalisation est corrodée. Je ne peux pas réparer ça ce soir, il va falloir aller acheter des pièces.

– On est le 15 août, réponds-je d’une voix morne.

– Oui, je sais. Mais la bonne nouvelle, c’est que j’ai réussi à couper l’alimentation du tuyau. Je vais pouvoir remettre l’eau dans le reste de la maison.

Je devrais être enchantée à l’idée d’avoir au moins des toilettes fonctionnelles, mais étrangement, ça ne me donne pas envie de sabrer le champagne non plus. Je me laisse glisser au sol et m’installe à ses côtés.

Ewenn doit sentir que j’ai le moral dans les sandales car il dit :

– Je suis désolé, j’aurais voulu réparer ça ce soir, mais en attendant, vous pouvez venir vous doucher chez moi.

– Merci. Mais tu n’as pas à t’excuser. Sans toi, je ne sais même pas ce que j’aurais fait. Probablement paniqué et appelé les pompiers.

– Ce qui aurait été légèrement excessif.

– *Story of my life!* Je suis la reine de l’excès. Et des mauvaises décisions, apparemment…

Je regarde autour de moi, prenant la pleine mesure du désastre : ma salle de bains inondée, sans parler de la cuisine. Les meubles déjà gonflés par l’humidité, et cette fichue baraque qui semble déterminée à me rappeler que je ne suis peut-être pas taillée pour ça.

– Ne dis pas ça…

– Tu sais, parfois, je me demande si je n’ai pas fait la plus grosse erreur de ma vie en achetant cette maison.

– Pourquoi ?

– Regarde autour de toi ! C'est un gouffre sans fond. Dès que je répare un truc, un autre lâche. J'ai regardé des centaines de vidéos en ligne sur la rénovation, et tu sais quoi ? Aucune ne mentionne qu'il faut avoir trois bras et un master en ingénierie pour s'en sortir !

Il étouffe un rire.

– Je suis sérieuse ! Ces influenceurs qui retapent des maisons en deux mois chrono ? Des menteurs ! Tous des menteurs ! Ils devraient être poursuivis pour publicité mensongère !

– Tu es en train de me dire que DIY_Queen56 t'aurait menti ?

– Ne te moque pas ! J'ai vraiment cru que je pourrais y arriver. Que c'était juste une question de volonté et de... je ne sais pas... de force mentale ?

Ewenn attrape ma main et la serre doucement.

– Eh... c'est normal que tu sois un peu dépassée par la situation. Tu ne t'attendais pas à trouver une fuite de cette ampleur en rentrant d'une balade. La maison a besoin de travaux, mais tu vas y arriver. J'en suis sûr.

– T'en sais rien, tu ne m'as pas vue avec un tournevis à la main.

– Non, mais je sais que tu es débrouillarde, que tu es courageuse, que l'adversité ne te fait pas peur.

Je tourne la tête vers lui, il tient toujours ma main. Je ne m'étais pas rendu compte que nous étions si proches. Son regard confirme qu'il pense vraiment ce qu'il avance. Pourtant, malgré ses encouragements, j'ai atteint mon point de rupture, je crois.

– Je pensais pouvoir tout gérer : Noé, le boulot, la maison... Mais parfois, c'est juste... trop.

Ma voix se brise légèrement sur le dernier mot, et je détourne le regard, gênée par cet aveu de faiblesse.

– Tu es bien plus forte que tu ne le crois, Coralie.

La voix d'Ewenn est douce mais ferme.

– Ah bon ? Parce que là, tout de suite, je me sens plutôt comme un hamster dans sa roue : beaucoup d'efforts pour aller nulle part.

– Tu plaisantes ? Tu as tout quitté pour recommencer à zéro. Tu élèves un fils formidable. Tu rénoves une maison...

Je le corrige avec une grimace :

– Je noie une maison, tu veux dire.

– Une fuite d'eau, ce n'est rien. Ça arrive dans toutes les maisons, même les plus récentes.

– Oui, mais...

– Non, écoute-moi, insiste-t-il en se tournant complètement vers moi.

Je me sens obligée de croiser à nouveau son regard. Ses yeux bleus me fixent avec une intensité qui me coupe le souffle.

– Tu sais ce que je vois ? Une femme qui n'a pas peur de prendre des risques. Qui se bat pour offrir le meilleur à son fils. Qui apprend de ses erreurs au lieu de baisser les bras.

Il inspire et ajoute presque dans un murmure :

– Et tu n'es pas obligée de tout affronter seule, tu sais ?

Mon cœur rate un battement. Que veut-il dire ? Je suis suspendue à ses lèvres, n'osant pas faire un seul mouvement de peur de briser l'instant.

Le temps semble s'étirer comme un élastique. Sa main tient toujours la mienne, son pouce dessine inconsciemment de petits cercles sur ma peau. Je devrais sans doute me dégager, dire quelque chose, n'importe quoi, pour rompre cette tension qui s'installe. Mais je reste là, immobile, hypnotisée par lui.

La lumière du jour qui décline filtre par la fenêtre de la salle de bains, baigne la pièce d'une lueur chaude qui me fait oublier que nous sommes assis à même le sol, au milieu de ce qui pourrait s'apparenter à un champ de bataille.

Il y a quelque chose de presque poétique dans ce moment, comme si, au milieu des décombres de ma journée, l'espoir avait décidé de se glisser par la moindre fissure, aussi têtu que les pissenlits qui percent l'asphalte.

Son regard rivé au mien me fait l'effet d'une ancre dans la tempête, un point fixe auquel me raccrocher. Je suis tellement habituée à tout contrôler, tout gérer, que j'en oublie parfois de reprendre mon souffle. C'est ce que je suis venu chercher sans même en être consciente à Kerlaouen : du soutien. Un endroit où je pourrais avoir pied et sortir enfin la tête de l'eau.

C'est ce que toutes les personnes qui vivent ici m'offrent, sans rien attendre en retour, alors même que je viens tout juste d'arriver. Et cet homme qui tient ma main, assis sur ce carrelage trempé, incarne à lui seul tout ce que je n'osais plus espérer : cette force tranquille qui ne demande qu'à épauler sans étouffer, cette présence rassurante qui ne juge pas mes faiblesses mais célèbre mes forces.

Je sens quelque chose céder en moi. Pas comme un barrage qui rompt, plutôt comme une porte qui s'entrouvre doucement, laissant filtrer un rayon de soleil là où je ne voyais que des murs.

– Ewenn…

Un bruit sourd venant du rez-de-chaussée nous fait sursauter simultanément…

– Maman ! On est rentrés !

Je m'écarte brusquement d'Ewenn, les joues en feu. Le moment est brisé.

– Oh là là ! Mais qu'est-ce qu'il s'est passé, ici !

La voix de Noé retentit depuis le rez-de-chaussée. Elle nous décroche à tous les deux un rire : clair, spontané, libérateur. Il y a quelque chose de profondément rassurant dans le fait de pouvoir s'amuser d'une catastrophe, alors qu'il y a quelques minutes à peine, je broyais du noir.

Peut-être qu'au fond, ce qui fait la différence, c'est que je sais que peu importent les tempêtes, j'ai maintenant plusieurs matelots pour m'aider. Et il y a un capitaine avec lequel je ne serais pas mécontente de partager la barre, de temps à autre.

29
Coralie

Je trie mes vernis par couleur. Entre deux rendez-vous, c'est le moment idéal pour mettre un peu d'ordre dans cet arc-en-ciel désormais soigneusement aligné sur l'étagère derrière mon poste de travail.

Maintenant que j'ai plus de clientes, je peux proposer plus d'options et j'en suis la première ravie. Rien de pire dans mon métier qu'être obligée de faire encore et encore la même manucure en rose pastel.

Ma petite victoire de l'après-midi a été de convaincre une dame élégante d'une cinquantaine d'années qui ne jure que par le rouge classique de repartir avec un vernis orange, parfait pour sublimer son bronzage estival. On est loin de la french à paillettes, et je doute qu'on y arrive un jour, mais j'aime le fait que les gens me fassent suffisamment confiance pour que j'arrive à leur suggérer – et les convaincre – d'une petite excentricité.

Mon esprit vagabonde, lui, bien au-delà de la petite table du salon. Je pense au fait que Nawell me manque depuis qu'elle est repartie dimanche soir à Paris. Elle a promis de revenir très bientôt, mais je suis consciente que ça ne sera pas avant plusieurs semaines ou mois.

Soudain, la petite clochette de l'entrée tinte. Je lève la tête machinalement, prête à accueillir une nouvelle cliente, mais à la place, ce sont Ewenn et Noé qui entrent, les cheveux en bataille et couverts d'une fine pellicule de sel et de soleil.

Après l'épisode de la fuite, le week-end s'est transformé en une parenthèse étonnamment douce. Entre les allers-retours dans les magasins de bricolage, les douches improvisées chez Ewenn et les pizzas partagées sur la terrasse, nous avons formé une drôle de colonie de vacances, tous les quatre. Avec le départ de Nawell et la reprise du travail, cette bulle d'insouciance est terminée. Le retour à la réalité a un goût particulier, mais le souvenir de ces moments légers reste, comme une promesse.

Il y a aussi cette tension entre Ewenn et moi qui ne cesse de grandir. Cette fois, j'en suis certaine, je ne suis pas la seule à la ressentir. Nous n'avons pas vraiment eu de tête-à-tête depuis l'épisode de la salle de bains, mais dans ses regards, dans ses gestes, j'ai senti que quelque chose avait changé. Chez moi aussi, peut-être, même si les doutes et les questionnements restent nombreux. Notamment vis-à-vis de Noé.

Ewenn a proposé de l'emmener naviguer cet après-midi, pour le plus grand bonheur de mon fils, qui s'approche maintenant de moi, tout excité.

– Maman, t'as raté un truc de dingue ! On a tiré des bords, c'était trop bien ! Et on a révisé tous les nœuds marins, je ne me trompe même plus !

Il a des étoiles plein les yeux.

Je ne peux m'empêcher de rire face à tant d'enthousiasme. Un coup d'œil rapidement échangé avec Ewenn me confirme que l'après-midi a été bien remplie.

– Salut, capitaine.

– Salut.

Il est là, ses cheveux encore humides semblant avoir perdu la bataille face au vent. Plus séduisant que jamais malgré son allure négligée.

Qui aurait cru que j'aurais un faible pour le look vieux loup de mer ?

Noé est parti vers l'arrière de la boutique, certainement à la recherche des bonbons que Florence laisse traîner pour ses petits-fils et lui.

– Il a été sage ?

– Oui, génial. Pas de tempête à l'horizon, plaisante Ewenn.

Je sens que Katell épie le moindre de nos gestes, et peut-être même Mme Peters, qui fait mine de lire un magazine. Je jurerais qu'elle vient de le baisser légèrement pour ne rien rater de notre interaction.

– Je pensais... commence-t-il en changeant un peu de posture et après avoir jeté un coup d'œil discret en direction de sa sœur. Ce soir, je fais des... spaghettis bolognaise. Et je vais en avoir un peu trop, alors je me demandais si, avec Noé, ça vous dirait de venir les partager avec moi ?

Ma main s'arrête en pleine action, un vernis violet pailleté suspendu entre mes doigts. Je le regarde, un peu surprise par cette invitation... qui – on ne va pas se mentir – me ravit.

– Oh ! euh... Oui, si c'est pour aider parce que tu en as un peu trop... Je déteste le gaspillage.

Nous partageons un sourire amusé.

– Je me disais aussi... Je peux ramener Noé avec moi tout de suite ? Comme ça, il pourrait m'aider à préparer le dîner.

Cette fois, je suis réellement étonnée.

– Tu n'es vraiment pas obligé. Je peux l'emmener plus tard...

– Je serais ravi de passer un peu de temps avec lui avant le repas. Et puis à deux, on ira plus vite.

Bordel... Il a besoin d'être si parfait, en plus ?

Je repense à toutes les fois, pendant le week-end, où Nawell a articulé silencieusement « homme capable » dès qu'il prenait une initiative pour m'aider ou pour s'occuper de Noé. Le petit manège de ma meilleure amie m'a fait lever les yeux au ciel plus d'une fois, mais je dois admettre qu'elle avait raison.

Comment son ex a-t-elle pu le laisser ? Si j'avais rencontré un mec comme lui à Paris, j'aurais fait abstraction de tous les désagréments de l'endroit. Et quand je vois la façon dont il s'occupe de mon fils, je suis étonnée que Katell ne lui demande pas plus souvent de garder ses neveux.

Peut-être qu'il a un vice caché ? Comme ma maison ?

Non, Coralie, les problèmes de ta maison sont bien visibles, eux.

– Alors, c'est OK ?

Sa question me sort de mes réflexions.

Je jette un coup d'œil discret à Mme Peters, qui ne fait même plus mine de ne pas nous écouter. Quant à Katell, elle me sourit et hoche la tête frénétiquement comme pour m'encourager à accepter.

– D'accord, du coup... on se voit pour le dîner, alors.

Il acquiesce, content de voir que sa proposition a été acceptée. Et Noé, sortant de la réserve, bondit de joie quand Ewenn lui annonce qu'ils vont cuisiner ensemble.

– À tout de suite, Maman !

Je m'apprête à sortir un avertissement de mère du style « Fais attention » mais me retiens. Ewenn est présent, et savoir Noé avec lui est rassurant.

Je les regarde partir tous les deux dans la rue. Je suis un peu jalouse, d'ailleurs. Comme s'ils allaient à une fête à laquelle je n'ai pas été invitée. Mais je me résigne en me disant que c'est chouette que Noé puisse passer un peu de temps avec un adulte qui ne soit ni moi ni Nawell. Un homme, de surcroît. Un homme bien.

J'ai souvent pensé qu'avoir une présence masculine lui ferait du bien. Non pas que je considère qu'il faille à tout prix un modèle du même sexe à mon fils – il y a des mecs bien qui ont été élevés uniquement par des femmes –, mais ça ne peut pas être nuisible non plus, j'imagine ?

Quand mes yeux se décrochent de la vitrine, je croise le sourire de Katell et sa cliente, qui me regardent comme si j'avais gagné à la loterie.

– Ewenn qui lance des invitations à dîner ? Sache que peu nombreux sont les élus à avoir cet honneur.

– C'est juste... un dîner entre voisins. Vous savez...

– Il ne m'a jamais invitée à dîner, commente Lyne Peters. Et on ne le voit guère à la fête des Voisins.

– Ma voisine à moi est plus du genre à m'envoyer les flics parce que les enfants font du trampoline en dehors des horaires autorisés pour le bruit que me proposer de goûter son rôti, renchérit Katell.

– Ton frère m'a aussi envoyé la police.

– Oui, mais depuis, j'ai davantage l'impression qu'il préférerait te passer lui-même les menottes.

– Katell !

Je pique un fard, Lyne glousse, et Katell doit se rendre compte que sa remarque est plus que bizarre.

– Désolée, j'aurais jamais dû dire ça ! Tu as raison, mon frère est un être asexué qui ne fait pas ce genre de choses.

Bizarrement, le fait qu'elle annonce que c'est le cas fait apparaître devant mes yeux une image d'Ewenn dans un cadre intime… très intime.

Je secoue la tête.

– C'est simplement un ami.

Un ami avec qui on apprend à se connaître tout en sachant qu'on est attirés l'un par l'autre, mais un ami tout de même.

– Et puis Noé sera là ce soir, aussi.

Katell sourit, avec cet air que je commence à bien connaître, celui qui dit « Mais bien sûr, continue de te voiler la face ».

L'arrivée de ma cliente suivante coupe court à la discussion. Mais avant de quitter le salon, alors que nous faisons le ménage, le sujet de mon dîner chez Ewenn revient dans la conversation. Et Katell essaie de m'asticoter sur mes sentiments vis-à-vis de son frère. Alors, même si j'ai beau me défendre que c'est juste un ami, je lui avoue :

– Ewenn m'a parlé de Marion.

Je songe souvent à ce qu'il m'a dit à propos de son ex. Peut-être parce que j'ai du mal à comprendre comment elle a pu se séparer d'un homme que j'apprécie de plus en plus.

– Oh… Voilà une personne à laquelle je ne pense pas souvent.

Je sens une pointe d'amertume dans sa réponse.

– Leur rupture a dû être compliquée… Je veux dire… pour Ewenn. Il m'a dit qu'il l'a demandée en mariage.

Katell soupire et s'appuie sur le manche de son balai.

– Tu veux que je te dise un truc affreux ? Je n'ai jamais vraiment aimé Marion. Ce n'était pas une personne horrible, et c'est moche de dire ça, surtout qu'Ewenn était fou d'elle, mais... ils n'allaient pas ensemble. Elle était... comment dire ? Trop superficielle pour lui. Ewenn est quelqu'un de profond mais de simple, et il était investi à 100 % dans cette relation. Honnêtement, je ne pense pas que c'était la même chose pour elle, même si je ne doute pas qu'elle devait tenir à lui.

Elle marque une pause, comme si elle pesait ses mots.

– Il se voyait faire sa vie avec elle et il lui faisait confiance. Complètement. Il devait s'imaginer que, si quelque chose n'allait pas, elle le lui dirait. Quand ils se sont séparés, il est tombé de haut et il a beaucoup souffert. Évidemment que ça m'a fait du mal de voir mon frère comme ça. Mais une part de moi était... soulagée. Je savais que ce n'était pas la bonne personne pour lui. Il méritait quelqu'un qui le comprenne vraiment, qui l'aime autant que lui l'aimait. Tu vois ?

Je hoche la tête, ne sachant pas quoi répondre. C'est moi qui ai mis le sujet sur le tapis, et je ne sais pas si sa réponse est une confidence ou un avertissement.

– Je pense qu'après ça, il a eu beaucoup de mal à faire de nouveau confiance à une femme. Il a eu quelques relations depuis, certaines dont je ne suis même pas au courant, j'en suis sûre. Mais il n'a laissé personne s'approcher de lui de trop près.

Elle m'observe longuement, et je me remets au ménage pour éviter son regard scrutateur.

Un peu plus tard, alors que je prends mon sac, je songe qu'une pièce de plus vient s'ajouter au puzzle complexe qu'est Ewenn Le Gall.

***

Alors que je m'habille pour aller dîner chez Ewenn, mes pensées s'embrouillent.

Je ne parviens pas à trancher entre cette anticipation exquise de savoir que je vais le retrouver et cette peur sourde d'en attendre trop ou que la situation soit trop complexe.

Je sais qu'il est attiré par moi, mais est-il prêt à avoir une relation avec moi ? C'est tout autre chose. D'autant plus que mon statut de mère célibataire pourrait très bien l'effrayer.

En arrivant devant sa porte, celle-ci s'ouvre presque aussitôt, révélant Noé qui m'accueille avec un enthousiasme débordant. Le parfum réconfortant de la sauce tomate emplit déjà l'air, mêlé à une ambiance joyeuse que je sens même avant d'avoir mis un pied à l'intérieur.

– Maman ! On a fait de la bolognaise ! s'exclame-t-il fièrement, son tablier taché de sauce.

Je ris en plongeant mes yeux dans ceux de mon fils, rayonnant de fierté. Je pose doucement une main sur ses cheveux ébouriffés. En relevant la tête, je croise le regard d'Ewenn. Il se tient non loin derrière, un sourire tranquille aux lèvres.

– Salut.

Il se décale pour me laisser entrer, une étrange lueur dans les yeux. Je réponds avec un sourire timide et franchis le seuil de chez lui.

Cette fois-ci, même si la maison reste peu personnalisée, avec ses murs blancs et ses meubles standardisés, je ne ressens plus la même froideur que lors de ma première visite. Peut-être parce que j'y ai déjà passé du temps pendant les réparations, ou simplement parce que je connais mieux son propriétaire maintenant. Les espaces qui me paraissaient vides semblent aujourd'hui plus accueillants, comme si la maison attendait juste qu'on lui insuffle un peu de vie.

D'ailleurs, j'ai amené un petit quelque chose...

– C'est pour toi.

Je lui tends un pot de fleurs que je viens d'acheter.

– Une orchidée violette ?

L'idée a l'air de l'amuser.

– C'est pas grand-chose. C'est pour te remercier de ton aide ce week-end avec la plomberie. J'ai vu que tu n'avais aucune plante chez toi. Je sais que tu arroses ton jardin tous les soirs alors je me suis dit que tu ne serais pas trop réfractaire à l'idée d'entretenir une fleur.

– C'est vrai... C'est juste que je n'ai jamais vraiment eu l'occasion d'en acheter.

– Eh bien, parfait ! J'espère que tu aimes le violet ?

– Ça me rappelle la couleur de tes cheveux quand je t'ai rencontrée.

Cette remarque, assez anodine, provoque tout de même un frisson agréable dans tout mon corps. Peut-être parce que, quand il la prononce, son regard est rivé sur moi. Clairement, la couleur de la fleur m'a l'air d'être le cadet de ses soucis.

Je retire ma veste, et Ewenn, qui a posé la plante, se rapproche pour me la prendre. Nos doigts se frôlent à peine, mais ce contact minuscule suffit à me donner chaud.

La table est déjà mise pour trois, des couverts bien alignés, une bouteille de vin rouge qui attend d'être ouverte. De la musique douce en fond sonore achève de rendre l'ambiance parfaite, décontractée et, quelque part, un peu... spéciale.

Noé tire une chaise pour moi.

– Assieds-toi ici, Maman ! Ewenn dit que c'est la meilleure place, on l'a gardée pour toi.

Je m'installe sous le regard bienveillant de deux paires d'yeux, sentant un picotement d'émotion m'envahir. Je ne saurais pas dire si c'est l'attention de mon fils ou la présence tranquille d'Ewenn qui me fait cet effet, mais il y a quelque chose dans cette soirée qui me semble importante. Comme un pas vers ce « nous » qui pourrait exister, celui que, dans mes rêves les plus fous, je crois possible. Quand je vois le sourire d'Ewenn, j'ai l'impression qu'ils pourraient bien devenir réalité.

30

Ewenn

– Je crois qu'on va s'arrêter là pour ce soir !

Noé bâille bruyamment à mes côtés.

Coralie, assise en tailleur sur le tapis, le regarde en souriant puis tourne la tête vers moi.

– On a atteint ses limites, répond-elle, amusée.

– Mais non ! proteste Noé alors qu'il a même du mal à prononcer ces mots.

Coralie lui frotte doucement le dos avant de relever le menton vers moi.

– Bon, le matelot et moi, on va rentrer.

Je me lève d'un bond.

– Je vais vous accompagner.

– Je pense qu'on ne va pas se perdre, si c'est ça que tu crains, dit-elle alors que je lui tends une main pour l'aider à se relever.

Je suis tenté de garder celle-ci dans la mienne un peu plus longtemps que nécessaire, mais ce ne serait pas correct, pas avec Noé qui, malgré sa fatigue apparente, scrute le moindre de nos gestes.

– Quel genre d'hôte serais-je si je te laissais traverser ces... quoi, déjà ? Au moins dix mètres ! Dix mètres entiers, dans la nuit noire et pleine de dangers, sans ma protection héroïque ?

– Qui suis-je pour t'empêcher de jouer les héros...

Je prends sa veste et l'aide à l'enfiler. Mes doigts frôlent la peau nue de ses épaules, et c'est comme si le temps ralentissait soudain. Elle est douce, tiède, et ce toucher fugace déclenche une vague de picotements qui remonte le long de mes bras. Je retiens mon souffle, troublé par cette connexion aussi brève qu'intense qui me laisse le cœur battant. C'est idiot, ce n'est qu'un effleurement, mais il résonne en moi comme un écho, me rappelant ce que j'ai envie d'oser. Je m'écarte rapidement, mais le fantôme de cette sensation persiste, comme une empreinte invisible sur le bout de mes doigts.

Nous sortons de chez moi dans un silence à peine perturbé par la nuit qui nous entoure. Noé avance rapidement.

Je ralentis un peu pour marcher au rythme de Coralie qui, elle, n'est pas dans l'urgence. Je ne peux m'empêcher de la détailler discrètement : elle a l'air tellement calme, son visage paisible, malgré la fatigue de la journée qui commence à poindre.

À plusieurs reprises, nos épaules se frôlent. Mon cœur fait une espèce de saut ridicule à chaque contact, et je me maudis de cette réaction d'adolescent pour la centième fois. Je pourrais peut-être lui prendre la main ? Juste comme ça, l'air de rien. Après tout, c'est une de ces soirées où tout semble possible, non ?

Mais je me force à ne rien faire.

Garde le contrôle, Ewenn.

– Bon, voilà, dit Coralie en s'arrêtant devant la porte d'entrée.

Elle semble vouloir étirer le temps, tout comme moi. J'enfonce les mains dans mes poches.

– Mission accomplie.

Elle me sourit tendrement. Je devrais tourner les talons, rentrer chez moi, mais je n'y arrive pas. C'est à ce moment-là qu'elle dit, presque timidement :

– Tu… tu as envie de rentrer tout de suite, toi ?

Je fronce les sourcils, pris au dépourvu.

– Je…

– Noé va aller se coucher dans une minute max. Je n'ai pas vraiment sommeil. Tu voudrais… prendre une tisane avec moi ? Ça prolongerait un peu la soirée.

Ses mots traînent dans l'air comme une invitation à une soirée clandestine.

– Si tu me proposes ton stock secret de tisanes, je ne peux vraiment pas dire non…

– Alors, bienvenue dans notre humble bercail.

Je passe la porte, et Noé, qui enlève ses chaussures, est clairement surpris de me voir ici.

– Tu restes un peu ?

– Eh bien…

Coralie me coupe :

– Ewenn va rester discuter quelques minutes avec moi, mais il est temps pour toi d'aller dormir.

– Mais je suis plus fatigué ! Je peux rester, moi aussi.

– Certainement pas, tu tombes de sommeil.

– C'est pas cool !

Je lui adresse un regard désolé avant de dire :

– Bonne nuit, Noé. On se voit bientôt pour une sortie en mer ?

Ma proposition ne lui fait pas abandonner son air boudeur.

– Mouais…

Il fait une bise à sa mère et monte se coucher en traînant des pieds. Clairement, il n'est pas ravi d'être mis à l'écart.

Coralie me propose de m'installer au salon. Je suis ses gestes méthodiques : elle met de l'eau à chauffer dans sa bouilloire, sort deux tasses puis s'assied à côté de moi sur le canapé.

– C'était une belle soirée. Noé est ravi. Ça... ça m'a fait beaucoup de bien, tout ça.

Elle a ce sourire un peu gêné, alors je lui confirme :

– J'ai été heureux de vous recevoir tous les deux. Et de passer du temps en mer avec Noé. C'est un chouette petit garçon. Je suis content de le connaître, vraiment.

Je sens de l'émotion au fond de son regard. Elle le détourne et fait mine de se concentrer sur sa tasse. Mais je suis incapable de faire comme si je n'avais rien vu, d'autant plus quand une larme roule sur sa joue.

– Eh, dis-je en me rapprochant d'elle. Qu'est-ce qu'il y a ?

Elle secoue la tête.

– Rien, renifle-t-elle.

– Coralie...

Puis elle baisse légèrement la tête et murmure d'une voix plus hésitante :

– C'est stupide, c'est juste que je trouve ça dingue que toi qui ne le connaissais même pas il y a quelques semaines, tu en saches plus sur lui que des gens qui auraient dû vouloir faire partie de sa vie : mes parents, son...

Je comprends à quoi elle fait allusion. Je hoche la tête pensivement avant de poser la question que je retiens depuis que je la connais.

– Ça ne me regarde pas vraiment, mais… on m'a dit que Noé ne voyait pas son père ?

Elle hoche la tête.

– Pas du tout, même. Il ne l'a jamais rencontré.

– Oh…

Bien que j'eusse déjà la réponse, l'entendre de sa voix rend la chose bien plus réelle. Je suis triste pour ce petit garçon que j'apprécie sincèrement. Triste que des adultes aient estimé qu'il n'était pas suffisamment intéressant pour qu'on prenne le temps de le connaître. Noé est une bouffée d'oxygène, et cet après-midi encore, j'ai pu constater que nous partageons une belle connexion qui me ravit. Alors, je suis d'autant plus en colère.

– Tu veux en parler ?

Un silence pesant s'installe, et je commence à regretter d'avoir soulevé ce sujet sensible. Peut-être que ce n'était pas le moment. Peut-être que j'ai trop poussé. Puis Coralie lève les yeux vers moi, et je remarque qu'ils sont brillants, même dans la faible lumière de sa lampe.

– Eh bien… commence-t-elle au bout de quelques secondes qui me semblent interminables. Ce n'est pas quelque chose que j'ai l'habitude de partager… Tu as déjà dû te rendre compte que je suis tombée enceinte très jeune, à dix-huit ans. Et…

Elle soupire.

– Avoir un bébé n'était vraiment pas dans mes projets. Quand j'ai appris ma grossesse, j'ai été dévastée. Je ne savais pas quoi faire. J'avais peur d'en parler à mes parents, je redoutais leur réaction… et à juste titre. Ils n'ont pas été d'une grande aide quand je leur ai annoncé. Quant au père de Noé… Mon Dieu, j'étais tellement naïve… Je suis allée le voir. On n'était déjà plus ensemble, lui et moi. Et Nawell disait qu'il ne méritait même pas que je lui en parle, après ce qu'il m'avait fait...

Je fronce les sourcils, ne comprenant pas vraiment tout. Mais je ne souhaite pas l'interrompre alors je garde mes questions pour moi.

– J'ai estimé que c'était tout de même son droit de savoir. Une partie stupide de moi espérait qu'il... qu'il en serait heureux, même. Que, peut-être, il s'excuserait pour ce qu'il avait fait.

Elle s'interrompt, faisant rouler sa tasse entre ses mains, perdue dans ses pensées.

– Mais... il m'a dit qu'il ne voulait rien avoir à faire avec tout ça. Avec moi, ou avec ce bébé. Il m'a dit qu'il se moquait que je m'en débarrasse ou pas, qu'il ne voulait plus jamais en entendre parler.

Je sens la révolte monter en moi. Ça me prend aux tripes d'imaginer qu'un homme ait pu fuir comme ça, sans assumer la moindre responsabilité.

Je m'apprête à dire quelque chose, mais Coralie lève la main et enchaîne :

– Ce n'est pas tout.

Je me redresse, tendu. Quoi d'autre pourrait encore expliquer un tel comportement ? Je me prépare à entendre la suite, mais sans me douter de l'ampleur de ce qu'elle est sur le point de dire.

– Il...

Elle prend une grande inspiration.

– Ce n'était pas quelqu'un de bien. Il m'a... Il m'a menti. Pendant qu'on... pendant qu'on était ensemble, un soir. Il a retiré... sans prévenir.

Je reste figé un instant, accablé par la confusion. Retiré ? Qui ? Quoi ? Je ne comprends pas. Coralie perçoit sans doute ma confusion parce qu'elle continue, ses yeux soudainement fixés sur moi avec une dureté qui me surprend.

– On appelle ça du *stealthing,* Ewenn. C'est quand... quelqu'un retire le préservatif pendant un rapport sans que l'autre personne le sache. Tu comprends ce que cela implique. Et c'est comme ça que Noé... que Noé a été conçu.

Mon cerveau s'emballe. Tout paraît flou. Il me faut quelques secondes pour comprendre ce qu'elle veut dire.

Ce que ce mec lui a fait, c'est...

Je n'arrive pas à mettre un mot dessus qui soit assez fort pour le décrire, mais l'horreur de l'acte me frappe avec brutalité.

Coralie baisse les yeux, la douleur traversant son visage. Je ne m'attendais pas à ça, pas du tout. C'est comme une claque invisible qui me frappe en plein visage, me laissant entrapercevoir la vulnérabilité qu'elle cache derrière ses sourires.

Elle se mord la lèvre, pensant sans doute que je ne voulais pas entendre ça ou que je ne comprends pas. Pourtant, tout dans ma chair hurle à l'injustice, tout en moi bouillonne comme un volcan sur le point d'exploser.

Je ne sais pas quoi dire. Je veux la rassurer, mais aucun mot ne suffirait. Alors, je fais la première chose qui me vient à l'esprit : je l'entoure de mes bras et l'attire contre moi.

Elle ne proteste pas, bien au contraire, et pose sa joue sur ma poitrine, tout près de mon cœur, dont elle doit pouvoir entendre les battements erratiques. Ce contact physique, aussi inattendu soit-il, est une promesse silencieuse, celle que quelles que soient ses tempêtes, je suis prêt à les regarder en face.

Le silence s'installe entre nous, pas oppressant mais empli de tout ce que je devine qu'elle a enfoui au plus profond d'elle-même, depuis des années peut-être.

– Je... je ne savais pas. Je ne savais même pas que ça existait... je veux dire...

Ma voix tremble légèrement, et je me trouve idiot de ne pas trouver les mots justes. Elle hoche la tête contre ma poitrine.

– Beaucoup ne savent pas, Ewenn, murmure-t-elle. C'est pas vraiment... quelque chose dont on parle tous les jours.

Elle s'écarte légèrement, mais je garde une main réconfortante dans son dos. Ses yeux se plantent dans les miens ; ils sont plus brillants que jamais, humides, mais elle semble tenir bon.

– Noé n'est pas le fruit de l'amour, Ewenn.

Ces mots sont douloureux à entendre, et ils semblent déchirer quelque chose en elle.

– Il est le fruit d'un acte que je n'ai pas voulu. Mais ça ne change rien à ce qu'il est pour moi aujourd'hui.

Bien sûr que ça ne change rien. Noé est tout pour elle, ça se voit dans chaque geste, chaque sourire qu'elle lui adresse. Dans la façon dont elle veille sur lui tout en le laissant s'épanouir, dans cette tendresse mêlée de fierté quand elle le regarde.

Je voudrais trouver les bons mots, mais que dire face à une telle confession ? Comment exprimer à la fois mon respect pour sa force et ma colère face à ce qu'elle a dû traverser ? Alors, je me contente d'être là, ma main toujours posée dans son dos, un ancrage silencieux pour lui montrer qu'elle peut compter sur moi.

– Et ta famille ? Tu as dit que tu redoutais leur réaction.

– Ils ne l'ont pas bien pris. On vivait dans une petite ville de banlieue. Ils ont vécu ça comme une honte et ont préféré couper les ponts plutôt que d'affronter le regard des autres. Ils ne m'ont pas vraiment laissé le choix : si je décidais de mener cette grossesse à terme, je ne devais pas compter sur eux.

D'elle-même, elle vient reposer sa joue contre mon torse, et je l'enveloppe de mes bras. Le fait qu'elle vienne vers moi pour chercher du réconfort en ce moment compliqué me touche plus que je ne le devrais. Je caresse doucement ses cheveux, comme si je pouvais enlever chaque once de sa peine par ce simple toucher.

– Je pensais qu'avec le temps, une fois que le bébé serait là, ils changeraient peut-être d'avis. J'ai repris contact, on s'est vus de temps à autre, mais... quelque chose a été brisé. Je me suis rendu compte qu'ils ne faisaient pas d'efforts. C'était toujours moi qui faisais en sorte d'organiser des rencontres, en pensant que ce serait bien pour Noé de connaître ses grands-parents. Un jour, j'ai enfin compris que ça ne servait à rien. Tu ne peux pas forcer des gens à t'aimer.

– Tu as raison.

Ça, ce n'est probablement pas la réponse élaborée qu'elle aurait méritée. Je me sens idiot, inutile, à cet instant. Trop de choses tourbillonnent dans ma tête. Mais je veux qu'elle sache que je suis là, que je comprends ou, du moins, que j'essaie.

– Coralie...

Je me racle la gorge, cherchant mes mots.

– Je suis désolé. Désolé que tu aies dû vivre ça seule.

– Je n'étais pas seule, j'ai eu Nawell pour m'aider. Tu comprends pourquoi, malgré ses moments de folie un peu embarrassants, elle compte beaucoup pour moi.

Je hoche la tête.

– Tu n'as pas gagné à la loterie de la famille à ta naissance, mais j'ai l'impression que celle que tu as construite et que tu as choisie est bien mieux.

– Oui.

Il y a un silence, et elle m'avoue.

– Jusqu'à aujourd'hui, Nawell était la seule à connaître la vérité sur le géniteur de Noé.

Ses yeux accrochent les miens, et je crois ressentir une drôle de sensation dans ma poitrine. Quelque chose qui n'est pas vraiment inconnu, mais que je n'avais pas éprouvé depuis longtemps.

– Merci… Ce que je veux dire, c'est que… ça me touche que tu m'aies raconté votre histoire.

Ce mélange de douleur pour ce qu'elle a traversé et de reconnaissance qu'elle me fasse tant confiance me submerge.

Elle me regarde longuement, sans bouger. Puis ses lèvres forment un mince sourire, cette fois sans aucune trace de l'amertume de tout à l'heure.

– C'est peut-être à moi de te remercier de me mettre assez en confiance pour que je sois capable d'en parler.

– Je veux que tu te sentes en confiance auprès de moi, Coralie, soufflé-je.

Je veux bien plus que ça.

Je veux cette femme avec ses forces et ses faiblesses, sa résilience et son énergie. Je veux ses sourires, ses expressions arrangées, ses tenues colorées et son franc-parler. Et alors même qu'elle vient de me livrer un pan de sa vie qui n'est pas tout rose, je la désire encore plus. Car cette épreuve a fait d'elle ce qu'elle est aujourd'hui.

Cette révélation me percute avec clarté. Je veux Coralie dans ma vie, pas comme voisine, pas comme amie, mais comme la personne à côté de qui je me réveille le matin. Celle dont je veux entendre les rires résonner dans ma maison trop silencieuse. Je veux être là quand elle doute, la soutenir quand elle combat et l'admirer quand elle brille. Je veux faire partie de sa vie et de celle de Noé, pas en spectateur mais en acteur.

Cette prise de conscience est aussi effrayante qu'évidente. Je ne peux plus me mentir : je suis en train de tomber amoureux de cette femme extraordinaire.

Et comme si elle avait conscience de ce qu'il se passe dans ma tête, elle murmure :

– Je ne sais pas bien ce qu'on fait, Ewenn.

Dans sa position, elle doit entendre les battements de mon cœur. Arrive-t-elle à déceler que ces quelques mots le font battre plus vite ?

– Moi non plus, mais ça me plaît.

Elle soupire, sans me regarder dans les yeux, mais peu importe, parce qu'il n'y a pas de sensation plus douce que l'avoir tout contre moi.

– J'ai l'impression que c'est à la fois très simple et très compliqué.

Ma réponse est presque un murmure :

– Explique-moi.

– Il y a ce gars qui me plaît, c'est mon voisin...

– Ah oui ?

– Ça a un peu mal commencé entre nous, il a appelé les flics la première fois qu'on s'est rencontrés, s'amuse-t-elle.

– Vraiment ? Quel connard.

– Il n'était pas franchement accueillant au début, mais au fur et à mesure, j'ai réussi à le dérider.

– Comment tu as fait ?

– Je l'ai aspergé de peinture.

– Hmmm, ça me rappelle une histoire. Elle était pas *mimosa*, cette peinture ?

– Exactement.

– Et qu'est-ce qu'il s'est passé, ensuite ?

– J'ai appris à le connaître. Il aime bien la mer, il dessine des bateaux, il a des talents de plombier...

– Mais encore ?

On pourrait croire que je vais à la pêche aux compliments, mais j'aime savoir comment elle me voit.

– Il est attaché à sa famille, et je crois qu'il pourrait faire n'importe quoi pour eux. Il est patient avec mon fils, il me fait rire, même quand il n'essaie pas d'être drôle.

– C'est vraiment un compliment, ça ?

– Il me fait me sentir bien, importante et belle. Il me voit, moi... je crois.

Elle hésite à poursuivre, alors je lui demande :

– Et qu'est-ce qui te fait peur ?

– Que tu aies peur parce que je suis trop bavarde, trop bruyante, trop exubérante, parce que...

Je la coupe immédiatement :

– Tu n'es pas trop... tu es toi, et c'est cette Coralie-là qui me plaît.

Cette fois-ci, son regard se tourne vers moi. J'y lis toute la vulnérabilité dont elle a fait preuve en se mettant à nu. J'ai l'impression qu'elle essaie de sonder, de vérifier si je dis bien la vérité. J'enchaîne :

– Il y a un truc que j'aimerais bien faire, si tu es d'accord.

– Dis toujours ?

– T'embrasser là, réponds-je en effleurant sa tempe.

Elle sourit avant de souffler :

– J'aimerais bien que tu le fasses.

Alors, délicatement, je pose mes lèvres sur sa peau. C'est à peine un effleurement, et pour beaucoup, cela paraîtrait ridicule. Mais pour Coralie et moi, il s'agit d'un pas de géant. Un baiser qui signifie « Je te vois, je te respecte et je veux m'ouvrir à quelque chose avec toi ».

Elle ferme les yeux, comme pour savourer cet instant. Mon cœur bat trop vite, trop fort, mais pour la première fois depuis longtemps, je n'ai pas peur de ce qu'il pourrait révéler.

– Il y a une dernière chose qui m'inquiète.

Sa voix n'est qu'un murmure, et je devine déjà ce qu'elle va dire.

– Noé.

Je caresse sa joue doucement.

– Il n'a pas eu l'habitude de me voir avec quelqu'un, et je sais que l'idée ne l'emballe pas. Il m'a déjà plus ou moins fait une mini crise à ce sujet il y a quelques semaines, parce que Maxime a insinué qu'on était... enfin, bref. Depuis, vous vous êtes pas mal rapprochés, mais j'ai peur qu'il ait besoin d'un peu de temps, je crois...

– Je comprends. On peut y aller doucement, voir où tout ça nous mène avant de lui en parler. Qu'est-ce que tu en dis ? Mais si tu préfères faire autrement, c'est toi qui décides. Tu es sa mère, tu es la mieux placée pour savoir.

– Merci.

– Je veux juste être avec toi. Je serai patient, s'il le faut. On ira au rythme que tu auras décidé. OK ?

Elle hoche la tête et m'adresse un sourire tellement adorable que je dois faire appel à tout mon self-control pour tenir parole.

– Ewenn ?

– Oui ?

– Tu sais, moi, la patience, c'est moyennement mon truc, alors...

Je hausse un sourcil.

– Si je te disais que j'ai très envie de t'embrasser, tu me répondrais quoi ?

– Je te répondrais que ça fait des jours que j'en meurs d'envie et que si tu veux mettre ce plan à exécution ce soir, je n'ai absolument rien contre.

Ma main remonte le long de son dos jusqu'à sa nuque. Elle frissonne légèrement sous mes doigts. Elle se redresse, et ses pouces caressent mes joues alors qu'un léger sourire flotte sur ses lèvres, juste avant qu'elle les pose sur les miennes. Le baiser est d'abord doux, presque hésitant, comme si elle testait le terrain. Puis, encouragée par mon soupir, elle approfondit le contact. Ses doigts glissent dans mes cheveux, m'attirant plus près d'elle.

Je la sens sourire contre mes lèvres quand mes mains se resserrent instinctivement sur sa taille. Elle a le goût de la tisane qu'elle vient de boire, et quelque chose de plus subtil, qui n'appartient qu'à elle. Son parfum m'enveloppe, me fait tourner la tête.

Quand elle s'écarte légèrement, ses yeux brillent d'une lueur espiègle.

– Je ne regrette pas mon impatience.

– Je ne regrette pas ton esprit d'initiative.

Après ça, les mots se font plus rares, ils sont murmurés entre deux caresses, deux baisers. Nous apprenons à nous découvrir différemment, nous savourons cette nouvelle proximité. Cette soirée marque un nouveau départ. Pour elle, pour moi, pour nous. Et même si le chemin risque de ne pas être simple, je suis heureux de m'être engagé sur celui-ci.

31

Coralie

Je fixe des yeux mon café, un sourire aux lèvres comme depuis presque une semaine. Noé descend l'escalier, un livre à la main.

– On pourrait aller à la plage aujourd'hui, je ne travaille pas.

Noé décolle son nez de son livre, les sourcils haussés.

– Genre maintenant ?

– Dans l'après-midi. On pourrait ramasser des coquillages pour décorer la maison.

Il lève les yeux au ciel avec un petit sourire en coin.

– M'man, j'ai plus cinq ans. Mais ouais, OK pour la plage.

Il s'installe face à moi et se prépare un bol de céréales. Je me racle la gorge, tentant de paraître la plus naturelle possible quand je suggère :

– Tu sais... on pourrait proposer à Ewenn de venir avec nous ?

Noé hausse les épaules.

– Ouais.

– Ça n'a pas l'air de t'emballer.

– Si, si, il est cool. Fais comme tu veux.

Ce n'est peut-être pas hyper enthousiaste, mais au moins, il n'a pas dit non.

Mon regard dérive vers mon téléphone. Les papillons dans mon ventre s'agitent à la simple pensée d'envoyer ce message.

Ewenn en maillot de bain...

Je mordille ma lèvre, le pouce suspendu au-dessus de l'écran. Je jette un dernier coup d'œil à mon fils et songe que Nawell a raison. Il faut bien que je trouve des occasions de le voir qui ne soient pas en cachette de mon fils, même si cela signifie qu'on devra se comporter comme des amis, rien de plus.

Cela fait plusieurs soirs qu'Ewenn me rejoint une fois que Noé est monté se coucher. On en profite pour discuter et... s'embrasser.

OK, on passe pas mal de temps à s'embrasser.

J'avais oublié cette sensation grisante d'une relation qui débute, pleine de promesses. Les rendez-vous où le regard de l'autre suffit à nous rendre heureux, fébrile. On prend notre temps, on apprend à se connaître, et j'aime ça.

Coralie
Salut. Avec Noé,
on va à la plage cet après-midi.
Si ça te dit de nous rejoindre,
on sera à la crique des Dunes
vers 14 h.

Mon cœur s'emballe quand j'appuie sur *Envoyer*. La réponse arrive presque immédiatement.

Ewenn
Avec plaisir. À tout à l'heure.

Un sourire idiot s'étale sur mon visage. Je me force à le ravaler, mais impossible de faire taire les battements affolés dans ma poitrine.

– T'as l'air bizarre.

Je sursaute. Noé me fixe du regard depuis son côté de la table.

– Pas du tout !

– Si tu le dis.

Son ton ironique me fait rougir. Je me lève précipitamment pour débarrasser ma tasse de café qui a refroidi, tentant d'ignorer son regard suspicieux.

La matinée passe dans un mélange d'excitation et d'appréhension. Je prépare quelques trucs à grignoter, vérifie trois fois que j'ai bien mis de la crème solaire dans le sac et tente de ne pas trop penser à ce que je vais mettre comme maillot de bain.

***

Quatorze heures tapantes. La crique est particulièrement belle aujourd'hui, le soleil fait scintiller l'eau calme. Ewenn est déjà là, en short de bain bleu marine, un sac de plage à ses pieds. Mon cœur fait un bond.

Je le regarde, et mon cerveau peine encore à assimiler que cet homme est... quoi, d'ailleurs ? Mon petit ami ? Le mot semble à la fois trop adolescent et pas assez fort pour décrire ce qui se passe entre nous. Ses épaules bronzées, son sourire tranquille, cette façon qu'il a de se tenir... tout chez lui me donne envie de traverser la plage en courant pour me blottir contre lui.

Mais je ne peux pas. Pas devant Noé. Pas encore.

– Vous êtes pile à l'heure.

Noé ne prend même pas le temps de répondre. Il balance ses tongs, pose son sac et fonce vers l'eau en courant.

– Pas plus loin que la bouée ! lui crié-je par réflexe.

Il me répond d'un vague signe de la main. Je secoue la tête en souriant. Ewenn s'approche, son regard glisse sur moi avec une intensité qui me fait frissonner malgré la chaleur.

– Je nous ai trouvé un coin tranquille, dit-il en désignant un espace près des rochers.

Nous installons les serviettes côte à côte, nos mains se frôlant « accidentellement » pendant que nous déplions le parasol. Chaque contact, même furtif, envoie des décharges électriques dans tout mon corps.

Je me demande comment je vais survivre à l'après-midi...

– Il a l'air content d'être là, murmure Ewenn en regardant Noé s'amuser dans l'eau.

– Oui.

Nos regards se croisent. Noé n'est pas le seul à être heureux d'être là. Je dois me retenir pour ne pas me pencher vers Ewenn. Ce serait tellement facile de...

– Maman ! Ewenn ! Vous venez ?

La voix de Noé nous ramène à la réalité. Il nous fait de grands signes depuis l'eau, éclaboussant tout autour de lui.

– Tu crois que si on fait semblant de pas entendre, ça nous évitera d'aller à l'eau ? marmonné-je.

– Tu n'as pas envie de te baigner ?

– Si... mais, je sais pas. J'ai peur qu'elle soit froide.

Ewenn est déjà debout, il me tend la main.

– Allez, Coralie, tu ne peux pas laisser ton fils seul comme ça.

Il m'aide à me relever, nous laissons une ou deux secondes de trop nos mains entrelacées, mon cœur chauffé par le soleil contre le sien. Ses yeux sont plus sombres que d'ordinaire. J'y lis le même désir que celui qui brûle en moi. Ils glissent vers ma bouche.

– Bon, alors, vous venez !

La voix impatiente de Noé est un rappel de ne pas succomber à la tentation. Ewenn trottine vers mon fils. Je prends davantage mon temps.

À peine Ewenn a-t-il les pieds dans l'eau que Noé l'éclabousse.

– Hé ! Tu ne perds rien pour attendre !

Ewenn fend les vagues avec grâce et se précipite vers Noé, qui vient de comprendre qu'il ferait mieux de s'enfuir. Quelques secondes plus tard, ils jouent tous les deux à essayer de se couler l'un l'autre, alors que moi, j'ai tout juste mouillé mes orteils.

– Tu viens, Maman ?

– Oui... je prends mon temps.

Ewenn se penche vers Noé et lui murmure quelque chose à l'oreille. Le sourire sur le visage de mon fils se fait cruel, et une seconde plus tard, ils courent vers moi.

Oh ! non.

Je suis leur prochaine victime !

***

Un peu plus tard, après des milliers d'éclats de rire, une défaite cuisante – la mienne – et un merveilleux moment de complicité tous les trois, nous regagnons nos serviettes.

Noé ne tarde pas à nous laisser pour s'éloigner vers les rochers, un seau à la main, probablement à la recherche du coquillage parfait qui viendra rejoindre sa collection.

Je le suis du regard, vérifiant qu'il reste dans mon champ de vision.

– Il est assez grand pour explorer seul, tu sais.

La voix d'Ewenn me fait sourire. Bien sûr qu'il a raison, mais je ne peux pas m'empêcher d'être une mère poule. Même si, en ce moment, une partie de moi est ravie que mon fils nous laisse ce moment d'intimité.

– Je sais. Mais c'est plus fort que moi.

Ewenn rapproche imperceptiblement sa serviette. Nos épaules se frôlent, et je sens un frisson me parcourir. C'est dingue l'effet qu'il me fait. Je me sens comme ces ados qui se tripotent en cachette pendant que leurs parents ont le dos tourné. Sauf que là, c'est mon fils qui...

– AH ! Quelque chose m'a sauté dessus !

Je bondis de ma serviette, tapotant frénétiquement ma cuisse. Ewenn éclate de rire.

– Ce sont juste des puces de sable.

– Des PUCES ?

Je recule d'un pas, puis d'un autre, jusqu'à me retrouver sur sa serviette. Ses bras m'entourent immédiatement, m'empêchant de fuir plus loin.

– Ce ne sont pas de vraies puces. Juste des petits crustacés.

– Tu te moques de moi ?

– Jamais.

Son souffle chaud contre mon cou me fait momentanément oublier ma panique. Ses lèvres effleurent ma peau, et je ferme les yeux.

– Ewenn...

– Je sais. Mais tu ne me facilites pas la tâche.

Je jette un coup d'œil vers les rochers. Noé est toujours absorbé par sa chasse aux coquillages.

– C'est une torture, tu le sais, ça ? murmuré-je.

– La torture serait de ne pas pouvoir faire ça du tout.

Ses doigts caressent mon bras, y laissant une traînée de chair de poule. Je me dégage à contrecœur, retournant sur ma serviette. Une puce de sable bondit près de mon pied, et je pousse un petit cri.

– Tu es ridicule, rit Ewenn.

– Je préfère être ridicule que dévorée vivante par des bestioles.

Son regard s'assombrit.

– La seule personne qui a envie de te dévorer ici, c'est moi.

Je lui balance ma crème solaire, les joues en feu.

– Tu ne m'aides pas du tout !

Son rire résonne sur la plage, et je ne peux m'empêcher de sourire comme une idiote. Même les puces de sable ne peuvent gâcher mon bonheur.

Le soleil commence à décliner quand nous décidons de rentrer. Noé marche entre nous deux, et la façon dont il papote avec Ewenn me fait chaud au cœur. Je suis heureuse de voir qu'ils s'entendent bien.

– T'as toujours habité ici, Ewenn ?

– J'ai grandi ici mais je suis parti faire mes études à Nantes.

– C'était bien ?

– Différent. Plus grand, plus bruyant. Mais j'ai adoré étudier là-bas.

– C'était des études pour apprendre à être architecte de bateaux ?

– Exactement.

– Pourquoi tu as décidé de faire ça ?

– Parce que j'ai toujours aimé dessiner des bateaux et en fabriquer.

Mon fils écarquille les yeux, impressionné.

– Tu as fabriqué des bateaux quand tu étais enfant !

Ewenn rit.

– Des modèles réduits, pas un bateau sur lequel je pouvais naviguer... Quoi que... j'ai aussi conçu des radeaux avec ce que je trouvais. La flottabilité était plus ou moins bonne. Je suppose que cette expérience a été formatrice.

– Cool. Tu me montreras tes dessins ?

Ewenn ralentit légèrement, et je vois dans son regard qu'il est touché par l'intérêt de Noé.

– Bien sûr. J'ai même gardé quelques maquettes de bateaux que j'ai construites.

Les yeux de Noé s'illuminent, et je sens venir la question avant même qu'il la pose.

– On pourrait en faire une ensemble ?

– Oui, si tu veux.

Est-ce que je suis littéralement en train de tomber amoureuse ? Je crois bien.

Je les observe du coin de l'œil, mon cœur faisant des pirouettes dans ma poitrine. La façon dont Ewenn se penche vers Noé pour lui expliquer les différents types de bateaux qu'il a construits, le regard fasciné de mon fils... c'est comme si quelqu'un avait pris mes rêves les plus secrets et les avait matérialisés devant moi.

Je ne m'attendais pas à ça. À me sentir submergée par tant d'émotions en les voyant interagir. C'est presque injuste, d'ailleurs. Comment suis-je censée garder mes distances et rester raisonnable, quand Ewenn se montre aussi parfait ?

J'ai l'impression que Noé apprécie sincèrement Ewenn. J'en suis ravie et soulagée. Ce sera plus facile, le jour où il faudra lui dire la vérité. Je ne sais pas quel moment sera le bon. Une partie de moi redoute cet instant, l'autre se dit que, peut-être, tout se passera bien. Et quand je les vois interagir ainsi, je me dis que cet espoir n'est pas vain.

Je me perds dans mes pensées pendant qu'ils continuent à discuter. C'est dangereux, cette sensation de bien-être qui m'envahit. Cette impression que tout est simple, naturel. Comme si nous étions déjà une famille.

Stop.

Je ne devrais pas penser comme ça. C'est beaucoup trop tôt. Beaucoup trop... et pourtant. Pourtant, quand je les regarde tous les deux, je ne peux pas m'empêcher d'imaginer d'autres après-midi comme celui-ci. D'autres conversations sur le chemin du retour. D'autres moments où mon cœur menace d'exploser de bonheur.

Je suis officiellement fichue.

Nous sommes maintenant devant chez nous, et Noé me surprend en disant à Ewenn :

– Merci pour aujourd'hui. C'était cool.

– De rien. On remet ça quand tu veux.

Mon fils hoche la tête, étouffe un bâillement et nous fait un vague signe de la main avant de disparaître dans la maison. Je l'entends traîner des pieds dans l'escalier. Il ne tiendra pas longtemps ce soir, encore.

– Il est crevé, constate Ewenn.

– L'eau de mer, le soleil... la recette parfaite pour épuiser un ado.

Nous restons là, debout sur le trottoir entre nos deux maisons, ni l'un ni l'autre prêt à mettre fin à cette journée.

Je baisse la voix avant de demander :

– Tu... tu voudrais revenir, ce soir ? Après le dîner ?

Son regard s'assombrit immédiatement. Il hoche la tête.

– Noé sera probablement endormi vite, vu son état. Je t'enverrai un message...

– J'attendrai.

Sa voix est plus rauque que d'habitude. Mon cœur fait un triple salto dans ma poitrine.

– D'accord.

– D'accord.

Nous nous regardons, ni l'un ni l'autre ne voulant être le premier à partir. C'est ridicule et parfait à la fois.

– Je devrais...

– Oui, moi aussi...

– À tout à l'heure ?

– À tout à l'heure.

Je me force à me retourner et à m'éloigner de lui. Je sens son regard sur moi jusqu'à ce que je rentre. Une fois la porte fermée, je m'appuie contre elle et ferme les yeux.

Quelques heures. Juste quelques heures à tenir.

Le sourire qui étire mes lèvres refuse de disparaître. Cette soirée promet d'être parfaite, comme toutes celles depuis que nous avons franchi le pas entre nous.

32
Coralie

Je réajuste les coussins du canapé pour la cinquième fois au moins.

Nerveuse ? Je ne sais pas si c'est le bon mot. Mais depuis qu'Ewenn m'a confirmé qu'il viendrait ce soir, je suis incapable de penser à autre chose. Mon estomac fourmille d'une sensation agréable que je n'avais pas connue depuis longtemps. Pourtant, ce n'est pas la première soirée où il me retrouve ainsi, discrètement après dîner. Mais aujourd'hui, j'ai l'impression que c'est différent. Cet après-midi à la plage n'a fait que renforcer mon attirance, mon besoin de lui. Est-ce que ça pourrait être le prologue à quelque chose de plus intense ? Je le souhaite, et j'espère que lui aussi.

Noé dort depuis une bonne heure, et j'ai *peut-être* mis ce temps à profit pour soigner mon apparence. Le soleil a laissé un léger hâle doré sur ma peau, que j'ai simplement rehaussé d'une touche de maquillage.

J'ai hésité en sélectionnant ma tenue. Même si Ewenn m'a déjà vue dans toutes sortes d'accoutrements, du T-shirt taché de peinture au maillot de bain de cet après-midi, j'ai envie que ce soir soit spécial. J'ai envie d'être belle, désirable aussi. Mon choix s'est finalement arrêté sur une petite robe dans laquelle je me sens suffisamment sexy, sans pour autant avoir l'impression d'en faire trop.

Cela n'a rien d'un rendez-vous traditionnel, mais dans notre situation, c'est peut-être ce qui y ressemble le plus. Il y a quelque chose d'excitant, dans cette clandestinité. C'est comme si j'avais de nouveau seize ans et que je me préparais en cachette pour retrouver un garçon. Mais là, pas besoin de me demander comment je vais faire pour sortir, mon rencard secret a directement lieu dans mon salon.

Je vérifie une dernière fois que tout est parfait. Les bougies sont allumées, j'ai mis une bouteille de vin blanc au frais, au cas où. Peut-être en ai-je trop fait ? Non, je veux que ce soit spécial. Différent de nos moments volés ou de nos discussions improvisées dans le jardin.

Mon cœur fait un bond quand trois coups discrets résonnent contre la porte.

Il est là.

Il se tient dans la pénombre du porche, les mains enfoncées dans les poches, avec ce demi-sourire qui me fait craquer. Je prends un instant pour l'admirer quand il pénètre dans mon entrée. Il a troqué son short de plage contre un jean sombre et une chemise claire qui lui va terriblement bien. Les effluves de son parfum, cette odeur unique qui est la sienne, me parviennent lorsqu'il me frôle. Je suis déjà envoûtée alors qu'il n'a pas prononcé un mot.

À peine ai-je refermé derrière lui que ses mains trouvent ma taille et ses lèvres cherchent les miennes. Le baiser est intense, presque désespéré, comme si cette séparation avait duré une éternité. Je m'accroche à sa nuque, me pressant contre lui, tandis que sa bouche dévore la mienne avec une fièvre qui me fait tourner la tête.

– Tu m'as manqué, souffle-t-il.

Un rire léger m'échappe, mélange de bonheur et d'incrédulité. On s'est quittés il y a quoi, trois heures ? Et pourtant, je comprends exactement ce qu'il veut dire. Cette sensation de vide, comme si chaque minute loin de lui était une minute de trop. C'est fou, c'est peut-être même un peu effrayant, mais c'est précisément ce que je ressens. Et par-dessus tout, j'adore qu'il soit assez à l'aise pour me l'avouer.

– Toi aussi, tu m'as manqué.

Ses lèvres trouvent mon cou, ses bras se resserrent autour de moi, et son corps épouse parfaitement le mien.

– Je ne sais pas si cette après-midi à la plage était un merveilleux moment ou de la torture pure et simple.

– De la torture ?

Je fais mine d'être étonnée, mais là encore, je sais exactement ce qu'il veut dire.

– Ne pas pouvoir te toucher, ne pas pouvoir t'embrasser, alors que c'était tout ce à quoi je pouvais penser.

– À ce point ?

Il caresse le haut de mon bras nu et ajoute :

– Et ce bikini rose fuchsia. Je ne sais pas si je le déteste ou si je l'adore.

Je souris intérieurement. Est-ce que j'ai choisi mon maillot de bain en songeant à lui ? C'est le cas. Et on dirait bien qu'il a eu son petit effet.

Je prends sa main et l'entraîne un peu plus loin.

– Tu veux boire quelque chose ? J'ai mis du vin au frais.

– Pourquoi pas ?

Je le guide vers la cuisine et le relâche à regret. J'ouvre le réfrigérateur pour attraper la bouteille alors qu'Ewenn sort deux verres du placard. Ce ballet anodin mais parfaitement synchronisé me donne une sensation de familiarité. Aussi jeune que soit notre relation, il y a des moments où tout semble naturel, comme si Ewenn était la pièce manquante à mon quotidien.

Le liquide clair coule et embaume l'air d'une odeur fruitée. Je tends un verre à Ewenn, et il le lève, portant un toast :

– À nous.

– À nous.

Je bois une gorgée. Les notes délicates de pêche et de rose glissent sur ma langue, mais je les perçois à peine. Je fixe du regard Ewenn qui est appuyé contre le plan de travail, face à celui contre lequel je me trouve. Ses yeux ne me quittent pas une seconde, alors qu'il porte son verre à ses lèvres. Pleines, douces. Maintenant que j'en connais la sensation, je suis impatiente de les sentir à nouveau contre les miennes... et sur le reste de mon corps.

J'abandonne mon verre sur la surface la plus proche et fais un pas en avant, puis deux. Ewenn m'attire comme un aimant. Je ne le touche pas encore mais je peux sentir sa chaleur.

C'est lui qui, de sa main libre, caresse ma joue. Un effleurement, presque innocent, qui se répercute dans tout mon être.

– Tu n'imagines pas l'effet que tu me fais.

Sa voix est rauque, son regard intense, mais c'est son aveu qui me fait chavirer.

– Je crois que si. Parce que c'est exactement ce que je ressens aussi.

Il pose son verre, et ses mains encadrent mon visage avec une infinie tendresse. Nos fronts se touchent, nos souffles se mêlent. Dans ce moment suspendu, je sais que ce qui se passe entre nous est bien plus qu'une simple attirance.

Mes paumes se plaquent sur son ventre et remontent vers son torse. Mes doigts me démangent, je me retiens de les glisser sous sa chemise pour y trouver sa peau. Je ne peux m'empêcher de jouer avec un des boutons de celle-ci.

– Coralie...

Il prononce mon prénom comme un avertissement, une mise en garde.

– Ewenn.

Le sien est une autorisation, une supplication.

Il descend ses mains sur ma taille et, dans un mouvement fluide, il me soulève et me tourne pour m'asseoir sur le plan de travail. Le contraste entre la fraîcheur du granit et la chaleur de son corps me fait soupirer. Il s'installe entre mes jambes. Dans cette position, nos visages sont à la même hauteur. Je lis dans ses yeux son désir, son tourment qui semble aussi puissant que le mien. Je me penche et murmure tout contre ses lèvres :

– J'ai envie que ce soir soit différent.

Il ne bouge pas, ne me donne aucune réponse. Une seconde, j'ai peur d'être allée trop loin, mais je comprends qu'il attend que j'exprime un peu plus clairement mes volontés.

– J'ai envie de toi, Ewenn. De toi tout entier.

Il lâche un juron étouffé et recule légèrement, ses yeux cherchent les miens. Son pouce caresse ma joue avec une tendresse infinie.

– C'est vraiment ce que tu veux ?

– Oui.

Ma réponse n'est qu'un soupir. Je n'en reviens pas d'être capable de lui avouer ainsi le fond de ma pensée.

Je n'ai jamais été entreprenante avec les hommes, ni même assez à l'aise pour exprimer mes désirs. Mais avec Ewenn, tout me paraît possible.

– On n'est pas obligés... Je ne veux pas que tu te sentes pressée. Je ne vais nulle part sans toi, Coralie, et ce sera toujours à ton rythme.

Je crois que mon cœur vient de fondre un peu plus pour lui. Cette attention, cette tendresse qu'il me témoigne ne fait que renforcer ce que je ressens pour lui. Je suppose qu'il y a du désir, mais aussi une profonde considération pour moi, pour mes sentiments, et ça, c'est peut-être le plus sexy.

– Je sais ce que je veux, et c'est toi.

Il appuie son front contre le mien et resserre son étreinte sur ma taille.

– Tu me rends fou, souffle-t-il.

Pour toute réponse, je fais glisser mes mains dans ses cheveux, l'attirant vers moi pour un baiser qui ne laisse aucun doute sur mes intentions. Il a le goût du vin et des promesses sensuelles. Ses paumes remontent le long de mes cuisses, jouent avec l'ourlet de ma robe, avant de s'insinuer sous celui-ci. Il me caresse avec une lenteur délicieuse, attisant le feu qui brûle déjà en moi.

Mes doigts s'attardent sur les boutons de sa chemise, les défaisant un à un, impatiente de toucher enfin sa peau. Ses muscles se contractent sous mon contact.

– On devrait peut-être continuer ailleurs, murmure-t-il. Dans un endroit plus... privé.

Il a raison. Le salon ouvert n'est pas le lieu idéal. Noé pourrait descendre chercher un verre d'eau... Je hoche la tête et m'apprête à sauter du plan de travail quand il me surprend en m'attrapant par la taille pour me porter.

– Ewenn !

Je m'agrippe à lui, quand bien même il me tient fermement, alors qu'il chemine jusqu'à l'escalier.

– Pose-moi ! Tu vas te faire mal !

– Tu ne me crois pas assez costaud pour te soutenir jusqu'à ta chambre ?

– Si... mais...

– Tu ne me fais pas confiance, alors ?

Je sais qu'il plaisante, mais une part de moi ressent le besoin de lui confirmer ce qui est devenu une évidence :

– Je te fais confiance. Plus que je n'ai jamais fait confiance à personne.

Il s'arrête au pied des marches, et son regard plonge dans le mien. L'intensité que j'y lis me coupe le souffle.

– C'est la plus belle chose que tu pouvais me dire.

Je pose ma main sur sa joue, émue par la sincérité de sa voix. Je sais déjà que ce moment restera gravé dans ma mémoire comme l'un des plus précieux.

– C'est juste la vérité, murmuré-je.

Il me laisse glisser le long de son corps avant de m'embrasser avec passion et ferveur, des promesses et des envies trop longtemps retenues. Je m'accroche à sa nuque alors qu'il me presse contre lui, m'exposant l'ampleur de son désir.

Je saisis sa main et l'entraîne si vite vers les marches qu'il manque de trébucher. Je ris, et il étouffe ce son par un baiser.

– Chut ! me rappelle-t-il.

Je fais une petite grimace amusée et reprends notre ascension vers le premier étage aussi rapidement que possible tout en essayant de rester silencieuse.

Dans le couloir, il m'attire contre le mur, ses lèvres rencontrent mon cou. Je frissonne tandis que mes doigts caressent sa peau entre les pans de sa chemise. Puis sa main trouve la poignée de ma chambre. La porte s'ouvre, et nous entrons, sans rompre notre étreinte. Il ferme derrière nous. Le petit *clic* du verrou résonne comme une promesse.

– Je suis désolée... pour tout ça. Le fait qu'on doive être discrets...

Il sourit et m'oblige à reculer lentement vers le lit.

– Ne t'excuse pas. J'ai déjà toute une liste de choses que j'ai envie de te faire. Et que tu doives rester silencieuse...

Il dépose un baiser dans mon cou.

– ... ça ne fait que les rendre encore plus excitantes.

Son ton rauque et ses mots me font frissonner d'anticipation. Et dans les minutes qui suivent, Ewenn s'applique à tenir sa promesse. Il accomplit plus que ça, il prouve à chaque caresse, à chaque baiser, que j'ai eu raison de le laisser entrer dans ma vie. Ses gestes sont un mélange parfait de douceur et de passion qui me fait perdre la tête. Chacune de ses attentions me montre que je suis désirable, que je suis belle. Je me sens comme le centre de son univers. Sous ses doigts et ses lèvres, je renais. Je découvre une nouvelle facette de moi-même, plus audacieuse, plus libre.

Cette nuit devient bien plus qu'un moment de ferveur, c'est une promesse silencieuse, un engagement mutuel. Et quand nos corps ne font plus qu'un, je sais que plus rien ne sera jamais comme avant.

33
Coralie

Le petit-déjeuner est préparé dans le chaos, ce matin. J'ai tout empilé dans mes bras : des bols, des cuillères, une boîte de céréales à moitié ouverte qui risque de basculer à tout moment. Je jette un coup d'œil à la pendule accrochée au mur : déjà huit heures passées. *Super, je suis officiellement en retard.*

Je pose tout sur la table. Noé, encore en pyjama, traîne des pieds. Ses cheveux bruns sont en bataille, et il a cette mine boudeuse qui annonce généralement une journée compliquée. J'essaie de lui sourire pour détendre l'atmosphère, mais il se contente de fixer des yeux son bol de céréales comme si c'était la chose la plus ennuyeuse au monde.

Je verse rapidement du jus d'orange dans son verre, mes pensées tournées vers le boulot, la longue journée qui m'attend. Et puis, forcément, je repense à notre sortie à la plage, aux soirées avec Ewenn que nous passons inlassablement à nous découvrir l'un l'autre. À cette nuit, surtout, où il a fait taire une à une toutes mes craintes. Il n'y a que dans mes rêves les plus fous que j'avais espéré un tel dénouement

Un sourire niais se colle sur mon visage.

– J'ai entendu que tu parlais avec Ewenn, hier soir.

La voix de Noé perce brusquement ma bulle, et je me fige, la main en suspens sur la boîte de céréales.

Mon cœur tressaute. Mon regard plonge automatiquement dans le sien, qui est maintenant fixé sur moi, un peu fermé.

Qu'a-t-il entendu ? A-t-il vu quelque chose ? Je tente de rester calme, même si intérieurement, une vague d'angoisse monte. Bien entendu, cette situation où nous lui cachons la vérité ne peut pas durer, mais je pensais qu'on aurait encore quelques jours, quelques semaines avant de devoir se poser sérieusement la question de lui en parler. Qu'on aurait eu le temps d'explorer nos sentiments, d'être certains que notre couple est capable de vivre plus que quelques soirées à la sauvette à se galocher comme deux ados sur mon canapé.

J'avale discrètement ma salive, cherchant mes mots.

– Ah... oui ?

Je ne vais pas nier non plus la présence d'Ewenn donc j'invente :

– Il avait besoin d'un truc alors il est passé, et je lui ai proposé de rester... boire une tisane.

Une tisane, vraiment ?

Je me retiens de lever les yeux au ciel devant mon propre mensonge. Parce que siroter une camomille ou une verveine n'était *vraiment pas* au cœur de mes préoccupations, hier soir. D'ailleurs, qui préfère une soirée infusion à un beau mec aux yeux bleus qui vous propose une session baisers, caresses et mots doux chuchotés ?

Il hoche la tête tout en remuant ses céréales avec sa cuillère sans grande conviction.

– Il est resté longtemps. Pourquoi ?

J'ai beaucoup de mal à feindre la nonchalance.

– On a parlé de tout et de rien, tu sais.

Je tente de détourner la conversation, mais son regard insistant trahit une contrariété plus profonde.

Merde.

– Pourquoi tu m'as envoyé au lit ?

– Eh bien, chéri… tu étais fatigué après la journée à la plage, et il était tard.

– Fatigué ? répète-t-il avec un petit ricanement amer. T'aurais simplement pu dire que tu voulais être seule avec Ewenn.

Je manque de renverser mon jus d'orange. Voilà. Nous y sommes.

Mon cœur se serre. Il y a dans sa voix une pointe de défiance qui me blesse plus que je ne veux l'admettre.

Non, Noé, ce n'est pas ce que tu crois.

J'ai les mots sur le bout de la langue. Mais je ne les prononce pas. Ce ne serait pas juste. Ce serait un mensonge.

Je soupire, faisant mine de me concentrer sur la gestion du petit-déjeuner comme si cette conversation ne me troublait pas le moins du monde. Mais je n'y arrive pas.

– C'est normal que les adultes aient besoin de temps entre eux parfois, pour discuter, tu comprends ? Ce n'était pas prévu qu'Ewenn passe…

Mais il pince les lèvres et secoue négativement la tête, clairement insatisfait de cette réponse.

– Arrête de mentir ! Je vous ai vus !

Mon sang se glace dans mes veines, et mon estomac se noue violemment. Je repose lentement la brique de jus d'orange, tentant de garder une apparence calme alors que mon esprit tourne à toute vitesse. Qu'a-t-il pu voir, exactement ? À quel moment ? Je pensais qu'il dormait…

– Tu nous as vus ? demandé-je doucement, la gorge nouée.

– Oui. Par la fenêtre de ma chambre. Vous étiez dans le jardin quand il est parti.

Je ferme les yeux brièvement.

Le dernier baiser sur le pas de la porte.

Rien de bien compromettant, sauf pour un petit garçon qui avait déjà des soupçons. Un petit garçon qui a déjà dit à sa maman qu'il ne souhaitait pas voir un homme entrer dans sa vie.

Je m'en veux tellement, à cet instant. En voulant le préserver, je lui ai menti et j'ai probablement empiré la situation.

– Noé... commencé-je, mais il me coupe.

– Tu m'avais dit que c'était juste un ami.

Sa voix tremble légèrement, mélange de colère et de quelque chose qui ressemble à de la trahison. Ça me brise le cœur.

– Je sais, mon cœur. Je...

Les mots me manquent. Comment lui expliquer que les choses ont changé depuis notre dernière conversation ? Que ce n'était pas prévu ? Que j'aurais voulu lui en parler différemment, dans de meilleures conditions ?

Il repousse son bol de céréales à moitié plein et se lève brusquement.

– Noé !

Mon avertissement le laisse indifférent. Je me force à rester calme mais je sens la colère monter en moi. Pas contre Noé, non, mais contre cette situation qui n'est déjà pas simple et qui ne fait que se compliquer.

– Noé, j'aurais dû t'en parler...

– On en a déjà parlé l'autre jour, Maman. Et tu m'avais dit que Maxime avait tout inventé.

– Je te promets qu'Ewenn et moi, nous n'étions...

Mais il ne me laisse pas terminer. Ses yeux s'emplissent de larmes de frustration.

– C'est n'importe quoi ! Et maintenant, tout va changer. Avant, on était juste nous deux. Et maintenant, c'est comme s'il fallait tout le temps qu'il soit avec nous. Je te suffis plus !

Je me fige. Ces mots, cette confession, me coupent le souffle. Noé pense que je suis en train de l'abandonner... pour Ewenn ? C'est insensé ! Mais alors que je le regarde, désemparée, je comprends qu'il croit vraiment à ce qu'il dit.

Je prends une profonde inspiration pour tenter de désamorcer la situation, mais la panique gagne du terrain en moi.

J'ai trop peu de temps ce matin pour tout rectifier.

Et cette pensée me rend encore plus nerveuse.

– Noé... soufflé-je en posant ma main sur son bras. Mon chéri, je suis et je resterai toujours ta maman d'abord. Je sais qu'on a passé beaucoup de temps avec Ewenn, ces derniers temps. Il est... Rien ne va changer entre toi et moi. Je te promets.

Mais je vois bien qu'il ne me croit pas. Il détourne le regard, reniflant et essuyant une larme au coin de ses yeux.

Le téléphone vibre sur la table, une notification de mon agenda me rappelant cruellement que je suis pressée. Je devrais déjà être sur la route, et mon cœur se brise à l'idée de laisser la conversation en suspens. Je ne veux pas lui tourner le dos, pas maintenant.

Noé reste là sans bouger, ses yeux tristes, accusateurs, braqués sur moi. La culpabilité me submerge. Ma vie, c'est une succession de jonglages maladroits entre le travail, mon rôle de mère, et, maintenant, ma relation naissante avec Ewenn.

– Noé, je dois vraiment partir maintenant, dis-je en reculant déjà vers la porte. On parlera de tout ça au déjeuner, d'accord ?

Ses lèvres restent closes, son visage fermé.

– Tu fais toujours ce truc, marmonne-t-il, les yeux fuyants.

Je m'arrête, les sourcils froncés.

– Quel truc ?

Il lève les yeux vers moi, défiant, presque accusateur cette fois.

– Ce truc où tu dis qu'on parlera plus tard, mais en fait, tu veux juste t'en aller.

La remarque me frappe en plein cœur. Il a raison, bien sûr. Je le fais souvent. Trop souvent, à en juger par son regard trahissant la déception.

– Noé... je ne fuis pas. Je dois juste...

– Ouais, je sais, tu dois aller bosser, comme d'habitude. Ça sert à rien d'en parler.

Sa voix est amère, mélangée à cette incompréhension qu'il ne sait évidemment pas comment gérer.

Lui, tout ce qu'il voit, c'est que sa maman n'est plus là pour lui de la même manière qu'avant.

Et moi, je sais que je suis en train d'échouer quelque part.

– Je reviens pour midi trente, et on en discutera dans le calme, je te le promets.

Je m'approche pour poser un baiser sur le sommet de sa tête, mais il esquive légèrement. Cela me blesse plus que je ne le montre.

– Amuse-toi bien.

– Tu parles, je vais encore être tout seul pendant des heures.

Je sais qu'Ewenn ne travaille pas aujourd'hui et qu'il ne verrait aucun inconvénient à ce que Noé passe un peu de temps avec lui mais je ne crois pas que ce soit le moment de suggérer cette solution.

– Rends visite à Mme Kerjean, je suis sûre qu'elle aura des biscuits pour toi.

Il secoue la tête.

– Elle a au moins deux cents ans. Super, ta proposition.

Mon cœur est lourd de ce départ en mauvais termes, au moment même où il a besoin de moi.

Je prends mes affaires, jette un dernier coup d'œil à Noé avant de quitter la maison. Il ne me regarde même pas. Je sors rapidement avant que les émotions me submergent.

Dans la rue, l'air frais du matin me frappe le visage. Je prends de grandes inspirations pour chasser les larmes qui me montent aux yeux. Je ne peux pas fondre en larmes là, maintenant. Pas tout de suite.

Il s'est levé du mauvais pied, ça ira mieux dans quelques heures.

Ce matin, je sais que j'ai merdé.

34
Ewenn

Je suis en train de sourire bêtement en me dirigeant vers ma porte d'entrée. Quelques coups précipités ont été frappés, et j'ai reconnu l'énergie significative de Coralie. Mais quand j'ouvre, si elle franchit le seuil avec son éternelle vivacité, elle n'affiche pas son habituel sourire lumineux. Non, son visage est inquiet.

– Noé est ici ? me demande-t-elle aussitôt sans même prendre le temps de dire bonjour.

Je cligne des yeux, un peu déboussolé, et reste la main sur le battant en bois à l'observer fureter dans les recoins du salon. Quelque chose cloche. Son regard est apeuré.

– Non, je ne l'ai pas vu... Pourquoi, il n'est pas chez vous ?

Elle blêmit, son regard me suppliant clairement de lui annoncer que je mens. Mais ce n'est pas le cas, je n'ai pas vu Noé depuis hier.

– Il n'est pas à la maison. Il devrait y être.

Son ton est presque désespéré, et l'inquiétude s'installe doucement en moi aussi. Coralie secoue la tête avant de s'expliquer.

– Je suis rentrée après le travail pour déjeuner, et il n'était pas là. Il n'a pas laissé de mot.

– Est-ce qu'il pourrait être chez un copain ? Ou peut-être à son endroit préféré, je ne sais pas, il a peut-être des cachettes secrètes ? demandé-je en essayant de garder un semblant de calme.

Coralie ne semble même pas m'entendre, son regard perdu, comme si elle essayait de reconstituer des morceaux flous dans sa tête.

– Ce matin, on s'est disputés… à cause de toi.

– De moi ?

– Oui, il nous a aperçus ensemble, hier soir, quand on s'est dit au revoir.

– Merde !

Elle m'adresse un regard entendu.

Oui, on a vraiment bien merdé.

Je sens son agitation déferler vers moi. Maintenant, tout fait sens. La culpabilité. L'inquiétude, la panique. Elle croit que Noé a disparu à cause de ce conflit.

Je pose une main réconfortante sur son épaule.

– Hey, peut-être qu'il nous en veut et qu'il a voulu nous faire peur. On sait comment sont les gosses, quand ils sont en colère.

Mais au fond, je n'y crois pas vraiment.

– Écoute, on va retourner chez toi. Il s'est peut-être juste caché quelque part. Je t'accompagne.

Elle hoche la tête, s'accrochant à cette proposition comme à une bouée de sauvetage, j'en ai l'impression. Je ferme la porte derrière nous.

Arrivés chez elle, nous faisons le tour du jardin. Rien. La maison est silencieuse, trop silencieuse. Nous vérifions chaque pièce, chaque recoin possible, en appelant son nom. Toujours rien. C'est en passant près de la terrasse que je remarque quelque chose d'inhabituel.

– Coralie…

Elle se tourne vers moi, suivant mon regard. La cage de Capitaine Chou-fleur est grande ouverte. Le lapin n'est plus là.

– Oh ! Non... souffle-t-elle.

Je vois son visage se décomposer davantage.

– Il a pu laisser la cage ouverte, il l'a déjà fait, lui rappelé-je.

– Non, depuis la fois où tu l'as ramené, il y fait très attention.

Ce détail, apparemment anodin, fait monter notre inquiétude d'un cran. Quelque chose ne va vraiment pas.

– Tu crois qu'il l'a pris avec lui ? S'il l'a pris... où est-ce qu'ils sont ?

À ce moment-là, je comprends que tout est en train de basculer. Noé a disparu, et il a emmené ce qui lui tient le plus à cœur : son lapin. Ça fiche un coup en pleine poitrine.

Je prends une grande inspiration et, malgré le malaise dans mon estomac, tente de me ressaisir.

– D'accord, écoute... on doit rester calmes. On va le retrouver, d'accord ? Un gamin qui se balade avec un lapin, ça ne peut pas aller bien loin.

Coralie hoche la tête, bien que ses tremblements trahissent son état émotionnel. Je suis inquiet également mais je dois garder l'apparence d'un type qui a tout sous contrôle. Pour elle, pour Noé. Parce que si je cède à la panique... c'en est fini.

– Voilà ce qu'on fait, je propose. Toi, reste ici au cas où il rentrerait. Je vais faire le tour du quartier, d'accord ? Il est peut-être tout simplement allé chez Mme Kerjean ?

J'en doute, il m'a avoué l'autre jour qu'il détestait aller chez elle car ça sent le renfermé, mais je ne peux pas me permettre de ne pas considérer cette option.

Coralie acquiesce d'une manière presque mécanique.

Je me saisis de mon téléphone en sortant de chez elle d'un pas rapide. Mon pouls bat contre mes tempes. À mesure que je m'éloigne du calme plat de la maison, l'angoisse grandit en moi.

J'appelle Katell.

– Ewenn ? Tu as retrouvé mon numéro ?

Son ton est léger, moqueur, mais je n'en ai que faire.

– Est-ce que Noé serait chez toi, avec Maxime ? Je... enfin, Coralie ne le trouve pas.

Le silence au bout du fil dure une seconde de trop. L'espoir s'effondre.

– Non, il n'est pas ici. Maxime est seul dans sa chambre.

Je serre le poing si fort que mes jointures en deviennent blanches.

– D'accord, écoute, rends-moi un service, hein ? Est-ce qu'il y aurait des copains de Max dont il est proche ? Quelqu'un qu'il aurait pu vouloir retrouver ?

– Je ne crois pas qu'il ait rencontré grand monde, mais je vais demander à Max et passer quelques coups de fil.

– Merci, Kat.

– Ewenn... ne t'en fais pas, on va le retrouver...

Je balance un remerciement qui ressemble davantage à un juron. Je coupe l'appel puis me dirige droit vers le port.

Faute d'autre idée, je vais vérifier le *Grenat*. On y a passé pas mal de temps, Noé et moi. Peut-être qu'il a voulu aller s'entraîner à faire quelques nœuds avec les bouts sur le pont ?

L'idée qu'un enfant de son âge puisse embarquer seul est insensée... et pourtant, s'il cherche à défier les règles, tout est envisageable.

Le chemin jusqu'à la Marina ne m'a jamais paru aussi long. En arrivant au ponton, je ne vois rien si ce n'est mon voilier à sa place habituelle.

– Noé ? lancé-je en enjambant le bastingage.

Le bateau est vide. Aucun mouvement. Pas de traces évidentes du passage de Noé. Mon cœur bat encore plus fort.

Mais alors que je m'apprête à redescendre sur le quai, mon regard tombe sur le coffre à gilets de sauvetage, entrouvert. Et là, un frisson pétrifiant me parcourt l'échine.

Le gilet qu'utilisait Noé... a disparu.

Non... Non... Mon souffle se fait plus rapide. Trop rapide.

Bordel, Noé ! Qu'est-ce que tu as voulu faire ?

Est-ce qu'il a voulu naviguer ? La mer est calme malgré la pluie qui s'annonce, il pourrait... je ne sais pas... avoir emprunté un bateau ? Aucun ne semble manquer à l'appel dans le petit port de Kerlaouen, mais ce n'est pas comme s'il y avait un seul endroit où trouver un bateau en Bretagne.

Je secoue la tête, ravalant ma peur. Respirant à fond, essayant de me souvenir de quelque chose qu'il aurait pu dire, de quelque chose que j'aurais pu lui raconter, moi. Est-ce que j'aurais dû lui parler des bêtises que je faisais enfant avec mes copains ? Probablement pas. Je regrette soudain mon manque d'intelligence.

Il faut que je le retrouve. Sain et sauf.

Je me précipite vers les autres plaisanciers qui sont sur les quais pour leur décrire Noé et leur demander s'ils l'ont vu. Ensuite, je vais à la capitainerie. En quelques minutes, tout le monde est sur le pied de guerre.

Je sors mon téléphone de ma poche, les mains tremblantes. Il faut que je prévienne Coralie pour le gilet. Mais les mots restent bloqués dans ma gorge. Comment lui dire que son fils a peut-être pris la mer seul ? Comment ne pas la faire sombrer dans une panique totale alors que, si ça se trouve, cette histoire de gilet n'est pas liée à sa disparition ?

Mais je ne peux pas lui mentir. Au vu de la situation, on a bien compris que les mensonges n'apportent rien de bon.

35
Ewenn

Je cours. Le sable sous mes chaussures freine mes mouvements, mais je m'efforce de maintenir le rythme. Je serre mon téléphone dans ma main depuis qu'il a retenti il y a quelques minutes. La plage est en vue, enfin. Une petite crique au détour du port. Celle-là même où nous sommes venus hier. Noé est là, m'a-t-on dit.

Mon cœur bat aussi fort que si j'avais traversé l'océan à la nage. Quand j'arrive, je me fige un instant. La scène est étrangement paisible, contrastant avec le tumulte qui m'assaille à l'intérieur. La mer, calme, clapote doucement contre les rochers comme si de rien n'était.

Le vieux pêcheur me fait signe. À ses côtés, il y a un petit groupe de gens du village que je connais tous au moins de vue. Seul, assis dans le sable, les genoux ramenés contre son menton, se trouve Noé. Le souffle me manque pendant une seconde. Il tient Capitaine Chou-fleur contre sa poitrine, comme un doudou, me rappelant à quel point il est encore jeune. Ma gorge se noue en le voyant ainsi, si petit. Si vulnérable.

Je n'ai que quelques pas à faire pour les rejoindre. Le pêcheur s'avance d'un air tranquille. Son calme m'apaise un instant, juste un instant.

– Merci... murmuré-je en m'approchant, essoufflé.

Il hoche la tête avec une simplicité presque déconcertante.

– Je l'ai trouvé là, sur le rivage, pas bien loin.

Il indique un point du menton.

– Avec l'animal. Il était assis, comme ça. Il n'a pas dit grand-chose. Vous êtes son père ?

– Non ! hurle Noé, qui sort enfin de sa léthargie.

Le marin et les autres personnes présentent m'adressent un regard curieux.

– Je... je m'occupe de lui parfois. Je suis son voisin. Sa mère, Coralie, est en route, lâché-je confusément. Merci encore.

Il m'adresse un sourire bienveillant avant de s'écarter de quelques mètres. Il ne part pas. Je ne peux pas lui en vouloir, vu la façon dont Noé lui a répondu, il ne doit pas être serein de nous laisser seuls.

Je m'approche de Noé, hésitant sur ce que je dois faire. Rester silencieux ? Le prendre dans mes bras ? Le gronder ? Faire comme si de rien n'était ?

– Noé...

Il lève la tête à mon approche, les yeux rougis et mouillés. Il y a de la colère en eux, mais pas que. Je sais qu'il nous doit des explications, mais je crois que je dois m'excuser en premier.

– Je suis désolé, mon grand. On ne voulait pas...

– Vous m'avez menti !

Que répondre à ça ? Il n'a pas tort.

– On n'aurait pas dû, mais...

– Je ne veux pas te parler !

Je m'assois dans le sable à côté de lui, mon regard se rive sur les vagues qui roulent doucement.

– Tu ne veux peut-être pas me parler, mais je veux que tu saches que ta maman va arriver d'une minute à l'autre. Tu n'imagines pas la peur qu'elle a eue en voyant que tu avais disparu. Alors, tu peux m'en vouloir, tu peux lui en vouloir aussi de t'avoir menti, mais crois-moi, elle ne méritait pas que tu la punisses ainsi.

Ma voix est ferme sur la fin. Plus que je ne l'aurais voulu. Mais bon sang, quand je repense au visage de Coralie tout à l'heure...

– Je voulais pas... murmure-t-il d'une voix tremblante, le menton enfoui dans la fourrure de son lapin.

Il continue entre ses dents serrées :

– Je... je voulais juste partir, me retrouver... comme toi, tu fais avec le bateau.

C'est comme une lame qui me transperce. Il s'est inspiré de moi pour s'enfuir ainsi ? D'un côté, je suis touché qu'il me voie comme un exemple, mais la culpabilité, elle, me harcèle.

Pourquoi je suis allé lui raconter que sortir en mer, c'était ma façon de m'apaiser ?

– Noé, tu ne peux pas faire ça...

– Je sais, mais moi aussi, je voulais vivre des aventures. Seulement... j'savais pas comment allumer ton moteur pour sortir du port.

C'est donc ça qui l'a empêché de partir ? Une erreur technique. Je suis parcouru d'un frisson, me rendant compte de ce à quoi il a échappé, tout ce qu'il aurait pu risquer s'il avait réussi à quitter le quai.

Je hoche la tête, tentant de maîtriser mes émotions.

– Et tu as emmené Capitaine Chou-fleur avec toi ?

Ses yeux se portent sur son lapin qu'il caresse entre les deux oreilles.

– J'aurais pas dû. Tu m'avais pourtant prévenu qu'on devait pas amener des lapins à bord. Que ça porte malheur, marmonne-t-il.

Il baisse la tête, honteux. J'avoue qu'une superstition ridicule à mes yeux n'est pas celle qui me préoccupe pour l'instant. Le soulagement d'avoir retrouvé le gamin sain et sauf est une chose, mais je sens aussi monter l'urgence d'une conversation sérieuse. Je ne peux pas le laisser échapper à ça.

– Noé, écoute-moi bien.

Ma voix est calme, mais ferme. J'attends que ses yeux trouvent les miens pour qu'il puisse comprendre le sérieux de ce que je m'apprête à dire.

– Ce que tu as fait... c'est très grave. Tu sais ça, n'est-ce pas ?

Il hoche la tête, et je vois bien qu'il comprend la situation, mais je dois l'expliquer, poser les mots.

– Ce n'est pas seulement parce que tu as voulu prendre le bateau. Même avec des compétences, même si je t'ai appris quelques astuces, la mer, c'est dangereux. Toujours. Et partir seul, sans prévenir ta mère et sans que personne ne sache où tu es, c'est inacceptable, Noé.

Je vois ses lèvres trembler. Il ne s'agit pas de l'accabler, il s'agit de lui éviter de recommencer. Il doit comprendre la profondeur de ce qu'il a provoqué.

– Ta mère est morte d'inquiétude. Le village entier te cherchait.

Il baisse à nouveau la tête, silencieux, mais je sens qu'il m'écoute.

– Et tu sais quoi ? Cela n'a rien changé à ta colère. Tu voulais partir parce que tu étais en colère, pas vrai ?

– Oui, avoue-t-il dans un souffle.

Je sais à quel point ces émotions peuvent être écrasantes à cet âge. Mais il doit apprendre que céder à ces pulsions peut engendrer des conséquences réelles, graves.

– Je comprends que tu sois en colère, Noé. Mais en réagissant ainsi, sans réfléchir aux conséquences, tu mets tout le monde en danger. Pas seulement toi. Pas seulement Capitaine Chou-fleur. Mais ta mère, moi, tout le monde qui tient à toi et qui doit te chercher.

Les mots pèsent sur lui, je le vois. Il pleure maintenant à chaudes larmes, les bras toujours autour de son lapin. Sa colère a laissé place à de la culpabilité.

– Je... désolé, lâche-t-il enfin, honnêtement. Je voulais pas... J'ai juste...

Je m'apprête à répondre, quand un cri perçant me coupe la parole.

– Noé !

Coralie.

Elle déboule sur la plage, essoufflée et visiblement en état de choc. Elle se précipite directement vers son fils qui se relève. Je l'imite.

– Maman !

Elle le saisit par les épaules et le plaque contre elle. Pendant un instant, l'émotion est si forte qu'elle est incapable de dire autre chose que son prénom, à plusieurs reprises. Juste « Noé », comme une prière, une incantation.

Noé s'effondre contre elle, et je me fais discret, reculant d'un pas pour leur laisser cet instant.

Mais les vagues de l'émotion passées, elles se transforment bien vite en tempête.

– Noé, mais t'es complètement fou ou quoi ? hurle-t-elle subitement. On s'est tous fait un sang d'encre ! Qu'est-ce qui t'a pris ? C'était totalement inconscient !

– Je voulais juste faire un tour en mer... comme Ewenn.

– Un tour en mer ?

Le regard de Coralie se tourne vers moi, confus, puis colérique.

– C'est toi qui lui as dit qu'il pouvait faire ça ?

– Non ! Bien sûr que non !

– Ewenn m'a dit que quand il avait besoin de réfléchir, il aimait bien naviguer. J'ai voulu faire pareil, mais j'ai pas réussi à démarrer le moteur.

Je vois le moment où les paroles de Noé, qui étaient juste l'explication de son idée, deviennent une charge... contre moi.

– Tu te rends compte qu'il a failli partir seul en mer !

– Il...

– Qu'est-ce qui se serait passé s'il lui était arrivé quelque chose ? S'il avait réussi à démarrer le bateau ?

Sa question fuse, rapide comme une flèche, et je sens son poison me transpercer. Je sais qu'elle n'est pas rationnelle, sous le coup de l'émotion, mais cela ne m'empêche pas de la trouver injuste. Malgré ça, une vague de culpabilité me submerge.

– Coralie, il ne s'est rien passé.

Mais elle m'interrompt brusquement.

– Non, Ewenn ! Ne me dis pas qu'il ne s'est rien passé.

Elle projette toute la peur qu'elle vient de vivre sur moi, et je ne peux pas vraiment la blâmer. Je décide de rester silencieux, ça ne servirait à rien d'essayer de la raisonner.

Elle serre Noé contre elle, et je les observe tous les deux. Leur duo inséparable contre le reste du monde.

Un duo au sein duquel je savais dès le départ qu'il serait dur de se faire une place. Mais sur cette plage, l'image est d'autant plus frappante.

Il ne reste que nous, les pêcheurs et les autres sont partis.

Ils sont tous les deux, je suis seul.

Je ne sais pas si Noé se rend compte que cet instant même est la preuve que rien ni personne ne menace sa place dans le cœur de sa mère.

– Viens, Noé, murmure-t-elle finalement, prenant son fils par la main.

J'ai tout juste le droit à un regard, et il n'est pas amical.

Ils commencent à s'éloigner, m'abandonnant dans un silence. Je ne dis pas un mot. Je les regarde partir, le cœur serré, sachant que cet éloignement n'est pas uniquement physique. Quand Noé tourne une dernière fois la tête vers moi, je lui adresse un mince sourire, silencieux, presque un adieu.

Je reste là, sur cette plage, les mains dans les poches. Les lieux qui ont été synonymes de tant de joie, pas plus tard qu'hier, sont maintenant déserts, tristes. L'horizon est tourmenté de gros nuages. Il pleuvra bientôt. Mais cela ne me convainc pas de presser le pas pour rentrer chez moi et retrouver ma maison vide.

36

Coralie

– Oui, tu as clairement surréagi. T'es allée bien trop loin.

Je grimace en entendant la voix de Nawell à l'autre bout du fil. Je m'attendais à cette réponse... mais peut-être moins catégorique.

– Merci pour le soutien.

– Oh ! Ma chérie, tu sais que je t'aime, et je comprends que tu as eu peur, mais là, franchement... Le mec se plie en quatre pour ton fils, s'occupe de lui quand tu n'es pas là, t'aide à le chercher quand il disparaît, tout ça pour se faire engueuler à la fin alors qu'il n'a rien fait !

Je ferme les yeux, la culpabilité me rongeant l'estomac.

– Je sais...

– T'as eu peur pour Noé, c'est normal, mais c'est Ewenn, Coco. Il n'a jamais rien fait qui puisse mettre Noé en danger.

– J'ai tout gâché, hein ?

– Non, pas encore. Mais si tu restes plantée sur ton canapé à te morfondre au lieu d'aller le voir, là, oui, tu vas tout gâcher.

– Tu crois que je devrais aller le voir ? Maintenant ?

– Non, attends la prochaine pleine lune... Bien sûr que tu dois y aller maintenant !

Je me redresse, mon cœur accélérant à cette simple idée.

– Et je lui dis quoi ?

– La vérité ? suggère Nawell avec une pointe d'ironie. Que tu as paniqué, que tu as projeté tes angoisses de maman sur lui et que tu es désolée ?

– Et s'il ne veut pas me parler ?

– C'est Ewenn, pas un ado capricieux. Il apprécie l'honnêteté, alors sois directe.

Je me lève, commençant déjà à faire les cent pas dans mon salon.

– Tu as raison...

– Comme toujours ! Et mets un truc sexy, histoire de détourner son attention si jamais il est encore fâché.

– Nawell !

– Quoi ? Je donne juste des conseils tactiques !

Je raccroche en souriant malgré moi, le cœur un peu plus léger. Nawell a le don de me faire voir les choses plus clairement, même si ses méthodes sont parfois... discutables.

Après avoir raccroché, je reste plantée au milieu de mon salon, indécise. La pendule égrène ses secondes avec une lenteur exaspérante. J'hésite. Est-ce vraiment une bonne idée d'y aller maintenant ? Ne devrais-je pas attendre demain ? Ou la semaine prochaine ? Ou jamais ?

J'attrape ma veste en jean, avant que mon courage s'évapore.

Mon reflet dans le miroir de l'entrée me renvoie l'image d'une femme nerveuse aux joues un peu trop roses. Je prends une grande inspiration.

– Allez, Coralie, tu peux le faire. Ce n'est qu'Ewenn, il ne va pas te manger.

Ce n'est qu'Ewenn.

La phrase sonne faux. Ce n'est *pas* qu'Ewenn. C'est l'homme dont le sourire fait faire des choses étranges à mon rythme cardiaque. C'est celui qui regarde Noé avec une tendresse qui me noue la gorge. J'aurais peut-être dû penser à ça, hier.

Je sors de chez moi avant que mes pensées me paralysent complètement. L'air frais du soir me gifle légèrement les joues. Le temps s'est rafraîchi depuis quelques jours, comme s'il s'était calé sur l'état de ma relation avec Ewenn.

Sa maison n'est qu'à quelques pas. Je pourrais presque compter les secondes qu'il me faut pour y arriver.

Dix... neuf... huit...

Mon cœur cogne si fort dans ma poitrine que j'ai l'impression qu'il va s'échapper.

Trois... deux... un...

Je suis devant sa porte. Il est encore temps de faire demi-tour. De rentrer chez moi et de prétendre que rien ne s'est passé. D'attendre que le temps fasse son œuvre.

Mais je ne veux pas que le temps érode ce que nous avons construit, aussi fragile ce soit.

Ma main se lève toute seule et frappe à sa porte.

Les secondes s'étirent. J'entends des pas à l'intérieur, la porte s'ouvre, et Ewenn apparaît.

Il est visiblement surpris de me voir. Ses yeux bleus s'écarquillent légèrement avant de retrouver une expression plus neutre, presque distante. Il porte un vieux T-shirt qui a connu des jours meilleurs et un jean délavé. Ses cheveux sont encore humides, il doit sortir de la douche.

– Coralie ?

Sa voix est polie mais sans chaleur. Le parallèle avec cette fois où je me suis invitée chez lui avec des muffins pour enterrer la hache de guerre ne m'échappe pas.

– Je… je peux entrer ?

Il hésite une fraction de seconde avant de s'écarter pour me laisser passer.

Je n'ai pas fait trois pas dans l'entrée que je me tourne et lance :

– Je suis désolée.

Les mots sortent précipitamment, comme s'ils avaient patienté trop longtemps. Comme si attendre d'être installée sur le canapé m'était impossible.

Paradoxal, alors qu'il y a une minute encore, je caressais l'idée de faire demi-tour.

– Je suis vraiment, vraiment désolée, Ewenn. J'ai complètement surréagi sur la plage, hier. J'étais terrifiée quand Noé a disparu et… j'ai projeté toute ma peur sur toi. Ce n'était pas juste.

Il reste silencieux, appuyé contre le mur, les bras croisés. Son visage est indéchiffrable. Il finit par soupirer. Un soupir las.

Je crois un instant qu'il va accepter mes excuses et qu'on va pouvoir en rester là, mais à ma grande surprise, il ne le fait pas.

– Tu avais raison de me dire que c'était grave. J'aurais dû être plus prudent avec mes histoires de navigation solitaire. Je n'aurais pas dû lui montrer comment manœuvrer le bateau…

– Non, tu…

– Si, Coralie. J'ai réfléchi, depuis hier. Je ne suis pas parent. Je ne sais pas ce que c'est que d'avoir cette responsabilité constante. C'est différent d'être un ami, un oncle, je m'en rends compte. Et le fait que toi et moi...

Mon cœur se serre, il marque une pause avant de poursuivre.

– Ça complique beaucoup les choses, et surtout, ça fait peser une responsabilité sur mes épaules pour laquelle je ne suis probablement pas prêt.

Le silence qui suit cette déclaration est assourdissant. Mon estomac pèse une tonne, je sens mes yeux qui me brûlent.

– Tu veux dire...

– Noé a besoin de toi, Coralie. C'est une période compliquée pour lui, tu l'as répété plus d'une fois. Entre le déménagement, la perte de ses amis, la rentrée dans quelques jours, il a besoin de sa maman, et je ne veux pas être au milieu. Ce n'est pas ma place.

J'ouvre la bouche, mais aucun son n'en sort.

– Je suis désolé, Coralie, de ne pas être à la hauteur.

Il enfonce les mains dans ses poches et fuit mon regard. Je suis sidérée. Je pensais qu'il m'en voudrait, mais je ne m'attendais pas à ça.

– Pourquoi ? finis-je par demander d'une voix teintée de tristesse.

– Pourquoi quoi ?

– Pourquoi tu choisis de tout arrêter alors qu'on pourrait... je ne sais pas, essayer ? Trouver un équilibre ?

Il secoue la tête, son regard fixé sur un point invisible derrière moi.

– Parce que, si ça ne marche pas, ce n'est pas seulement nous deux qui en souffrirons. Et je refuse d'être responsable de ça. Je pense que tu peux facilement le comprendre.

Il sait que je ne vais pas réfuter cet argument, que préserver mon fils a toujours été ma priorité.

– Ewenn...

– Je ne peux pas être ce dont il a besoin maintenant. Ce dont vous avez besoin tous les deux.

Les larmes surgissent dans mes yeux.

– C'est ce que tu veux vraiment ?

Son regard croise le mien, et pendant une seconde, je vois toute la douleur qu'il essaie de cacher.

– C'est ce qui est le mieux pour Noé.

Le silence qui suit sa déclaration est brutal. Je voudrais hurler, argumenter, le secouer, peut-être. Mais les mots restent coincés dans ma gorge. Parce qu'au fond, je comprends sa logique, même si elle me brise le cœur.

Je hoche à contrecœur la tête puis fais quelques pas en direction de la sortie. Il ne m'en empêche pas. Je pose la main sur la poignée de la porte, mon cœur battant douloureusement dans ma poitrine.

– Peut-être qu'un jour... commencé-je avant de m'interrompre.

Qu'un jour quoi ? Qu'on pourra redevenir amis ? Que les choses seront plus simples ? Que mon fils sera assez grand pour que nous n'ayons plus à nous soucier de le blesser ?

Ewenn ne répond rien.

Je sors sans me retourner, sachant que si je le fais, je risque de craquer. Je sens une goutte salée dévaler ma joue. Je marche en direction de chez moi comme un automate. Je ne veux pas me retourner pour vérifier s'il me suit du regard. Je ne veux pas lui montrer mes larmes.

Arrivée chez moi, je ferme la porte, retire ma veste, machinalement. La maison est silencieuse, bien que Noé doive être quelque part dans sa chambre. Un sanglot explose dans ma gorge, je porte une main à ma bouche pour le contenir, geste bien dérisoire. Je reste quelques minutes à pleurer dans mon entrée. Mais comme tous les deuils, quelques larmes ne suffiront pas à faire passer celui de cette relation.

J'essaie d'inspirer, fort, de me raisonner. Noé va finir par descendre, je ne veux pas qu'il me trouve dans cet état. Je fais quelques pas, je vais dans la cuisine.

Et si je me faisais un thé ?

Je me rends compte que cette idée est mauvaise à l'instant où, depuis la fenêtre, je vois sa maison. Les lumières sont éteintes malgré le jour qui décline. Est-il parti ? Ou est-il, comme moi, dans la semi-obscurité à ressasser cette conversation ?

Un rire sans joie m'échappe. Ça va être ça, maintenant ? Je vais l'épier en me demandant ce qu'il fait ?

Je tourne les talons, évitant la fenêtre. Je sais qu'Ewenn a raison sur un point : Noé doit être ma priorité. Il traverse une période difficile, cherche sa place, teste les limites. Je dois être là pour lui, stable et présente. Même si cela signifie mettre de côté mes propres désirs.

Mais bon sang, ça fait mal.

– Peut-être qu'il nous faut juste du temps, murmuré-je dans le silence de ma cuisine.

Du temps pour que Noé grandisse et trouve ses marques. Du temps pour que je comprenne comment équilibrer mon rôle de mère et de femme.

Mais je repense à quelque chose qu'Ewenn a dit : « Ça fait peser une responsabilité sur mes épaules pour laquelle je ne suis probablement pas prêt. »

Est-ce que le temps pourrait arranger ça, aussi ?

Je n'ai aucune certitude là-dessus. Pas plus que sur le fait qu'il ait l'envie que ça change.

J'essuie rageusement ma joue. Je m'en veux terriblement. Je m'en veux d'avoir pensé que c'était possible, que cette fois-ci j'étais tombée sur un homme responsable, prêt à me soutenir, à nous supporter. À endurer les tracas de ma vie à mes côtés plutôt que de les fuir.

Il faut croire que je me suis lourdement trompée.

37

Coralie

Je suis enroulée dans un plaid doux, confortablement installée sur le canapé, une tasse de café entre les mains, et le sourire satisfait de quelqu'un qui a réussi à esquiver un événement qu'elle redoutait. Il est encore tôt, et je me surprends à apprécier la quiétude de la maison, alors que Noé est occupé dans sa chambre.

Le baptême de Solenn, c'était une gentille invitation de la part de Katell et Florence, mais je viens d'envoyer un message pour me faire porter pâle. Je n'ai pas envie que ma présence gâche la journée des Le Gall.

Enfin, particulièrement de l'un d'entre eux.

L'un d'entre eux qui m'évite soigneusement depuis plus d'une semaine. Non pas que j'aie cherché à le croiser non plus.

Aujourd'hui, je reste ici. Loin des regards curieux, loin de lui.

Certes, je m'entends bien avec Katell, mais je crois que c'est mieux si je garde mes distances. Après tout, Florence est aussi ma patronne, c'est bien de rester professionnelle.

Je soupire, savourant une gorgée de café tout en balayant du regard la pièce baignée par la lumière du matin. Une journée tranquille, en tête à tête avec moi-même. Parfait.

On toque à la porte.

Mince, qui est-ce ?

La liste de toutes les personnes possibles défile dans mon esprit. Un facteur ou un démarcheur semble peu plausible un dimanche matin. Un voisin ? Pourquoi pas ? *Le* voisin ? Certainement pas.

Qui, alors ?

Je m'apprête à me lever et j'entends déjà une voix demander :

– Coralie ? Tu es là ?

Merde, Katell.

Je soupire. Peut-être que si je ne bouge pas et ne fais pas de bruit...

– Je sais que tu es là, je vois ta voiture et j'ai repéré du mouvement à travers la fenêtre de l'étage ! Allez, ouvre !

Je me lève avec un gémissement, abandonnant la quiétude du canapé pour aller affronter la tornade Katell. Quand j'ouvre la porte, elle est plantée devant moi, un grand sourire aux lèvres et un chignon sophistiqué sur la tête avec une fleur piquée dedans. Elle semble sortie tout droit d'un conte champêtre, alors que moi... Je baisse les yeux : je porte un legging léopard et un T-shirt troué.

– Bonjour !

Son énergie est bien trop élevée pour un dimanche matin.

Elle s'infiltre chez moi avec la dextérité d'un démarcheur à domicile, avant même que j'aie eu la moindre chance de l'arrêter.

– Eh bien, tu as l'air en forme pour quelqu'un de malade !

– Euh...

– On sait très bien, toi et moi, que tu es en parfaite santé.

Elle me dévisage de haut en bas puis lève un sourcil avec une moue amusée.

– Je... je crois que je couve un truc.

– Tu es la pire menteuse que j'ai jamais vue. Allez, va te changer, je t'emmène au baptême. Où est Noé ?

– Dans sa chambre, mais Katell, je t'ai dit que... je n'y vais pas, balbutié-je, mal à l'aise.

Mais elle continue son petit tour dans mon salon, comme si de rien n'était, effleurant les meubles d'un air rêveur.

– Oui, oui, tu as dit que tu ne venais pas, mais je ne pouvais quand même pas te laisser piquer un petit roupillon tranquille alors que tu pourrais venir assister au baptême de ma nièce. Je te rappelle que je suis sa marraine. Tu sais depuis combien de temps j'attends ça ?

– Euh...

– Bref, montre-moi ton placard. On va te trouver un truc à mettre. Et je m'occupe de tes cheveux, bien évidemment, dit-elle en fronçant les sourcils à la vue de mon improvisation de chignon sur le haut de ma tête, qui manque de se casser la figure.

Nous grimpons l'escalier, et Noé vient à notre rencontre.

– Va t'habiller, mon poussin, on va au baptême finalement.

– Je croyais que tu ne voulais pas y aller ? dit-il.

– Eh bien... Katell m'a convaincue du contraire.

Le mot exact est plutôt « forcée », mais ça ne sert à rien de lutter.

– Dépêche-toi, lui dit Katell. Maxime t'attend.

À la mention de son ami, mon fils se précipite dans sa chambre en criant :

– Trop bien !

Je tente une dernière fois d'échapper à la cérémonie.

– Katell, je n'ai pas envie de m'imposer…

– Tu ne t'imposes pas du tout. Adèle et Briac sont ravis que tu sois des nôtres.

Je grimace.

– Je suis vraiment flattée mais… je ne vais pas réussir à me préparer en deux minutes. Regarde-moi, je suis prête pour un marathon Netflix, pas une cérémonie familiale.

Elle s'approche de moi et claque des doigts devant mon visage.

– Si tu ne viens pas, Solenn sera maudite. Toute sa vie. Est-ce que tu veux vraiment te sentir responsable de cela ? Je peux dire au prêtre que c'est de ta faute s'il doit annuler toute la cérémonie.

Je lève les yeux au ciel pour cacher un sourire face à cet argument insensé. Jamais elle ne ferait ça.

– OK, tu as gagné.

Katell jubile avant même que je termine ma phrase.

– Voilà ! Je savais que tu serais raisonnable ! Une simple robe suffira. Ou un pantalon, d'ailleurs. Tu préfères quoi ?

Elle me suit dans ma chambre, comme si j'allais en profiter pour m'échapper par la fenêtre. J'ouvre la penderie et me retrouve face à un dilemme. Que vais-je porter ? Tous mes vêtements me paraissent trop décolletés, trop voyants, trop décontractés pour une telle occasion.

Katell scrute mon placard avec l'intensité d'un agent du FBI analysant une scène de crime.

– Tu as vraiment une jolie collection de leggings avec des couleurs intéressantes, dit-elle en retenant un rire. Combien en as-tu, exactement ?

– Trop.

Elle continue son inspection méthodique, poussant les cintres un à un.

– Ah ! s'exclame-t-elle soudain. Cette robe bleue, elle est parfaite ! Elle ira à merveille avec tes cheveux et ta manucure.

– Tu crois ? Elle n'est pas un peu...

– Si tu dis « trop », je te jure que je te coiffe en punk. Et crois-moi, avec mes talents, je peux transformer tes cheveux en crête multicolore en moins de dix minutes.

Je lève les mains en signe de reddition pendant qu'elle sort la tenue. C'est une robe patineuse d'un bleu profond que je n'ai mise qu'une seule fois. J'avais même hésité à la garder lors du déménagement car je ne voyais pas à quelle occasion la porter.

– Enfile ça pendant que je prépare mon matériel.

Elle sort de son sac un nécessaire de coiffure qui me fait penser à la mallette d'un chirurgien.

– Tu te promènes toujours avec un salon de coiffure portatif ?

– Ma chérie, je suis coiffeuse. Je ne sors jamais sans mes instruments de torture.

Je pense qu'elle ment. Elle avait juste prévu son coup.

– Je sors rarement avec mes vernis...

Dix minutes plus tard, je suis assise sur une chaise pendant que Katell s'attaque à mes cheveux avec la détermination d'un général partant en guerre.

– Aïe !

– La beauté a un prix, ma belle. Et tes nœuds aussi. Tu as utilisé quoi, comme brosse, ces derniers jours ? Un râteau ?

– Je te signale que je ne pensais pas sortir aujourd'hui.

– Eh bien, surprise ! dit-elle en tirant sur une mèche particulièrement rebelle.

Elle s'active autour de ma tête, ses doigts agiles tressant et entortillant mes cheveux avec une rapidité impressionnante.

– Et voilà ! annonce-t-elle finalement. Un chignon bohème parfaitement décoiffé.

– Parfaitement décoiffé ? C'est pas un peu contradictoire ?

– C'est tout un art, ma chère. Il faut donner l'impression que tu t'es réveillée comme ça.

Je me regarde dans le miroir et dois admettre que le résultat est bluffant. Mes cheveux forment un chignon sophistiqué qui semble effectivement naturellement décoiffé.

– Tu vois ? Maintenant, tu ressembles à une vraie invitée de baptême, et plus à une marathonienne de séries télévisées.

– Merci, je suppose ?

– De rien. Et maintenant... le maquillage !

Je gémis tandis qu'elle sort une nouvelle trousse de son sac magique.

– Ton sac, c'est comme celui de Mary Poppins ou quoi ?

– Exactement ! répond-elle en agitant un mascara comme une baguette magique. Et maintenant, ferme les yeux et laisse-moi faire. Je te promets que personne ne pourra détourner le regard. Et sûrement pas Ewenn.

À l'évocation du prénom de son frère, je proteste :

– Euh, Katell... à ce sujet.

Nous n'en avons pas vraiment discuté. Puisque Noé n'était pas au courant de notre relation, nous avons décidé de ne pas en parler ouvertement autour de nous. Je n'aurais pas menti si elle m'avait posé la question mais je n'ai pas abordé le sujet non plus.

Je pense que Katell était consciente que quelque chose se passait entre son frère et moi, mais elle a respecté ma discrétion là-dessus. Elle est également au courant pour la fugue de Noé. Je ne sais pas si elle en a tiré des conclusions ou pas…

– Chut ! On ne parle pas pendant l'application du mascara, c'est la règle numéro un !

Quelques minutes plus tard, nous nous installons dans sa voiture, et avant même que je ne m'en rende vraiment compte, nous sommes en route vers l'église. Katell devise joyeusement tout le long du trajet, ne cessant de me répéter à quel point je ne le regretterai pas.

– Une fête familiale, c'est l'endroit parfait pour mieux connaître tout le village, me dit-elle avec l'assurance d'une organisatrice d'événements chevronnée.

La vérité, c'est que je ressens une légère angoisse, une petite voix qui me chuchote que ce baptême représente bien plus qu'un simple événement familial. Mais il est trop tard maintenant pour faire marche arrière.

Nous finissons par arriver devant l'église où une foule joyeuse se rassemble déjà. Des guirlandes de fleurs décorant l'entrée créent une atmosphère à la fois solennelle et festive.

À peine sur place, Katell m'abandonne pour aller superviser son clan, et Noé court rejoindre Maxime. Le chaos du dernier moment est bien là : Florence est en train de replacer une dentelle froissée sur le chapeau d'une invitée, tandis que Briac, non loin de là, lutte avec une couverture et une poussette récalcitrante sous le regard rieur d'Adèle.

– Ah ! mais voilà Coralie ! s'exclame Florence en me voyant arriver.

Je me tends un peu sous les regards curieux de la famille Le Gall rassemblée, mais Florence m'attrape par le bras avec un sourire chaleureux.

– Je suis tellement contente que tu aies pu venir.

– Euh, merci...

Je tente de cacher ma nervosité dans un sourire. Florence est visiblement ravie que sa fille ait réussi son coup.

– Cette Katell, quelle négociatrice !

Quelqu'un m'interpelle :

– Ah ! Coralie !

Je me retourne, lâchant le bras de Florence pour découvrir René, le grand-père des Le Gall, qui avance vers moi, appuyé sur sa canne. Il attrape mon bras à son tour, m'intimant en quelque sorte de faire un bout de chemin avec lui.

Ils ont tous peur que je m'échappe ou quoi ?

– Êtes-vous prête à découvrir à quel point cette petite Solenn a de la chance ? Pas juste à cause de son joli nom, mais grâce à son vieux grand-père plein de sagesse !

Je ris, emportée malgré moi par l'ambiance légère et joyeuse. J'aide René à grimper les quelques marches de l'église, et nous entrons dans celle-ci. Ça sent l'encens et les bougies. Je ne suis pas croyante mais je ressens toujours une certaine solennité, quand j'entre dans ce genre de lieu, qui m'impressionne un peu.

C'est alors qu'Ewenn apparaît, vêtu d'un costume sobre mais élégant. Ses cheveux sont légèrement en bataille, comme toujours, et malgré moi, je sens mon cœur accélérer. Il me remarque, son regard croise le mien une fraction de seconde, puis il se fige, visiblement surpris de me voir.

– Ah ! tiens, voilà le parrain, souffle Katell à mon oreille en passant près de moi, un sourire en coin.

Je la gratifie d'un regard désapprobateur.

Ewenn finit par s'avancer vers moi, mais son expression est indéchiffrable. Nous échangeons un « Salut » rapide. Je suis incapable de détacher mes yeux de son visage, cherchant un indice, quelque chose qui pourrait me dire ce qu'il pense vraiment.

Mais René tire sur mon bras. J'ai donc l'excuse parfaite pour m'échapper.

– Venez, trouvons un endroit pour nous asseoir, dis-je au vieil homme, ignorant son petit-fils.

Tout le long du chemin jusqu'au banc sur lequel René a jeté son dévolu, je sens le regard de celui-ci peser sur moi.

38
Ewenn

La réception bat son plein. Tout le monde s'est rassemblé dans la salle communale décorée avec cette touche de simplicité élégante caractéristique des événements de ma famille. Des nappes blanches, des guirlandes de fleurs suspendues aux poutres en bois, et un léger parfum sucré qui flotte dans l'air. C'est censé être une fête joyeuse, mais je suis tendu comme un arc.

Mon regard, malgré moi, se pose encore sur elle. Coralie.

Elle est là, debout près de mon grand-père, souriante. Toujours ce sourire aimable et apaisant que je feins d'ignorer. Il me rappelle trop de choses. Son rire léger se mêle aux conversations. Elle est jolie. Non, plus que ça. Ravissante. Des mèches s'échappent de son chignon pour aller caresser sa nuque. Et cette robe ? C'est à la fois tellement elle et pas du tout elle. De la couleur, mais une coupe bien sage qui, pourtant, ne cache en rien son corps magnifique.

Je serre la mâchoire. Pourquoi est-elle venue ?

Je sais très bien pourquoi. Katell. Cette manipulatrice hors pair a réussi à la convaincre. Coralie a tenté d'y échapper, j'ai entendu une conversation entre ma sœur et Adèle, tout à l'heure.

Noé est là également. Ce dernier a fui la salle pour aller jouer dehors avec les autres enfants. Il m'a lancé un timide bonjour avant de m'ignorer. Moi-même, je ne savais pas comment me comporter. Faire comme si de rien n'était ? M'excuser ?

Je tente de garder une distance, de m'isoler mentalement de ce chaos familial, mais il ne se passe pas trente secondes sans que quelqu'un ne semble avoir pour mission de venir me faire sortir de mon trou.

– Alors, Monsieur le parrain ? Tu boudes ? m'interpelle Yvon, mon oncle.

– Pas du tout.

Mon ton dissuaderait n'importe qui de s'approcher, mais il semblerait que ma famille soit immunisée contre ma mauvaise humeur. Ou alors, le punch a déjà fait des ravages.

– Si t'as pas l'air tendu, alors je suis le pape !

Il me tapote l'épaule, et je soupire.

Incapable de me concentrer sur la tentative de discussion de mon oncle, mes yeux retournent inlassablement vers Coralie. Elle est en pleine conversation avec Papi René, et il est visiblement ravi de monopoliser son attention depuis la messe. Elle rit à ses blagues douteuses, sa main posée sur son bras. Yvon finit par m'abandonner pour le buffet. Je ne peux pas lui en vouloir : face à des mini quiches, je ne fais pas le poids.

Je m'apprête à m'éclipser dehors, histoire de respirer un peu, quand Katell avance droit vers moi.

Super. J'envisage sérieusement de quitter Kerlaouen dès demain. Pour une destination où ma famille intrusive ne pourra pas venir me chercher. Sans possibilité d'extradition – ils seraient bien capables de trouver un moyen de me faire rapatrier en Bretagne.

– Qu'est-ce que tu fais là ?

– Une étude sociologique sur le comportement des Le Gall dans un environnement festif, réponds-je, pince-sans-rire.

– Je vois… Tu observes les invités… ou bien une invitée en particulier ?

Je ne cherche même pas à réfuter.

– Ta finesse d'analyse ne cesse de me surprendre, sœurette.

– Toi, au contraire, tu es tout sauf subtil. Si tu avais un panneau autour du cou avec écrit « chien battu », ce ne serait pas plus clair.

Je me renferme un peu plus.

– Franchement, Katell, lâche-moi deux minutes. On est là pour célébrer Solenn, non ?

– Oui, mais vu que selon tes propres dires, tu es en pleine étude de la famille, tu as dû remarquer que notre cousin Enzo a l'air de beaucoup apprécier notre Coralie.

« Notre Coralie ». Aïe, ça fait mal.

Ce n'est plus *ma* Coralie.

– Eh bien, tant mieux pour Enzo, laissé-je échapper d'un ton sec.

Katell hausse un sourcil.

– Tant mieux pour Enzo ? Tu le détestes !

– Qu'est-ce que ça peut te faire ?

Je serre les poings, frustré. Oui, j'ai déjà remarqué qu'Enzo la collait de trop près. J'ai vu aussi qu'elle lui a parlé, qu'elle lui a souri. Je pourrais détailler toutes les interactions qu'elle a eues avec chacune des personnes de cette pièce. Je n'ai pas besoin de ma sœur pour me faire un rapport.

– Eh mais... qu'est-ce qui t'arrive, Ewenn ?

Mes yeux se posent sur le verre vide que je tiens à la main.

– On s'est disputés. Elle et moi, c'est de l'histoire ancienne. J'ai pas envie d'en discuter.

Pour une fois, Katell reste silencieuse. Mais ça ne dure pas. Évidemment.

– Mais il y a bien eu une histoire... Je m'en doutais, je me suis dit qu'elle en parlerait quand elle serait prête. J'en conclus que c'est terminé ?

Je la fusille du regard.

– Je viens de dire que j'ai pas envie d'en parler. Tu m'excuses, je vais prendre l'air.

Je n'attends pas sa réponse, je m'éloigne sans demander mon reste. Direction la sortie pour de l'air frais avant d'exploser.

Je pousse la double porte qui donne sur l'arrière de la salle. Une petite cour pavée, déserte, livrée à la douceur d'un après-midi légèrement venteux. Je me tiens là, seul quelques instants, respirant profondément.

Pourquoi il a fallu que ma famille la trouve si sympa ?

OK, je sais : parce qu'elle l'est. C'est toute la contradiction. Je ne peux pas m'empêcher de ressentir des choses pour elle, même si je m'en défends. Et voilà que je me rends compte que ne plus la voir va être encore plus compliqué que je ne le pensais.

Ma famille n'aide pas. Au contraire, elle semble tout faire pour nous rapprocher. Ils ne comprennent pas que je fais ça pour une bonne raison.

La porte grince doucement derrière moi. Et bien sûr... c'est elle.

– Ewenn ?

Elle se tient là, sa robe bleue légèrement flottante à cause du vent. Ce bleu profond qui fait ressortir sa peau claire.

– Je te dérange ? demande-t-elle, hésitante.

Je secoue la tête sans la regarder directement.

– Non... Non, ça va.

Elle fait un petit pas en avant, comme si elle n'était pas sûre d'être la bienvenue ici, dans ce coin retiré où j'ai cherché refuge. Un refuge de pacotille, évidemment, puisqu'elle est là, maintenant.

– Ton grand-père m'a un peu accaparée, mais... j'ai vu que tu t'étais éclipsé. Ça va ?

Je réprime une réponse sincère, préférant rester sur la réserve.

– Ouais, c'est juste la foule. Besoin de respirer un peu.

Elle observe le sol pavé pendant un instant avant de reprendre avec cette voix douce :

– Tu sembles... enfin... je veux dire... si ma présence ici t'embête, je pourrais... je ne sais pas... partir après le gâteau ?

Coup de poing dans l'estomac. Pourquoi faut-il qu'elle soit aussi délicate, aussi prévenante ?

– Non. Non, reste. C'est pas à toi de te sentir mal à l'aise...

Elle arque un sourcil, visiblement surprise par ma réponse.

– Tu es sûr ? Parce que je comprends, tu sais. C'est ta famille...

Je ferme les yeux quelques secondes.

Je me sens comme le dernier des enfoirés. Elle a raison, c'est ma famille. Mais en peu de temps, ils sont devenus la sienne aussi, d'une certaine façon. Celle qu'elle est venue chercher en s'installant en Bretagne. Et par ma faute, elle est mal à l'aise parmi eux.

Je la regarde enfin.

– Ne pars pas.

Ma voix est plus rauque que je ne le voudrais. Elle baisse les yeux, et je vois ses doigts tripoter nerveusement le tissu de sa robe.

– Je ne voulais pas... je ne pensais pas venir. Katell m'a un peu forcé la main.

Je hoche la tête.

– Je suis désolée, je sais que ça ne va pas être facile parce que je bosse avec ta sœur et ta mère, Noé et Maxime adorent passer du temps ensemble, je ne parle même pas du fait que nos maisons...

– Je sais, la coupé-je.

Plus elle parle, plus je sens monter en moi cette colère sourde. Pas contre elle, contre moi-même. Contre cette situation que j'ai créée.

– Kerlaouen n'est pas grand, mais il devra l'être assez pour nous deux. Parce que je n'ai clairement pas envie de déménager à nouveau.

– Je n'ai pas envie que tu déménages.

C'est sorti tout seul, sans même que j'aie à y réfléchir. Elle soupire puis répond à voix basse :

– Ne me dis pas des choses comme ça, s'il te plaît.

Je me tais, c'est probablement mieux. J'évite de la regarder également. Je reste figé, les mains enfoncées dans mes poches.

Mais la vérité, c'est que la raison pour laquelle je ne veux pas qu'elle parte n'est pas qu'égoïste. L'ironie veut qu'une femme qui n'avait pas envie d'être là est restée en Bretagne à cause de moi. Je ne souhaite pas qu'une autre qui aime sa vie ici quitte Kerlaouen en partie par ma faute.

Je passe une main sur mon visage, le cœur en vrac. Pourquoi est-ce si compliqué ? Pourquoi est-ce que chaque interaction avec elle me donne l'impression de marcher sur un fil au-dessus du vide ?

Les rires de la fête résonnent à nouveau derrière moi. Ils me paraissent presque irréels, lointains. Ma famille est là, insouciante, à célébrer un moment de bonheur, tandis que moi, je suis coincé avec une décision que j'ai prise pour le bien de celle que j'aime.

Car oui, j'en suis certain, j'ai des sentiments pour Coralie. Aussi courte qu'ait été notre relation, ces quelques jours ont suffi pour réveiller mon cœur de sa longue léthargie.

Mais parfois, face à une tempête qui menace, il faut savoir changer de cap, se mettre en fuite pour préserver tout son équipage. C'est la décision que j'ai prise. Je la regrette chaque jour, mais je sais aussi que je n'aurais pas supporté de les faire souffrir davantage, Noé et elle.

La porte s'ouvre soudain sur Katell, qui passe sa tête et nous crie :

– Le gâteau arrive !

Coralie la rejoint. Je reste là, seul dans la cour pavée, à songer que c'est probablement une allégorie de ma vie. Et parce que j'ai cru pendant quelques jours échapper à ce destin, ça fait d'autant plus mal.

39

Coralie

Il y a des jours comme ça où tout va un peu de travers, où la maison paraît plus bancale que d'ordinaire et où le soleil ne cesse de se cacher derrière les nuages. Aujourd'hui, c'est exactement le cas. Les travaux sont à peu près tout ce à quoi je peux m'occuper à cause du temps maussade de ce week-end. Il faut dire que cette fichue porte de placard dans la cuisine qui manque de se casser la figure depuis des semaines commence à me courir sur la courgette, poliment dit.

– Tu vas y arriver, Maman ? demande Noé en entrant dans la cuisine.

Je fixe la charnière récalcitrante, tournevis en main, comme si je m'apprêtais à la torturer.

– Évidemment que je vais y arriver ! dis-je d'un ton qui se veut assuré.

J'ai à peu près autant de certitudes d'y parvenir que de me qualifier pour les jeux Olympiques...

Mais être positif, c'est déjà la moitié du travail pour y arriver, n'est-ce pas ?

J'essaie de resserrer la vis qui dépasse. Elle tourne dans le vide...

Super !

Je jette un coup d'œil à Noé, qui me regarde avec scepticisme. Pour le soutien émotionnel, on repassera.

– Ça a l'air mal barré.

– Hé ! Je t'en prie, tu n'as qu'à le faire.

Un sourire narquois se plante sur ses lèvres.

– C'est toi, l'adulte. Tu le répètes tout le temps.

Je le pointe avec mon tournevis.

– Figure-toi qu'il y avait un temps où, peu importe ce que je faisais, tu étais toujours admiratif de mes moindres faits et gestes.

Il lève un sourcil comme s'il avait du mal à le croire. J'insiste :

– Tu ne pouvais tellement pas te passer de moi que tu me suivais jusqu'aux toilettes.

– Berk ! Maman !

Alors que je me prépare à une nouvelle tentative, la vis saute brusquement de son trou, et c'est là, en un instant, que tout bascule.

Littéralement.

La porte se décroche, tombe sur moi, l'escabeau tangue... et moi aussi. Dans un enchaînement digne d'un film comique, je me retrouve les fesses par terre, la porte de placard sur moi, le tournevis dans la main pointé vers un adversaire imaginaire. Ma crédibilité en tant que bricoleuse, peut-être ?

Noé reste figé une seconde. J'ose espérer que c'est le temps de vérifier que je vais bien. Puis il éclate de rire, une hilarité qui part du ventre et qui vous pète à la figure comme une bulle de savon.

– Maman... Bravo !

Je devrais râler et hausser les sourcils comme toute maman respectable, ou même lui rappeler que j'aurais pu me faire mal, mais la scène est tellement ridicule que je me joins à lui, là, au milieu du chaos que je viens de provoquer.

– Eh bien ! On peut dire que je suis douée pour tomber des échelles, ironisé-je entre deux éclats de rire. C'est déjà ça.

– Au moins, cette fois-ci, tu n'es pas pleine de peinture !

Je me relève avec le peu de dignité qu'il me reste. Je fais un rapide constat des dégâts. Au moins, la porte n'est pas cassée, mais la charnière est définitivement morte.

– Bon. On va dire que, comme ça, je ne me demande plus s'il faut la changer...

Noé, toujours hilare, se frotte le ventre.

– C'est bon, Noé, c'est pas un sketch, non plus.

Je le pousse gentiment avec mon coude mais je ne peux m'empêcher de sourire. Oui, cette porte de placard est une métaphore de ma vie en ce moment. En chantier, tout en déséquilibre, et surtout, loin d'être stabilisée.

Je place la porte contre le mur.

– Tu ne vas pas la raccrocher ?

– Je n'ai pas ce qu'il faut et je ne suis pas certaine d'y arriver. Je vais demander à quelqu'un de passer... un jour ou l'autre, pour m'aider.

En disant ça, le visage d'Ewenn s'affiche dans mon esprit. Je le chasse. Je sais déjà que ce ne sera pas lui. Qui ? Aucune idée. Je trouverais une solution, comme toujours.

Je sais que Noé a pensé à lui également. Son regard s'est brièvement porté en direction de la maison voisine. Mais quand ses yeux sombres, si semblables aux miens, me retrouvent, je sens qu'il a une question sur le bout de la langue.

– Maman... commence-t-il, hésitant, pourquoi Ewenn ne vient plus chez nous ?

Ah ! On y est. Je savais que la question viendrait mais je ne pensais pas qu'elle me prendrait le cœur comme ça, avec cette étrange pression dont je ne parviens pas à me défaire à chaque fois que je pense à lui.

Je souffle un coup avant de répondre.

– Il a... il a juste beaucoup de choses à faire en ce moment, Noé.

La fausse excuse fuse. Noé n'est pas si bête, je le sais bien. Mais que dire ? Qu'Ewenn a disparu, sous un prétexte qu'il ne veut pas vraiment m'expliquer ?

– C'est à cause de moi, n'est-ce pas ?

– Non. Non, non, ce n'est absolument pas ça.

À ce moment, je m'agenouille devant lui, captant son regard.

– Ce n'est pas ta faute, mon grand. Tu n'y es pour rien.

Je prends son visage dans mes mains avec tendresse.

– Des fois, les grandes personnes font des choix... mais en aucun cas, ce n'est de ta faute.

Vu son expression, je comprends qu'il n'en croit pas un mot.

– Je sais que si. Depuis le jour où je me suis enfui, il ne vient plus à la maison. Et c'est ce que je voulais, au début...

Sa voix se brise avant qu'il continue.

– Mais je me rends compte qu'il me manque. Et je sais qu'à toi aussi, il te manque. Tu es triste depuis qu'il n'est plus là.

J'essaie de maintenir un visage impassible, mais c'est dur face à ce discours.

– Noé, je te le répète, ce n'est pas de ta faute. Cette décision... c'est Ewenn et moi qui l'avons prise, et ce n'est pas à cause de toi. Je comprends qu'Ewenn te manque et... à moi aussi, il me manque. Mais c'est aussi son choix, et on doit le respecter.

Il hoche la tête avec une tristesse qui me fend le cœur. Je repense à Ewenn qui me disait qu'il ne supporterait pas de le faire souffrir, mais se rend-il compte que le mal est déjà fait ?

Je ne peux pas totalement l'en blâmer. Cacher notre relation à Noé était ma décision. Peut-être que j'aurais dû lui en parler dès le départ, lui expliquer... mais avec des « si », on ferait beaucoup de choses.

J'attire mon fils dans un câlin, qu'il ne me refuse pas, et j'essaie de changer de sujet de conversation.

– Tu es excité de commencer le collège demain ?

Il grogne contre ma poitrine.

– T'es obligée de parler de ça ?

– Non, mais je veux savoir. Tu n'en parles pas beaucoup.

– Y a rien à dire, c'est une rentrée.

– Dans une nouvelle école, dans laquelle tu ne connais pas grand monde à part Maxime.

– J'ai rencontré des potes à lui au fest-noz et quand je suis allé chez lui.

– Et ?

– Et quoi ?

– Ils sont sympas ?

– Ouais, ils sont cool.

Je crois que je n'en tirerais pas plus. Je voudrais lui demander s'il est stressé, mais n'y a-t-il pas plus stressant que quelqu'un qui te demande justement si tu es stressé ?

– Bon, et pour le placard, qu'est-ce que tu fais, maintenant ? demande-t-il en désignant le désastre devant nous avec des gestes de bras exagérés.

– On... improvisera.

Mon ton faussement solennel lui tire un éclat de rire.

Moi aussi, je relâche la pression et ris doucement, ma main sur mon front. Nous rions autant de mes ratés que du fait que... personne n'a les outils pour réparer, de toute façon.

– Tu sais quoi, comme on va être pressés le matin, ça sera beaucoup plus pratique de ne pas avoir de porte de placard. On va gagner au moins trois secondes en n'ayant pas besoin de l'ouvrir ou la fermer pour attraper un bol.

– Et comme tu es toujours en retard, on ferait peut-être mieux d'enlever toutes les portes de placards ? suggère-t-il avec humour.

– Moi, en retard ? On en reparlera quand il faudra que je vienne dix fois te réveiller malgré le fait que ton alarme est en train de hurler depuis trente minutes !

Et comme ça, à travers nos taquineries habituelles, l'échec de ma tentative de bricolage est oublié.

Des ratés, je sais qu'il y en aura d'autres. Beaucoup. Plus ou moins graves.

J'ai appris avec le temps à prendre la vie comme elle vient, à aller de l'avant.

Peut-être qu'Ewenn n'était qu'un loupé parmi d'autres. Peut-être même qu'il avait raison, il n'était pas la bonne personne pour moi. Peut-être que je me suis laissé emporter par cette euphorie de la nouveauté ?

Je sais qu'il va me falloir du temps pour tourner la page. C'est ironique quand on y pense, il est entré si rapidement dans ma vie et, pourtant, il n'est pas près d'en sortir.

Surtout pas avec sa famille qui sera un lien continuel entre nous et cette clôture partagée. Finalement, c'est un peu comme une tornade. Ça ne dure que quelques minutes, mais les stigmates et les dégâts sont longs à effacer.

Autant se concentrer sur ce qui est solide : Noé et moi. C'est la seule constante dans ma vie, et j'ai déjà la chance d'en avoir une. Ces petits moments de complicité avec lui, ces instants anodins, légers mais profonds à la fois, c'est ça, mon équilibre.

Je m'essuie les mains sur mon vieux jean puis m'assieds par terre, face à la fenêtre qui donne sur le jardin. La pluie a commencé à tomber. Noé me rejoint et se blottit contre moi. Je l'entoure de mes bras.

On reste là, tous les deux, silencieux, à regarder le ciel pleurer, sur notre monde un peu bancal mais pas tout à fait cassé. Parce que nous sommes tous les deux. Pour le meilleur et pour le pire.

40

Ewenn

Le bruit des drisses qui frappent contre les mâts avec le vent rythme mes gestes, alors que je m'affaire sur le pont. Le port est calme, les pêcheurs sont rentrés depuis longtemps, et les plaisanciers sont peu nombreux en cette deuxième semaine de septembre.

Un éclat de voix sur le quai me sort de mes pensées. Je lève la tête.

– Tonton Ewenn !

Maxime, son sac de cours sur le dos, traverse la rue à grandes enjambées, suivi par un groupe de gamins de son âge et... Noé. Il m'observe, les mains au fond des poches. Son visage est neutre, mais je perçois immédiatement qu'il m'évite du regard.

J'enjambe le bastingage pour rejoindre mon neveu, qui arrive tout sourire sur le ponton.

– Salut, Maxime.

Très vite, il se transforme en moulin à paroles, discutant de ses notes en maths, d'un tournoi de foot à venir et de ce « prof trop nul qui donne trop de devoirs ». Je hoche la tête par automatisme, mais mon attention glisse vers Noé, qui reste à distance.

Il me regarde brièvement puis détourne les yeux pour fixer ses chaussures comme si elles contenaient tous les mystères de l'univers. Ça pique. Plus que je ne l'aurais cru.

Quand Maxime annonce fièrement à ses amis qu'il va les laisser pour m'aider sur le *Grenat*, Noé lâche un soupir et, sans un mot, fait mine de s'éclipser.

– Hé ! Noé, attends ! lancé-je sans réfléchir.

Il s'arrête mais ne se retourne pas. Troublé par son attitude, je le rejoins. Il reste immobile, le dos raide, la tête légèrement baissée. Mon cœur se serre. Pourquoi est-ce qu'une simple distance entre nous me pèse autant ? Je prends un ton que je veux chaleureux et sors le premier truc qui me passe par la tête pour tenter d'attirer son attention :

– Dis-moi, ça te dirait qu'on sorte à nouveau en mer avec Maxime, un jour où vous n'avez pas cours ? On pourrait aller pêcher ou tirer des bords, comme la dernière fois.

Ma proposition l'étonne tout autant que moi, on dirait. C'est vrai que j'ai dit à sa mère que je ne me sentais pas de taille à être responsable de lui. Mais la vérité, c'est qu'il me manque. Ils me manquent tous les deux.

Il me répond d'un ton le plus détaché possible.

– Non, merci. Maintenant que l'école a repris, j'ai beaucoup de devoirs.

Il accentue les derniers mots comme une excuse parfaite à laquelle il sait que je n'oserai pas opposer grand-chose. Face à sa froideur, je tente un sourire maladroit.

– Ah ! Voilà un collégien sérieux… La rentrée s'est bien passée ? C'est une étape importante, ça, la sixième. Tu t'es fait des copains, on dirait.

Son absence de réponse est comme une claque. Je fais un autre essai :

– Et euh… Capitaine Chou-fleur, il va bien ?

Noé relève lentement les yeux vers moi, son regard noir intense me cloue sur place. Ses lèvres se pincent un instant, avant qu'il lâche :

– Ne fais pas comme si tu en avais quelque chose à faire.

Son ton est tranchant, direct. Pour un gamin, il sait déjà comment viser juste. Avant que je puisse bredouiller quoi que ce soit, il tourne les talons et commence à s'éloigner. Mon instinct me pousse à ne pas le laisser partir comme ça. Pas encore.

– Attends, Noé ! dis-je en accélérant le pas pour le rattraper. Deux secondes, s'il te plaît.

Je pose une main légère sur son épaule, et il se fige. Il ne se retourne pas mais ne me repousse pas non plus. Je sens qu'il est tendu alors je me lance.

– Je suis désolé, d'accord ? Désolé si tu as cru que je t'évitais ou que je t'en voulais pour l'histoire du bateau. Ce n'est pas le cas.

Il finit par tourner légèrement la tête, mais son regard est chargé de reproches.

– Je sais que tu ne viens plus voir Maman à cause de moi.

Je reste abasourdi par sa remarque. Je mets du temps à répondre, les mots s'embrouillent dans ma tête.

– Ce n'est pas ta faute, Noé. C'est juste... compliqué.

Il se retourne complètement, ses sourcils froncés. Visiblement agacé par ma réponse, il s'écrie :

– Les adultes disent toujours que c'est *compliqué* ! Mais je suis pas bête, tu sais. Je suis en sixième, maintenant, je peux comprendre !

Sa frustration est évidente. Je me rends compte que c'est un garçon qui essaie désespérément d'appréhender l'équilibre d'un monde qu'il ne contrôle pas, dont il ne connaît pas encore tous les éléments.

– Tu as raison, Noé. Parfois, même les adultes ne comprennent pas tout. On se trompe, on hésite... et souvent, on ne sait pas comment faire les choses correctement.

Cette confession, à défaut d'apaiser totalement sa colère, le calme un peu. Il me fixe du regard quelques instants, et je peux presque voir les rouages tourner dans sa tête.

– Finalement, être adulte, c'est pas si cool que ça.

Cette remarque me prend de court, et avant que je m'en rende compte, je laisse échapper un rire. Cela semble le surprendre, et l'ombre d'un sourire apparaît sur son visage. Rien qu'un instant, mais c'est suffisant pour adoucir l'atmosphère.

Je prends une grande inspiration et décide de ne pas y aller par quatre chemins.

– Écoute... ta maman est quelqu'un de génial.

– Alors, pourquoi tu veux plus d'elle ?

Bordel, il ne veut vraiment pas me faciliter la tâche.

– Ce n'est pas... Je croyais que tu ne voulais pas que je passe du temps avec elle. Du moins, pas comme un amoureux. Quand on s'est parlé sur la plage, tu as dit que tu avais peur que tout change et qu'elle n'ait plus de temps pour toi.

Il semble absorber mes paroles, puis se remet à observer ses pieds.

– Hé ! Noé, tu as le droit de ne pas vouloir que je m'impose dans votre vie. Et je peux aussi être juste un ami qui t'emmène faire du bateau de temps en temps, si Maman est d'accord.

– Tu l'aimes, Maman ?

C'est une question simple, une que beaucoup d'adultes n'auraient pourtant pas la force de poser. Je pourrais m'en tirer par une pirouette, mais je crois qu'après tous ces mensonges, je lui dois la vérité.

– Oui, j'aime ta maman.

Il acquiesce, absorbant l'information.

– Mais il n'y a pas qu'elle que j'aime. Toi aussi, je t'aime, Noé.

Il grimace légèrement, et j'ose espérer que c'est juste un réflexe d'ado qui trouve ce genre de déclaration un peu gênante.

– Tu es un garçon formidable, drôle et intelligent. J'aime qu'on partage la même passion de la mer et j'aime quand je peux t'apprendre des choses sur la navigation.

Il murmure :

– Moi aussi, j'aime bien.

– Je vous aime tous les deux, mais ça ne suffit pas. Pas si l'un de vous deux ne veut pas de moi dans votre vie. Vous avez un lien très fort, ta maman et toi, et jamais je ne me permettrais de briser ça.

Il y a toute une partie que je ne lui explique pas. Je ne lui dis pas que faire croire à sa mère que je n'étais pas prêt à endosser un rôle de beau-père a été la chose la plus difficile que j'ai eu à faire. De voir sa déception, ses larmes retenues.

Mais qu'est-ce que je pouvais faire ? Si j'avais décidé de poursuivre notre relation, elle aurait dû jongler sans cesse entre le besoin de ne pas contrarier son fils et celui de me ménager. Cela aurait provoqué de la culpabilité, du stress, pour elle, pour Noé. Et je les aime trop tous les deux pour leur imposer ça. Coralie a déjà une montagne de choses à gérer : un déménagement dans une maison aux multiples vices, un nouveau travail, son fils. Je ne voulais pas être un fardeau de plus.

Alors, même si j'en souffre, j'ai préféré me retirer. Et pour ne pas qu'elle ait de remords, lui faire croire que je n'étais pas mieux que les hommes inconstants qu'elle a pu rencontrer avant était la chose à faire.

Du moins, je crois ?

– Tu devrais dire à Maman que tu l'aimes.

Son affirmation m'étonne.

– Est-ce que tu serais d'accord pour que je lui parle de tout ça ? Je ne suis pas sûr qu'elle me pardonne, mais...

Il me regarde avec sérieux, son visage d'habitude si espiègle illuminé d'une maturité déconcertante.

– Quand on se dispute, elle et moi, on finit toujours par se réconcilier. Une fois, elle m'a dit que c'est parce qu'on s'aime. Alors, peut-être que ça marchera.

C'est sûr que vu comme ça...

– Je crois qu'elle t'aime. Même si t'es un peu bizarre et que tu parles pas beaucoup.

Rien de mieux qu'un gosse pour vous mettre face à vos défauts.

– Et toi, tu en penses quoi ?

Il semble réfléchir un instant puis hausse les épaules :

– Je préfère que ce soit toi plutôt qu'un autre. Au moins, toi, t'as un bateau.

Cette fois-ci, je ris de bon cœur. Son mélange de sincérité et d'innocence me désarme. Je comprends alors que, malgré son jeune âge, il a plus de clairvoyance que beaucoup d'adultes.

Quelque chose se détend dans sa posture. Il prend une profonde inspiration, relève un peu le menton et ajoute :

– Et puis je t'aime bien aussi.

Je pose une main sur son épaule. Lui faire un câlin me semble un peu trop, surtout que ses camarades sont encore dans les parages.

– Mais tu promets que tu seras sympa avec elle ?

Je sens que c'est une promesse sur laquelle je ne peux pas m'engager à la légère. Alors, je me redresse légèrement, adopte mon expression la plus sérieuse et lui tends la main.

– Promis.

Il hoche la tête puis, avec un dernier regard d'avertissement, rejoint son groupe de copains. Je reste immobile, les bras ballants, les observant s'éloigner en riant, comme si notre conversation sérieuse n'avait jamais eu lieu.

***

Plus tard, de retour chez moi, la maison est aussi silencieuse que mon esprit est bruyant. Je sors dans le jardin pour ranger le mobilier de la terrasse, en prévision des grosses pluies annoncées pour demain. J'espère que cela va m'occuper l'esprit, mais très vite, mes pensées me poussent à lever les yeux vers le jardin de Coralie.

Elle est là, agenouillée près de fleurs qu'elle vient apparemment de planter. On dirait un rosier. Elle porte une paire de gants de jardinage roses.

Bien entendu qu'ils sont roses.

Ses cheveux s'échappent en mèches folles, et elle chante doucement une chanson que je ne reconnais pas. Sa voix flotte dans l'air, légère, apaisante.

Je reste où je me trouve, en partie caché par une plante grimpante, n'osant pas bouger pour ne pas lui révéler ma présence. Je l'observe, j'ai conscience que c'est un peu flippant et totalement incongru de ma part.

Mais il faut croire que ma façon de me comporter en sa présence n'a jamais rien eu de normal. Et il serait peut-être temps que je l'accepte. Que j'accepte que tout ce que j'ai cru savoir sur ce que je croyais vouloir était probablement faux.

Elle bouge dans son jardin avec cette fluidité naturelle qui lui est propre, un mélange d'énergie et de douceur. Alors que son regard se relève dans ma direction, je détourne immédiatement les yeux pour faire semblant de m'occuper de mes propres plantes. Mon cœur bat plus vite. C'est ridicule, en un sens, mais tellement grisant.

J'ai envie de ressentir cette sensation encore et encore.

Il faut que je recolle les morceaux entre nous, ceux que j'ai moi-même brisés.

Solidement, durablement, comme on le ferait avec une maison qu'on veut voir perdurer dans le temps, ou avec un bateau qu'on veut prêt à affronter les tempêtes.

Il va falloir que je me surpasse. Le souci, c'est que je n'ai aucune idée de comment m'y prendre...

41
Ewenn

C'est une de ces soirées où l'orage gronde comme une colère retenue trop longtemps. Depuis ma cuisine, j'observe la pluie qui martèle les vitres, le vent qui fait plier les arbres violemment.

Inexorablement, mon regard glisse vers le jardin de Coralie. Une bourrasque secoue les volets jaune mimosa qu'elle a repeints avec tant d'enthousiasme. Il y a des lumières à l'étage, preuve que malgré l'heure avancée, elle ne dort pas.

Est-ce la tempête qui la tient éveillée, ou autre chose ? Est-ce qu'elle a toujours ce problème de toit qui fuit ? Si c'est le cas, avec ce qu'il tombe, elle doit avoir de l'eau partout.

Je serre la mâchoire, préoccupé. Maintenant que j'y ai songé, je suis incapable de penser à autre chose. La pensée de Noé, peut-être effrayé par l'orage, accentue ce malaise. L'inquiétude s'accroche à moi comme du varech à une coque de bateau. Puis, soudain, une scène bien précise s'impose dans mon esprit : Coralie seule, debout dans une pièce inondée, avec des bassines et des seaux éparpillés autour d'elle.

Elle n'appellerait jamais à l'aide. Pas elle.

J'inspire profondément, passe une main dans mes cheveux et attrape un ciré accroché sur le portemanteau de l'entrée.

Je me suis promis d'aller la voir, lui parler, lui ouvrir mon cœur. Ce n'est certainement pas en pleine tempête que je vais le faire, mais je ne vais pas rester sans rien faire sous prétexte que ça ne rentre pas dans mon grand plan pour la reconquérir.

Plan qui s'avère être plus que flou, pour l'instant.

La pluie frappe mon visage dès que je mets le pied dehors. Elle est glacée, violente, et les quelques mètres qui me séparent de la maison de Coralie semblent interminables. Je mets une seconde à me demander comment je vais justifier ma présence ici, mais l'idée disparaît quand je frappe trois coups à sa porte.

Elle s'ouvre sur Coralie, trempée juste ce qu'il faut pour que je devine qu'elle était effectivement au milieu d'un problème quand je suis arrivé.

La surprise s'écrit en grosses lettres sur son visage. C'est là que je me rends compte qu'avec ma capuche de ciré tirée bien bas, le manque d'éclairage et la tempête en bande-son, mon arrivée a tout du cliché du tueur mystérieux dans un mauvais téléfilm d'horreur. Et comme si ça ne suffisait pas, un éclair fend le ciel, et il est suivi moins d'une seconde plus tard par un bruit de tonnerre qui fait trembler les murs de sa maison.

– Salut...

– Ewenn ?

Elle reste figée face à moi, sa main tenant fermement la poignée de la porte, l'autre serrant une serpillière.

– Qu'est-ce que tu fais là, avec ce temps ?

Je repousse un peu ma capuche et tente un sourire maladroit.

– Ton toit, tu m'avais dit qu'il prenait l'eau. Je voulais vérifier que tout allait bien, que vous n'étiez pas inondés, et te proposer un coup de main.

Elle se mord la lèvre et prend son temps pour répondre. Pour ma part, je suis toujours sous la pluie et, honnêtement, même si sa maison prend l'eau, j'apprécierais qu'elle me fasse entrer. Mes chaussettes sèches sont déjà un lointain souvenir, et ma détermination à penser que c'était une bonne idée de l'aider se fait la malle. J'insiste tout de même :

– Je peux regarder si je peux faire quelque chose pour limiter les dégâts. Ou t'aider à nettoyer, ou aller chercher des seaux, si nécessaire. C'est toi qui vois.

– Entre.

Mon boxer, probablement le dernier élément sec de ma personne, pousse un soupir de soulagement.

Je me débarrasse rapidement de mes chaussures trempées et fais un pas à l'intérieur. Au rez-de-chaussée, la situation semble à peu près sous contrôle. Sauf qu'un Noé en pyjama est en train d'installer des couvertures sur le canapé.

– Ewenn ? s'étonne-t-il à son tour.

– Salut, mon grand. Tu vas dormir ici ?

– Oui, y a de l'eau qui coule dans ma chambre, pile sur mon lit !

On dirait que c'est la chose la plus extraordinaire qu'il ait pu vivre ces derniers jours.

– C'est pas si grave, tente Coralie.

– Ça l'est tout de même si ton fils ne peut pas dormir dans sa chambre.

– Si tu es venu ici pour pointer l'évidence, je n'en ai pas besoin, rétorque-t-elle, agacée.

– Montre-moi l'étendue des dégâts.

– Ça va, on gère. Je ne sais pas pourquoi je t'ai proposé d'entrer. On va bien, tu devrais retourner chez toi. Il est tard, et Noé a école demain.

– Non. Vous n'allez pas « gérer ». Prenez des affaires pour la nuit et venez chez moi.

Je ne sais pas d'où vient cette fermeté soudaine dans ma voix. Peut-être à cause du fait que cette femme lutte à contre-courant depuis qu'elle est arrivée ici, toujours fière, refusant la moindre aide.

– Non !

Elle secoue la tête, presque paniquée par l'idée.

– Coralie, il pleut la fin du monde, et je suis certain que si je vais à l'étage, je vais m'apercevoir que vous avez de la flotte partout. Vous n'allez pas dormir à deux sur ce petit canapé. J'ai une chambre d'amis bien au sec qui n'attend que vous. Comme tu l'as dit, Noé a école demain, et toi, je suppose que tu travailles. Alors, je te propose qu'on installe des bassines et qu'ensuite vous alliez dormir, *au sec*.

J'insiste bien sur ces derniers mots. Coralie me dévisage avec un air pincé, mais je lis au fond de son regard son hésitation.

– On ne peut pas s'imposer comme ça.

– Je n'appelle pas ça « s'imposer ». J'appelle ça du bon sens.

Noé n'a pas raté une miette de cet échange. Ses yeux grands ouverts trahissent son envie de fuir cet endroit trempé et son hésitation à contredire sa mère. Le regard de Coralie, quant à lui, balaie la pièce, comme si elle cherchait une issue.

– Maman, je veux bien qu'on y aille.

La voix de Noé est à peine audible.

Coralie tourne brusquement la tête vers lui, cependant, je la vois, cette lueur, celle d'une mère qui a peur de décevoir son fils. Qui a déjà l'impression d'avoir failli à sa tâche.

Je m'approche d'elle et me permets de poser une main sur son épaule. Mon geste la surprend, mais je ne bouge pas. Je veux qu'elle sente que je suis là, bien ancré dans la réalité. Pour elle, pour eux.

– Ce n'est que pour une nuit, Coralie.

Ses yeux scrutent les miens. Je sais qu'elle pense à tout ce qu'il s'est passé les dernières semaines. Toutes les questions, tous les non-dits qui pèsent entre nous. Ce n'est pas le moment de les aborder.

– On peut amener Capitaine Chou-fleur avec nous ? demande Noé.

– Bien sûr, réponds-je sans quitter sa mère des yeux. Les lapins ont aussi le droit de venir.

J'entends plus que je ne vois Noé se précipiter vers la cage de son compagnon hideux.

– Bon, OK. Va préparer un sac vite fait avec tes vêtements pour demain matin. Évite de marcher dans l'eau.

Noé disparaît à l'étage, et elle ajoute :

– Tu sais que tu n'es pas obligé de faire ça.

– Je sais, réponds-je doucement.

Ce que j'aimerais lui dire, c'est que ce n'est pas une obligation, et pourtant, il est hors de question que je ne le fasse pas. Parce que ce que je ressens à l'instant, dans cette maison résistant tant bien que mal à l'orage, c'est qu'il n'y a pas une seconde d'hésitation à avoir si cela les concerne tous les deux. Parce que j'ai envie de prendre soin d'eux. Parce que leur bien-être est la chose la plus importante à mes yeux.

Une fois chez moi, les choses se déroulent rapidement. Noé est installé dans la chambre d'amis. Coralie s'assoit sur le bord du grand lit pour lui caresser le front et lui murmurer des paroles réconfortantes. Je les observe depuis la porte puis m'efface à contrecœur pour leur laisser un peu d'intimité. À la place, je m'affaire dans la cuisine pour préparer une tisane, comme elle les aime. Plusieurs minutes plus tard, Coralie me rejoint au salon, où je l'attends avec deux tasses fumantes.

– Tiens, j'ai pensé que ça te réchaufferait un peu.

Elle attrape la tasse avec un sourire de remerciement et s'installe sur le fauteuil, face au canapé dans lequel je suis assis. Pendant quelques secondes, un silence gênant s'installe entre nous, uniquement interrompu par le tic-tac de l'horloge et la pluie qui tombe sur les vitres, même si l'orage semble avoir baissé en intensité.

– Merci pour ce soir, finit-elle par dire.

– De rien. Coralie, je suis désolé pour... pour ce qu'il s'est passé.

– Désolé pour quoi, exactement ?

Je serre ma tasse entre mes mains, cherchant mes mots.

– Je t'ai menti. Quand je t'ai dit que je n'étais pas prêt à assumer la responsabilité d'être là pour vous... ce n'était pas vrai.

Elle se fige, sa tasse à mi-chemin de ses lèvres.

– Je ne comprends pas.

– J'ai parlé avec Noé, aujourd'hui. Au port.

Elle fronce les sourcils, visiblement perdue.

– Il m'a avoué certaines choses, lui aussi. Quand je l'ai retrouvé sur la plage, le jour où il s'est enfui... il m'a dit qu'il ne voulait pas que votre vie change, et que c'était ce qui allait arriver si toi et moi...

Elle fronce les sourcils.

– J'ai... Je ne voulais pas être celui qui créerait des tensions entre vous deux. Je ne voulais pas que tu te retrouves coincée entre ton fils et moi. Alors, j'ai préféré... me retirer. Te faire croire que c'était moi qui n'étais pas prêt.

L'éclair de déception et de douleur qui passe sur son visage est immanquable.

– Je vous voyais tous les deux si proches, si complices. Et je me suis dit que si Noé n'était pas prêt, ça ne ferait que te blesser si on continuait. Que tu te sentirais déchirée entre nous deux.

Elle pose sa tasse sur la table basse avec un peu trop de force.

– Alors, tu as choisi de me briser le cœur plutôt que d'avoir une conversation honnête avec moi ?

– Je...

– Non, tais-toi.

Elle se lève brusquement, les bras croisés sur sa poitrine comme pour se protéger.

– Tu sais ce qui est le plus dur à entendre ? C'est que tu as pris cette décision en pensant me protéger. Comme si je n'étais pas capable de gérer ma propre vie, mes propres choix.

– Ce n'est pas...

– J'ai besoin de réfléchir à tout ça, me coupe-t-elle. C'est... c'est trop d'un coup.

Elle fait quelques pas vers l'escalier puis s'arrête sans se retourner.

– Bonne nuit, Ewenn.

Je reste assis, seul avec le bruit de la pluie et le poids de mes erreurs. J'entends ses pas dans l'escalier puis le bruit d'une porte qui se ferme doucement. Lui parler ce soir n'était peut-être pas judicieux, mais je ne me voyais pas garder ça plus longtemps sur le cœur.

Pourra-t-elle un jour me pardonner ? Rien n'est moins sûr.

42

Coralie

Encore un petit peu.

C'est ce genre de dimanche matin où l'on sait qu'on a du pain sur la planche, mais où l'attraction de la couette surpasse les bonnes résolutions. Noé dort encore, profondément, ou du moins je le suppose, car tout est calme dans la maison.

De mon côté, je suis dans ce statu quo entre sommeil et éveil où tout semble possible, comme par exemple l'idée que réparer mon toit, pour éviter de nouvelles fuites, pourrait être réalisé en un tour de main, et sans aucune compétence nécessaire de ma part.

Au fond de moi, je sais que je me balance d'illusions. C'est comme ça qu'on dit ?

Je m'en moque. Je veux dormir.

Et tout à coup, un vacarme assourdissant me sort de la torpeur agréable dans laquelle je me trouvais. Je sursaute et me redresse sur mon lit.

Qu'est-ce que c'est ?

À cause de ce réveil abrupt, j'élabore les théories les plus plausibles : un tremblement de terre, une attaque martienne, le GIGN qui attaque ma porte à coups de bélier.

OK, les théories les plus plausibles si on supprime tout bon sens... mais je rappelle que je me réveille !

– Mais c'est pas vrai, grogné-je. Qui peut bien tambouriner comme ça à cette heure indécente ?

10 h 30 ?

Oups ! Déjà !

Les coups résonnent de nouveau, plus insistants cette fois. Pendant une seconde, j'envisage sérieusement qu'un de mes voisins – Ewenn, au hasard – soit en train d'essayer de me prévenir d'une prochaine apocalypse. Si c'est le cas, je ne peux pas vraiment lui en vouloir d'insister.

Je me bats avec ma couette, qui refuse obstinément de me libérer. Je dégage mes jambes avec la grâce digne d'un cachalot échoué dans un filet. J'enfile mes chaussons dépareillés. Celui de droite est une vieille tête de panda dont un des yeux a été perdu depuis des lustres, celui de gauche est une magnifique pantoufle arc-en-ciel... autrement dit, le combo parfait pour impressionner quiconque se serait aventuré sur mon perron.

– Maman, c'est quoi, tout ce bruit ? On dirait qu'ils essaient d'entrer en défonçant la porte... T'as pas commandé un colis géant ou quelque chose ?

– Non, Noé, et certainement pas un marteau-piqueur.

Ça tambourine encore, trois puissants coups qui font vibrer la porte.

– AH ! ÇA SUFFIT ! J'arrive !

Je rugis telle une lionne réveillée brutalement, désormais résolue à donner à ce perturbateur matinal une leçon qu'il n'oubliera jamais.

Je déboule dans l'entrée, titubant à moitié, les cheveux dans un chignon instable qu'un soupir suffirait à désagréger. Ma main agrippe la poignée de la porte, prête à incendier l'insolent... jusqu'à ce que je l'ouvre.

Et là, la scène qui se dévoile devant moi me coupe net dans mon élan.

Sur mon perron se tient une armée, oui, une armée entière de personnes avec des airs déterminés et des armes à la main. Des armes que l'on trouve en vente légale dans les magasins de bricolage, je précise.

Je plisse les yeux. Le soleil – qui n'a pas daigné se montrer de la semaine – a également décidé de se pointer. Et voilà qu'il se la joue Côte d'Azur et illumine tout ce petit monde, comme s'ils étaient des anges venus direct du paradis. Ewenn est au premier rang, souriant, et je comprends rapidement qu'il est l'auteur des coups sur ma porte.

Derrière lui, une douzaine de figures familières esquissent le même genre de sourire ravi, chacune équipée d'outils. Katell tient une échelle, Antoine une perceuse, et Florence a posé à ses pieds ce qui ressemble à un seau de peinture blanche.

René est là aussi, coiffé d'un casque de chantier orange fluo manifestement trop grand pour lui. Il brandit un niveau à eau comme si c'était un sabre prêt à aller au combat.

Je me racle la gorge et demande :

– Y a une fête déguisée thème bricolage et personne ne m'a prévenue ?

Des rires fusent, et je ne sais pas trop s'ils sont liés à ma question ou à mon apparence qui, avouons-le, est plus que risible.

– Mais non, Coralie ! lance Florence joyeusement. On vient sauver ta baraque !

Je cligne des yeux, totalement abasourdie. Ce spectacle surréaliste semble sorti tout droit d'un sketch télévisé.

– Mais... mais sauver ma baraque... qu'est-ce que ça veut dire ?

Ewenn hausse un sourcil.

– Ton toit prend l'eau, non ? Et il y a quelques améliorations à faire. Alors, on s'est mobilisés pour te filer un coup de main. Et puis... tu ne répondais pas au téléphone.

– On est dimanche matin...

– Alors ? Tu nous laisses entrer ou tu préfères qu'on reste là à réveiller tout le quartier ?

– C'est toi le quartier, marmonne Briac à ses côtés.

Ma bouche s'ouvre et se ferme sans trouver quoi répondre. Noé, qui m'observe depuis l'escalier, éclate de rire et crie :

– Allez, Maman, c'est comme dans *Extrême Bricolage* ! Dis-leur oui !

Et René renchérit :

– On pouvait quand même pas vous laisser vous débrouiller toute seule ! Allez, ouvrez grand votre porte, parce qu'on a un programme chargé aujourd'hui.

Pour toute réponse, j'obtempère. La tribu Le Gall au grand complet pénètre chez moi. Et ce n'est pas fini. Derrière leur petit groupe, quelques habitants se pressent aussi. Les Peters sont là tous les deux, plusieurs clientes du salon également, des amis d'Ewenn et même la vieille Mme Kerjean, qui semble avoir abandonné son poste d'observation favori derrière sa fenêtre.

Certains portent des outils, d'autres des rouleaux de peinture, ou tout simplement des thermos de café à la main. Ma première impression était la bonne. C'est une véritable armée en tenue de combat qui s'est déployée chez moi.

Je reste interloquée, les bras ballants.

La maison se transforme en un chantier dans les minutes qui suivent. Des seaux et des bâches sont dispersés dans chaque recoin. Noé et Maxime, gonflés à bloc, se rendent utiles en transportant des outils. Ewenn, bien sûr, est le maître d'œuvre, grimpant sur le toit avec Briac pour inspecter l'étendue des dégâts et dirigeant ses troupes avec une efficacité naturelle. Katell et Adèle s'attaquent aux murs à repeindre. René dirige en bas, donnant des ordres inutiles mais qui apportent de la bonne humeur.

De mon côté, j'ai remplacé mon vieux pantalon de pyjama par une tenue de bricolage et j'aide comme je peux en essayant de me pincer régulièrement pour vérifier que je ne rêve pas.

Ce qui m'étonne le plus, c'est la douceur d'un moment à l'apparence si chaotique, entre les blagues, les anecdotes partagées, la solidarité palpable à travers chaque geste, chaque clou enfoncé ou mur repeint. Ils ne sont pas là seulement pour réparer ma maison, ils sont là pour nous. Pour Noé. Pour moi. Chaque rire, chaque sourire, chaque effort est rempli d'une chaleur sincère, inattendue. Ils donnent sans attendre quoi que ce soit en retour. Une part de moi en est bouleversée au point d'en avoir envie de pleurer. Je n'avais jamais expérimenté ça avant.

Tout à coup, une exclamation résonne dans l'entrée :

– Alors, on a commencé la fête sans moi ?

Je me tourne et je crois halluciner en voyant qui vient de passer la porte.

– Nawell !

Je me précipite dans les bras de ma copine, qui éclate de rire.

– Mais... mais qu'est-ce que tu fais là ?

– Eh bien, ça me semble évident ? Je viens aider. Je te préviens, je suis prête à poncer, à peindre ou à arracher toute la tapisserie qu'il faudra, mais à une condition : tu me refais les ongles avant que je parte.

Je ne peux m'empêcher de rire et, pour toute réponse, je la serre de nouveau dans mes bras.

– Mais comment tu as été mise au courant ?

– Ewenn, bien sûr. Il a juste eu à me passer un coup de fil, et j'ai sauté dans le train.

Elle se penche et chuchote à mon oreille.

– En plus, il a envoyé un beau gosse venir me chercher à la gare.

Je n'avais pas remarqué, mais il y a effectivement un homme derrière ma copine qui patiente. Comprenant que je viens de détecter sa présence, il s'avance et me serre la main.

– Bonjour, Coralie, je ne sais pas si tu te souviens de moi, je suis Florent...

– Le flic ! Pardon ! Le policier...

– ... qui a débarqué chez toi quand tu as emménagé, complète-t-il un peu gêné.

– Oui ! C'est gentil d'avoir amené ma copine.

– Je viens aussi donner un coup de main... Enfin... si tu es d'accord.

– Oui, oui, bien sûr.

Il me sourit et nous dépasse, comme s'il savait exactement où il était attendu.

– Décidément, je crois que j'aime de plus en plus la Bretagne, murmure Nawell en matant sans aucune discrétion les fesses de Florent.

– Nawell !

– Tu m'as manqué, Coco.

– Toi aussi.

Je lui fais un autre câlin. Je ne sais pas où se trouve Ewenn, ni même s'il sait que Nawell est arrivée, mais je me rends compte que je vais de surprise en surprise aujourd'hui, et elles sont toutes organisées par lui.

Nous n'avons pas reparlé depuis l'autre soir, quand il m'a avoué qu'il m'avait menti. C'était il y a trois jours. À la fois peu et une éternité. Je lui en veux, bien sûr, mais petit à petit je comprends. Si j'ai cru au début qu'il ne m'aimait pas, je suis en train de comprendre que c'est justement parce qu'il m'aimait qu'il a pris cette décision. Pour Noé et moi.

– Quand est-ce qu'Ewenn t'a appelée pour organiser tout ça ? demandé-je à Nawell.

– Hmmm, vendredi matin ? Oui, c'est ça.

Soit le lendemain de l'orage. Il a organisé cette opération en deux jours, alors même que je suis partie de sa maison en lui ayant à peine adressé la parole.

***

Tandis que le jour s'étiole lentement, Florence m'appelle à l'écart. Elle me conduit à la véranda, où quelques plantes et un fauteuil ont été installés.

Comme à chaque fois que je découvre un nouvel aménagement, je suis comme une gamine ébahie devant la vitrine d'un magasin de jouets.

– Un petit garçon m'a dit que tu avais envie de te mettre à la lecture, ça me semble être l'endroit idéal pour ça.

Je ris, ravalant mes larmes.

– Je lui ai dit ça le jour où l'on a emménagé. Honnêtement, je ne pensais pas avoir le temps de réaliser ce projet avant au moins dix ans. Mais maintenant...

– Je t'admire beaucoup, commence-t-elle doucement. Ce que tu fais pour Noé, cette nouvelle vie que tu essaies de construire ici... c'est courageux, tu sais. Et aujourd'hui, en voyant tout le monde se mobiliser pour toi, j'espère que tu as compris que tu es des nôtres, dorénavant.

Je cligne des yeux, un peu prise au dépourvu par ses paroles.

– Chez moi ? Florence, c'est gentil, mais...

– Les liens que tu crées ici sont solides, Coralie. Regarde autour de toi : ces gens sont venus pour toi. Parce qu'ils t'aiment bien. Parce qu'ils voient en toi quelqu'un qui mérite qu'on se batte à ses côtés.

Je déglutis difficilement, touchée par ses paroles plus que je ne voudrais l'admettre.

– Tu sais, reprend-elle en se penchant légèrement vers moi, être indépendante, c'est une force. Mais accepter l'aide des autres, ça en est une autre. Ce n'est pas un signe de faiblesse, bien au contraire.

Un silence confortable s'installe entre nous. Je regarde la pièce autour de moi, cette véranda qui, quelques heures plus tôt, était un espace désolé, et qui, maintenant, ressemble à un havre de paix.

– Merci, Florence, murmuré-je enfin, la gorge serrée. Merci pour tout.

Elle me prend doucement la main, un sourire tendre éclairant son visage.

– Ce n'est pas seulement moi qu'il faut remercier, tu sais. C'est Ewenn. Ce n'est pas un hasard s'il est là, à gérer tout ce petit monde. Tu comptes beaucoup pour lui. Et moi... je suis heureuse, car mon fils a retrouvé sa joie de vivre. Quand il est avec toi, c'est comme si le soleil s'était enfin levé pour lui.

À ces mots, je sens mon cœur se serrer. Je veux répondre quelque chose, mais Florence quitte la pièce, me laissant seule avec mes pensées.

Je reste là un moment, le regard perdu dans la lumière qui s'adoucit, alors que l'écho des voix joyeuses de l'équipe me parvient depuis la maison. Et je me rends compte que, pour la première fois depuis longtemps, je ressens un véritable sentiment d'appartenance, comme si j'étais enfin, vraiment, à ma place.

43

Coralie

La maison est calme maintenant, presque trop calme. L'absence des éclats de rire et des bruits de perceuse crée une étrange résonance, comme si les murs eux-mêmes se reposaient après cette journée si intense. Je reste plantée au milieu de mon salon, absorbée par l'observation de tout ce qui a changé en si peu de temps. Chaque recoin semble avoir été touché par une petite pointe de magie collective.

Et quelle magie, franchement ! Les derniers volets qui criaient à l'aide sous des couches de peinture écaillée sèchent dans un coin du jardin, lumineux avec leur belle couleur mimosa. Mon toit ne fuit plus, miraculeusement réparé par les mains expertes de Briac et Ewenn. Même la véranda, qui n'était qu'un amas de poussière et de toiles d'araignées jusqu'à ce matin, est devenue un coin habitable, accueillant, presque cosy.

– C'est impressionnant.

Je me tourne vers Katell, qui essuie ses mains tachées de peinture avec un chiffon. Son sourire satisfait en dit long : elle est fière de son œuvre et, franchement, elle a raison.

– On ne t'a pas fait trop peur en débarquant comme ça à l'improviste ?

– Un peu… Est-ce que je dois m'y habituer ? Je te rappelle que c'est déjà la deuxième fois que tu toques à ma porte et insistes pour entrer alors que je pensais passer la journée en pyjama.

– Mmh, disons qu'à ta place, je me méfierais. Et pas que de moi. Parce qu'on va pas se mentir, chez nous, on fonctionne comme un package. Et s'il y a un Le Gall quelque part, il y en a forcément d'autres pas loin derrière !

Elle me fait un clin d'œil, et je ne peux m'empêcher de rire.

– OK... Mais sérieusement, Katell, merci. À toi, et à tout le monde. Vous n'étiez pas obligés de faire tout ça.

– Et tu n'étais pas obligée de débarquer ici et de mettre un coup de fraîcheur dans notre quotidien. Alors, considère ça comme un échange équitable.

Elle lève les yeux vers Noé, qui descend l'escalier en trombe avec son sac à dos.

– Tiens, d'ailleurs, à ce propos... je t'annonce qu'on te pique ton p'tit gars, ce soir. Maxime et lui ont une soirée pyjama.

Je fronce légèrement les sourcils.

– Quoi ? Non, mais c'est gentil, Katell, mais... il y a école demain et...

– T'inquiète pas, ils ne se coucheront pas tard.

Je me tourne vers mon fils et lui demande :

– Tu veux y aller ?

Ma question semble l'amuser.

– Euh... Maxime a une console, Maman. Et plein de trucs pas éducatifs que tu m'interdis d'avoir. Bien sûr que je veux y aller.

Katell éclate de rire, et je soupire.

– Dis tout de suite que je suis une mauvaise mère !

Noé se hisse sur la pointe des pieds et dépose un baiser sur ma joue.

– Non, tu es la meilleure. Mais... tu n'es pas une console.

Il recule avec son sourire irrésistible d'enfant espiègle, et je fais mine de m'offusquer de son impertinence.

– Très bien. Va. Mais demain matin, pas de panne de réveil, compris ?

Il a déjà fui par la porte. Nawell descend l'escalier à son tour et dit à Katell :

– C'est l'heure d'y aller ? Je prends mon sac et j'arrive.

– Hein ? Tu pars aussi avec Katell ?

– Oui, on n'a jamais eu l'occasion de bien papoter, elle et moi, alors je lui ai proposé de venir dîner à la maison.

– Et je reste aussi dormir là-bas, donc tu as ta soirée tranquille.

– Mais tu pouvais dormir ici, même si tu dînes chez Katell.

– Non, tu sais, j'ai peur d'être malade à cause des odeurs de peinture.

Je n'en crois pas un mot. Surtout quand Katell m'attrape par les épaules, m'offrant un sourire un peu trop malicieux.

– Allez, profite, Coralie. Tu mérites une soirée tranquille. Et n'oublie pas que toi, tu ne travailles pas demain. Le salon est fermé, alors profite de la compagnie de mon petit frère.

Elle me fait un clin d'œil, et je rougis instantanément, incapable de rétorquer quoi que ce soit. Avant que je trouve une répartie spirituelle, Katell disparaît à son tour.

Me voilà donc seule avec Ewenn.

Un étrange mélange de malaise et de soulagement se propage en moi. Je me retourne. Il est là, appuyé contre la rambarde de l'escalier, les bras croisés, son sweat taché de peinture et de poussière comme preuve de son travail acharné. Il n'a pas dû rater la remarque de sa sœur.

Il ne dit rien, mais son regard... c'est comme s'il scrutait mon visage à la recherche d'une réaction.

– Ça va ? demande-t-il finalement.

Sa voix est basse, tranquille, mais il y a une tension dans son ton, une hésitation peut-être.

Je prends une profonde inspiration et savoure l'instant.

– Oui, enfin, je crois. C'est juste... beaucoup. Trop. Je veux dire, tout ça, toute l'aide. Je ne sais même pas comment remercier tout le monde. Toi inclus. Vraiment. Surtout toi.

Un sourire doux, presque imperceptible, hausse lentement le coin de ses lèvres.

– T'inquiète pas pour ça. On ne fait pas les choses pour attendre des remerciements. Puis franchement ? T'as déjà remercié mon grand-père cinq fois, alors on va en entendre parler jusqu'à la fin des temps. Pour le bien de tous, arrête.

Je ris, mais mon cœur bat un peu plus vite. Je me détourne légèrement, cherchant mes mots.

– Mais toi... toi, tu n'étais pas obligé de faire tout ça, Ewenn. D'organiser tout ce chantier.

Il s'avance de quelques pas mais garde une distance respectueuse, les bras toujours croisés. Il hésite, comme s'il cherchait la bonne manière de répondre.

– Peut-être pas. Mais j'en avais envie.

Je lève les yeux vers lui, intriguée par cette réponse. Il détourne brièvement le regard, un peu mal à l'aise, avant de planter à nouveau ses yeux dans les miens.

– Coralie, je ne t'ai pas menti l'autre soir. Je veux être là pour toi. Et pour Noé.

Mon souffle se suspend.

– C'est une façon de te demander pardon. Pour t'avoir menti, pour avoir prétendu que c'était trop compliqué, et... pour mes erreurs. Je ne suis pas doué pour parler, mais ce que je peux faire de mes mains, je le fais.

Je baisse les yeux, émue plus que je ne le voudrais.

– Tu n'as rien à te faire pardonner, murmuré-je.

– Si, réplique-t-il doucement mais fermement. Si, j'ai beaucoup à me faire pardonner, Coralie. Je veux être là pour vous deux.

Son honnêteté me désarme. Je croise les bras, comme pour me protéger, mais aussi pour me donner une contenance.

– Tu n'as pas à t'imposer cette responsabilité.

Il secoue doucement la tête, un sourire presque triste effleurant ses lèvres.

– Ce n'est pas une responsabilité, Coralie. C'est un choix. Mon choix. Je veux prendre soin de vous, et aujourd'hui, c'est une façon de te montrer que je peux être à la hauteur, même si je t'ai dit le contraire.

Je reste sans voix. Aucun homme ne m'a jamais dit ça, jamais fait une telle promesse.

Il s'avance encore, juste assez pour réduire la distance entre nous. Pas trop près, mais suffisamment pour que je sente sa présence.

– Tu es forte, Coralie. Tu n'as pas besoin de moi, je le sais. Mais si tu me laisses une place, juste une petite place, je veux la prendre. Et je veux faire en sorte que... que tu puisses souffler un peu. Que tu n'aies pas toujours à tout porter toute seule.

Mes yeux s'embuent malgré moi. Je détourne légèrement le visage, mais il le remarque.

– Eh ! murmure-t-il doucement, presque en riant. Je voulais pas te faire pleurer.

– Ce n'est pas ça, dis-je en reniflant légèrement, le sourire hésitant. C'est juste que... ça fait beaucoup en une seule journée. Et je ne sais pas trop comment le gérer.

Il hoche lentement la tête, compréhensif. Puis il ouvre les bras, et je viens me loger dans ceux-ci. Cette sensation, sa chaleur réconfortante, ça m'a tant manqué. Il caresse mes cheveux et murmure à mon oreille :

– Je t'aime, Coralie.

Je lève les yeux car je veux voir son regard. J'y lis toute la sincérité possible et je sais qu'il ressent vraiment ces mots. Alors, portée par un élan incontrôlable, je me hisse sur la pointe des pieds et l'embrasse.

C'est spontané, maladroit, presque hésitant. Mes lèvres effleurent les siennes dans une impulsion pleine d'émotions, un mélange de gratitude, de nervosité, et peut-être d'espoir. Pendant une seconde, il reste immobile, comme figé par la surprise, et je me demande si j'ai fait une énorme erreur.

Mais alors, je le sens se détendre. Ses mains se posent délicatement sur mes hanches, et il répond à mon baiser avec une tendresse qui fait éclater en moi une chaleur inattendue. Il ne presse rien, ne pousse rien, il me suit dans ce moment suspendu, comme s'il était là, exactement où il devait être.

Quand je recule enfin, un peu essoufflée et le cœur battant à tout rompre, je n'ose pas lever les yeux vers lui. Je sens mes joues s'empourprer, consciente de l'impulsivité de mon geste.

– Désolée, murmuré-je, ma voix à peine audible. C'était... Je... je ne sais pas pourquoi j'ai fait ça.

Il rit doucement, un son bas et chaleureux, et ses doigts effleurent mon menton pour que je relève la tête. Quand je croise son regard, j'y vois cette lueur amusée qui m'apaise instantanément.

– Tu n'as pas à t'excuser, Coralie, dit-il doucement. Pas du tout. Ne t'excuse jamais d'être toi. Tu m'as dit un jour que tu étais trop bavarde, trop bruyante, trop exubérante. Je ne pense pas. Tu es juste toi, et c'est cette Coralie qui me plaît.

Sa déclaration me laisse bouche bée. Il se penche et murmure à mon oreille :

– Mais pour être honnête... je suis content que tu m'aies embrassé, car ça me permet de faire ça...

Il n'attend pas une seconde de plus. Ses mains glissent doucement de mes hanches jusqu'à mon dos, me rapprochant un peu plus de lui, et avant que je puisse dire quoi que ce soit, il capture mes lèvres dans un baiser. Mais cette fois, il n'y a rien de maladroit ou d'hésitant. Ce baiser est intense, passionné, empli de tout ce que nous ne nous sommes pas dit jusqu'à présent.

Je sens la chaleur envahir chaque recoin de mon corps. Ses lèvres contre les miennes sont à la fois douces et affirmées, comme s'il voulait s'assurer que je comprenne tout ce qu'il ressent. Et je le comprends. Chaque mouvement, chaque caresse de ses mains dans mon dos, chaque souffle partagé entre nous raconte une histoire, une promesse pour l'avenir.

Mon esprit vacille entre le tumulte de mes pensées et l'évidence de l'instant. Je me surprends à m'accrocher à son sweat, mes doigts serrant instinctivement le tissu, comme si je craignais que ce moment ne s'efface. Mais il est là, solide, présent, ancré dans cet instant avec moi.

Quand il recule légèrement, il me regarde avec une intensité qui me coupe le souffle. Ses yeux plongent dans les miens, comme s'il cherchait à y lire une réponse que je n'ai pas encore formulée.

– Voilà, murmure-t-il d'une voix rauque, un léger sourire flottant sur ses lèvres. Maintenant, on est quittes.

Je ris nerveusement, encore sous le choc de l'émotion, mes joues brûlantes et mon cœur battant la chamade.

– Tu appelles ça être quittes ? Je crois que tu as une longueur d'avance.

Il esquisse un sourire en coin, cette lueur malicieuse dans son regard me rendant presque vulnérable.

– Alors, rattrape-moi, dit-il doucement, son ton défiant mais tendre.

– Je t'aime, Ewenn. Bien plus que je m'en serais crue capable. Je ne m'y attendais pas, j'étais venue ici pour un nouveau départ, et jamais dans mes rêves les plus fous il n'aurait pu être aussi parfait. Alors, même si ta première réaction a été de faire venir la police chez moi, j'ai compris rapidement que je ne devais pas m'arrêter à ça. Parce que tu es l'homme le plus généreux et le plus patient que je connaisse. Je sais que je peux avoir confiance en toi, et tu n'imagines même pas quel cadeau inestimable c'est à mes yeux.

Pour toute réponse, il repose son front contre le mien, et nous restons longuement ainsi. Il finit par me dire :

– Tu sais que j'ai avoué à Noé que j'étais amoureux de toi, il y a plusieurs jours déjà.

– Je sais, il me l'a dit.

– Vraiment ?

Je hoche la tête.

– Pour un petit garçon qui ne voulait pas te voir débarquer dans nos vies, il a bien changé d'avis. Et disons que ces deux derniers jours, il a été ton meilleur avocat.

– Jamais je n'aurais imaginé... J'aurais dû savoir que le bateau jouerait en ma faveur, marmonne-t-il.

– Hein ?

– Rien, c'est entre lui et moi.

Je souris mais n'en demande pas plus. S'ils ont leurs petits secrets, ça me ravit. Du moins... pour le moment.

44
Ewenn

Quelques mois plus tard

Mon couteau donne la cadence sur la planche à découper, alors que l'odeur alléchante des oignons qui caramélisent lentement emplit la cuisine de Coralie. Cette atmosphère détendue est soudain rompue lorsque Noé, occupé à mes côtés à éplucher des carottes, me pose une question :

– Ewenn, pourquoi tu cuisines ici tous les soirs ?

Je lève la tête, stoppant mon geste en plein milieu de ma découpe, comme si la question m'avait frappé de plein fouet.

– Euh... je... commencé-je avant de m'interrompre.

Noé m'observe, il a déposé son économe sur le plan de travail. Il hausse un sourcil, manifestement amusé par mon embarras.

– Parce que, c'est sympa de cuisiner pour nous, mais tu sais, on survivait quand même avec les omelettes cramées et les pâtes collantes de Maman. Et t'as une maison, toi aussi. Il y a peut-être des fois où tu aimerais être tranquille chez toi.

OK, je ne m'attendais pas à ça. Est-ce qu'il trouve que je suis trop présent ?

Merde !

Ça ne va pas du tout avec le projet qu'on pensait lui annoncer, sa mère et moi.

– Eh bien, je... Enfin, avec ta maman, on voulait justement te parler. Mais elle n'est pas encore rentrée et... Je ne sais pas trop...

Noé éclate de rire, coupant court à mon balbutiement. Il penche légèrement la tête, comme satisfait de son propre coup.

– Je plaisante, Ewenn. Relax. Ça fait longtemps que j'ai capté !

Je cligne des yeux, pris au dépourvu. Mon cerveau traite lentement l'information, tandis qu'il reprend sa tâche, fier comme un coq.

– Capté quoi, exactement ?

– Que tu dors ici tous les soirs et que tu te lèves hyper tôt le matin pour rentrer chez toi et faire genre que tu as dormi chez toi.

Je soupire, frustré d'avoir été grillé. Il faut dire que pas plus tard que la semaine dernière, en voulant partir vite, je me suis étalé sur le trottoir verglacé. Mon cri n'a pas vraiment été discret. Mme Kerjean est même venue jusque chez moi pour vérifier que je ne m'étais pas cassé le coccyx.

– Je suis désolé, je voulais te laisser des moments en tête à tête avec ta maman.

– C'est sympa, mais c'est pas nécessaire de faire tout ce cirque. Ça me dérange pas que tu sois là.

Une part de moi soupire de soulagement. Du coup, vu qu'il a l'air d'être dans un bon moment, je tente :

– Et si j'étais là tout le temps, tu y verrais un inconvénient ?

Il fronce les sourcils.

– Je ne vais pas me coller à toi, Noé. Je veux dire, si ta mère et moi, on décidait d'emménager ensemble…

– Ah !

Je ne sais pas ce qu'il s'était imaginé dans sa tête, mais il a l'air soulagé. Il hausse les épaules.

– Ben… si ça vous fait plaisir…

– Mais toi, tu en penses quoi ?

– Tu viendrais vivre ici ? Ou on devrait aller chez toi ?

– Qu'est-ce que tu préfères ?

Honnêtement, j'espère qu'il va répondre qu'il ne veut pas déménager. Car sinon, je crois que je vais être condamné à repeindre tous les volets de l'autre maison. Et pas que les volets, d'ailleurs. Coralie ne voudra jamais vivre dans un endroit aussi banal.

– J'aime bien ma chambre, ici.

– Eh bien, on resterait ici, alors.

– Ça te dérange pas, toi, de déménager ?

– J'ai envie de vivre avec ta mère et toi, le lieu m'importe peu. Et honnêtement…

Je regarde tout autour de moi.

– J'aime cette maison, malgré ses défauts. J'ai plein de bons souvenirs ici. Et elle est vivante, il y a de la couleur. Et depuis les travaux, elle est même plutôt chouette. À côté, la mienne est un peu tristoune.

– Ouais, c'est vrai.

Il y a un petit moment de pause avant qu'il annonce :

– Bon, par contre, si je dois supporter tous les jours que Maman et toi vous vous regardiez comme si vous étiez les derniers kouign-amann de la boulangerie, j'ai mes conditions.

– Le dernier kouign-amann de la boulangerie ? C'est une sacrée comparaison…

– Ben quoi ? En Bretagne, c'est sérieux, les kouign-amann.

– Et alors, c'est quoi, ces conditions ?

Noé efface immédiatement son sourire pour prendre un air très sérieux, comme s'il négociait un contrat important.

– Premièrement, on doit aller faire du bateau au minimum une fois tous les quinze jours. Peu importe le temps. Même s'il pleut des cordes. Parce que toi et moi, on sait combien c'est génial.

– Un tour en mer, répété-je, faisant mine de réfléchir. D'accord, ça me semble jouable. Mais uniquement si la météo est favorable.

– C'est drôle, sous la pluie, proteste-t-il.

– Pas tant que ça. Et hors de question s'il y a mauvaise mer.

– OK. Ensuite, tous les dimanches, tu dois faire des crêpes. Pas celles que Maman achète déjà faites, hein. Des vraies crêpes, comme chez Gaël. Avec du citron et du sucre. J'aime beaucoup ça.

– Des crêpes maison le dimanche… Tu sais que tu es exigeant ?

Il me jette un regard plein d'aplomb.

– Toi, t'es inconscient. T'as accepté de sortir avec Maman alors qu'elle pourrait t'empoisonner sans même faire exprès, c'est peut-être encore pire.

Je ris bruyamment cette fois, incapable de nier cet état de fait.

– Tu marques un point, Noé. Alors, crêpes du dimanche. Ça marche. Et quoi d'autre ?

Il prend un moment pour réfléchir, tambourinant des doigts sur le plan de travail. Puis il lève son index.

– On adopte un lapin.

– Y a déjà Capitaine Chou-Fleur !

– Il a besoin d'un ami. Pour pas être seul quand on part en bateau. Vu que tu ne veux jamais l'emmener à bord.

– C'est pas moi, c'est interdit, chuchoté-je comme si ici, à plusieurs kilomètres du port, on pouvait m'entendre et me dénoncer à la capitainerie.

– Tu mens. J'ai lu ton vieux code maritime qui traîne chez toi, et y a pas de chapitre sur les lapins.

– Parce qu'on n'en parle pas, on ne prononce jamais leur nom.

Il lève les yeux au ciel.

– Bref, le lapin, tu es OK ou pas ?

– Oui, mais c'est à condition que ta mère soit d'accord.

Il réfléchit puis concède :

– Marché conclu, dit-il, se redressant fièrement. Et enfin...

Je croise les bras, comprenant que plus les conditions s'ajoutent, plus elles deviennent farfelues.

– Enfin ?

– Une console, déclare-t-il avec un sourire qui pourrait illuminer la pièce entière. Une vraie, avec plein de jeux comme Maxime.

Ah ! Au fond de moi, je savais que ça viendrait. Je hoche la tête lentement, feignant de prendre sa demande au sérieux, avant de répondre fermement.

– Non. Une console, c'est hors de question.

Noé pousse un long soupir dramatique.

– Franchement, t'es dur, Ewenn. Je suis plus trop sûr que je sois d'accord que tu viennes vivre ici.

– Pas de négociation sur ce point, mon grand. Autant t'y habituer, dis-je avec un sourire en coin. Et je sais que ta mère est absolument contre. De toute façon, si on passe du temps en bateau, tu n'auras pas le temps de jouer. Il faut faire un choix.

Il secoue la tête, loin d'être vexé, et retrouve son sourire taquin. Au même moment, la porte d'entrée s'ouvre, laissant passer un souffle d'air frais accompagné de l'odeur de la pluie. Coralie apparaît, les joues légèrement rosies par le froid, un sourire fatigué mais chaleureux sur le visage.

– Bonsoir, tout le monde. Tout se passe bien, ici ?

– Toujours, répond Noé. On prépare l'avenir.

Elle fronce légèrement les sourcils, intriguée, tout en s'approchant de la cuisine. Ses yeux passent rapidement sur moi puis sur Noé, et je détecte ce léger plissement au coin de sa bouche.

– L'avenir, hein ? Et qu'est-ce que vous mijotez ?

Avant que je puisse répondre, Noé prend les devants, évidemment ravi de son coup.

– Ewenn a dit qu'il voulait vivre avec nous mais qu'il ne veut toujours pas que j'aie une console.

Je secoue la tête, dépité par sa manière de résumer, tandis que Coralie laisse échapper un rire clair, visiblement amusée. Elle ébouriffe les cheveux de son fils en passant près de lui puis pose une main légère sur mon épaule, son regard cherchant le mien.

– Je vois qu'on a des sujets sérieux à régler. Alors, Ewenn, tu comptes t'installer ici ?

Je prends une inspiration, prêt à répondre, mais Noé parle à ma place :

– Il a dit oui aux crêpes, au lapin et au bateau. Donc franchement, Maman, c'est plutôt bien parti. Et puis...

Il s'interrompt, son sourire s'adoucit alors qu'il regarde sa mère, presque avec une sagesse inattendue.

– Et puis moi, je veux bien. Je veux bien qu'il vive ici.

Mon cœur sursaute. Coralie reste figée une seconde, surprise elle aussi par les paroles de son fils, avant qu'un sourire éclatant éclaire son visage.

Elle me regarde, et dans ses yeux, je lis une réponse plus claire que des mots : cet avenir, on va le construire ensemble, tous les trois.

Épilogue
Coralie

Un an et demi plus tard

Je cligne des yeux face à la lumière vibrante d'un soleil printanier et les lève vers Ewenn, qui charge dans le coffre de sa voiture plusieurs pots de peinture soigneusement étiquetés. Je fronce les sourcils, intriguée. Pourquoi diable a-t-il besoin de peinture ? Et pourquoi m'a-t-il fait m'habiller en tenue décontractée avec ce regard mystérieux qui n'annonce rien de bon ?

Je suis adossée contre la carrosserie, les bras croisés sur ma poitrine.

– Alors ? Tu m'expliques ce qu'on fait ? Sérieusement, Ewenn, tu ne vas pas m'embarquer dans une énième opération de rénovation surprise ? Parce que, si c'est le cas, sache que ma patience a ses limites après le chantier de la cuisine, hein.

Il rit, de ce rire franc et léger qui vient du fond de sa poitrine. Il referme le coffre de la voiture et se tourne vers moi, ses yeux bleus pétillant d'une malice enfantine.

– Tu n'as aucune imagination, mon amour, dit-il en posant une main sur ma hanche pour me pousser doucement vers le côté passager. Tu verras par toi-même. Fais-moi confiance. Tu sais bien que je ne te réserve jamais de mauvaises surprises.

– Je ne suis pas d'accord ! m'exclamé-je en montant à contrecœur dans la voiture. Je me souviens très bien du jour où tu m'as fait goûter des huîtres en prétendant que « je devais absolument essayer les vraies saveurs de la Bretagne ». Crois-moi, ce n'était pas une bonne surprise !

Il ferme ma portière puis se glisse derrière le volant, l'air beaucoup trop satisfait. Il se penche par-dessus le levier de vitesse et embrasse rapidement ma joue.

– Sois patiente.

– Ouais, c'est ça. Tout vient à point à qui sait patienter.

– Voilà, quelque chose comme ça.

Nous quittons la maison, et mes protestations se perdent dans le ronronnement du moteur.

Le trajet est surtout ponctué par mes questions incessantes et ses non-réponses habituelles. J'essaie de deviner :

– On va au port ? Chez tes parents ? Chez un éleveur de lapins ?

Mais il reste évasif, chaque fois accompagné d'un sourire mystérieux ou d'un « Tu verras bien ». Ce qui, soyons honnêtes, est frustrant au plus haut point.

Nous arrivons sur un chantier naval. L'odeur caractéristique du bois fraîchement coupé et de la peinture flotte dans l'air, mêlée à celle de l'eau stagnante des bassins environnants. Partout autour de nous, des bateaux en construction ou en réparation dressent leur silhouette imposante. Certains sont immenses, d'autres plus modestes, mais chacun d'eux semble posséder une histoire propre, une âme.

– Sérieusement ? Tu m'as emmenée au boulot ?

Ewenn, déjà occupé à ouvrir le coffre et à attraper les pots de peinture, me lance un regard par-dessus son épaule. Ses lèvres s'étirent en un sourire à la fois provocant et tendre.

– Arrête de poser des questions. Suis-moi.

J'ai envie de répliquer, de râler un peu plus. Mais il y a quelque chose dans son regard aujourd'hui, une lueur tranquille et confiante, qui me pousse à obéir sans discuter. Rares sont les fois où Ewenn me demande explicitement de lui faire confiance. Et, bon, je dois avouer qu'il m'a rarement déçue.

Nous parcourons les allées entre les coques de bateaux, et Ewenn finit par s'arrêter devant une embarcation flambant neuve. Mon souffle se coupe. Le bateau est magnifique, son design à la fois épuré et moderne, tout en conservant cette élégance intemporelle que j'associe à tout ce qu'Ewenn entreprend.

– Eh bien... murmuré-je, impressionnée. Il est... sublime. Mais je ne comprends toujours pas ce que je fais là. Tu veux mon avis sur la peinture ? Parce que, je t'arrête tout de suite, je n'y connais rien en finitions nautiques. Et puis hors de question que tu me fasses faire des travaux, ma manucure date d'hier.

Il pose les pots à ses pieds avant de se tourner face à moi.

– Coralie, commence-t-il avec un sourire en coin, ce n'est pas un bateau comme les autres. C'est un bateau que j'ai conçu... pour toi.

– Pour moi ? répété-je, abasourdie. Quoi ? Mais pourquoi ?

Je l'observe, totalement perdue. Une chaleur monte graduellement sur mes joues alors qu'il baisse les yeux avec un sourire un peu gêné, digne du Ewenn de nos débuts, celui qui n'aimait pas trop dévoiler ses sentiments.

– Pas entièrement pour toi, concède-t-il en haussant les épaules. Mais en partie, oui. Disons que j'ai créé ce bateau en pensant à tout ce que tu représentes pour moi... Il est unique. Comme toi.

Le poids de ses mots efface un instant toute capacité à parler. Mon cœur bat à tout rompre, et je sens mes mains trembler légèrement. Je ne sais pas si je dois rire ou pleurer. À la place, je finis par marmonner :

– Ewenn, tu sais qu'un bouquet aurait suffi, hein...

Il éclate de rire, son regard brillant de cette tendresse qui me fait fondre à chaque fois.

– Peut-être. Mais un bouquet ne serait pas resté. Ce bateau, lui, restera longtemps.

Je le regarde, incrédule, incapable de lui répondre. Je sens une larme couler sur ma joue alors même que je souris. Ewenn la chasse du revers de la main.

– Eh...

– Un bateau ? Tu m'as dessiné et construit un bateau...

– Oui. Pour toi et notre famille. Vois ça comme un cadeau de mariage en avance de quelques mois.

Il me fait un clin d'œil. La mention de notre mariage qui approche me sort de ma torpeur. Peut-être à cause des cauchemars que l'organisation me donne parfois. Surtout depuis que, bien installée dans ma véranda, j'ai lu un livre sur un couple qui se rend à plein de mariages catastrophes.

Ewenn me tend un pinceau et ouvre un des pots de peinture. Il me fait signe de grimper sur l'échafaudage.

– Allez, ajoute-t-il avec un enthousiasme déconcertant. On va le peindre ensemble. Il lui manque les détails décoratifs sur la coque. Et c'est là que ton talent entre en jeu.

– Mon talent ? OK, mais tu es sûre que l'échafaudage tient bien ? Souviens-toi de cette fois où je suis tombée de l'échelle sur toi.

– Comment pourrais-je oublier cet épisode ? rétorque-t-il avant de tracer un premier trait sur la coque, m'invitant à l'imiter.

Je finis par céder et me joins à lui. Nos coups de pinceau manquent parfois de précision, mais rapidement, la tâche devient amusante. J'oublie mes doutes, mes questions. Je me concentre simplement sur l'instant présent, sur ses rires et ses moqueries légères.

Bientôt, la peinture vole dans tous les sens. Ewenn commence les hostilités en m'éclaboussant discrètement, mais je riposte avec un trait sur son avant-bras. Très vite, c'est la guerre ouverte. Des éclats de rire résonnent dans l'air, et je finis par me retrouver avec une traînée bleue sur le nez, tandis qu'il arbore une barbichette dessinée rapidement sur son menton.

Au milieu de cet éclat de folie, il finit par m'attraper dans ses bras, déposant un baiser soudain sur mes lèvres, ses mains tachées de peinture laissant des empreintes sur mes hanches. Je ris contre sa bouche, savourant ce moment de joie pure.

– D'accord, d'accord, dis-je en m'écartant légèrement tout en essuyant une tache de peinture sur sa joue. Je rends les armes !

Il ne me relâche pas pour autant et jette un coup d'œil en direction de la coque.

– Maintenant que ce chef-d'œuvre est presque terminé, il nous manque quelque chose d'essentiel.

– Ah oui ? Et quoi donc ?

– Il faut lui donner un nom. On ne peut pas laisser un bateau sans nom.

– Laisse-moi deviner : c'est quasiment une insulte, ici, non ?

– Presque. Tu as une idée ?

Je commence à réfléchir, et il ajoute rapidement :

– Je te préviens, je dispose d'un droit de véto. Donc pas la peine de partir sur un truc aussi ridicule que Capitaine Chou-fleur.

– Punaise ! T'es dur. On ne peut pas l'appeler... le *Grenat 2* ?

Il prend une inspiration, comme s'il avait déjà une idée.

– Je me disais qu'on pourrait lui donner un nom de couleur.

– Oh ! oui ! Mais laquelle ? Safran ? Céladon ? Lavande ?

– Qu'est-ce que tu penses de... corail ?

Je le regarde, un peu prise de court.

– Le *Corail* ? répété-je, touchée par la simplicité et la poésie du nom. Pourquoi ? Parce que ça a la même racine que mon prénom ?

Sa main vient caresser ma joue, son regard plongeant dans le mien avec une intensité qui fait vibrer quelque chose au plus profond de moi.

– Parce que, murmure-t-il, comme le corail qui abrite toute une vie et des écosystèmes entiers, toi, tu as ramené toutes les couleurs dans ma vie. Tu es arrivée... avec Noé, avec tes rires, tes tenues colorées et ton sacré caractère. Tu as tout changé, Coralie. Tu as ramené la vie en moi.

Je reste ébahie, incapable de parler, laissant ses mots se mêler à la brise marine. Une chaleur douce envahit mon cœur, et sans réfléchir, je me hisse sur la pointe des pieds pour l'embrasser à nouveau. Ce n'est pas un baiser précipité ni timide. C'est un baiser qui exprime tout ce que je ressens, tout l'amour que je lui porte. Un amour simple et vivant, toujours un peu en construction et plein de jolies surprises.

Je croyais que ce genre de bonheur était réservé aux contes de fées. On dit qu'en Bretagne, elles peuplent les forêts. En tout cas, c'est là que notre avenir se peint, à grands coups de pinceaux colorés.

Remerciements

Écrire un livre est une aventure qui peut sembler solitaire, mais en réalité, c'est un voyage que l'on ne fait jamais seul.

Tout d'abord, je voudrais remercier les équipes de Hugo Publishing. Léa et Marine pour leur confiance en ce projet, et plus particulièrement Floria, mon éditrice. Tes conseils et ton regard affûté ont permis à Ewenn et Coralie de devenir les meilleures versions d'eux-mêmes. Notre collaboration a démarré sur les chapeaux de roues, avec de multiples projets simultanés ! Alors, merci pour ton efficacité, ta gentillesse et ta patience. (Surtout quand je t'envoie le mauvais fichier !) Merci également à toutes les équipes de Hugo qui travaillent dans l'ombre pour vous offrir le meilleur à chaque parution. Un clin d'œil particulier aux attachés de presse, Elena et Augustine, qui, depuis quelques années maintenant, sont les bonnes fées qui veillent sur moi à chaque fois que je viens à la rencontre des lecteurs.

Merci à Sophie et Déborah, dont les retours sur la première version de ce livre m'ont aidée à le peaufiner. Votre patience et vos encouragements comptent plus que vous ne l'imaginez.

Merci aux Pipelettes : Olivia, Estelle, Émilie, Alix, et à Charlotte et Roxane pour les sprints d'écriture.

Une pensée spéciale pour les membres de la Tam Romance pour leur enthousiasme dès que j'ai commencé à parler de ce projet. Merci d'avoir suggéré les prénoms d'Ewenn, Coralie et Noé, et un grand merci aux Bretons ou aux amoureux de la Bretagne pour leurs informations en tout genre, en particulier à Vanessa et Laurie.

Merci à ma famille et mes proches, qui acceptent mes moments d'isolement lorsque l'écriture prend le dessus, et qui me rappellent toujours pourquoi j'aime tant raconter des histoires.

Merci à Elisa et Tess qui m'ont inspiré le métier de Coralie en mettant de la couleur sur mes ongles, et qui prennent soin de mes mains pour que je sois toujours au top pour taper de belles histoires.

À vous qui tenez ce livre entre les mains, merci du fond du cœur. J'espère que cette histoire vous aura fait passer un beau moment. Et peut-être à très bientôt, dans une nouvelle aventure...

Tamara

Par la même autrice

Is it love ? – Adam, 2020, Hugo Roman
N'oublie pas les chocolats, 2020, Hugo Roman
Les chagrins d'amour font de belles chansons, 2021, Hugo Roman
Même à l'ombre, les cigales chantent, 2021, Hugo Roman
Veux-tu être mon + 1 ?, 2024, Hugo Roman
Noël est une arnaque !, 2024, Hugo Roman
Itinéraire sans GPS, 2025, Hugo Roman

Composition réalisée par
Nord Compo à Villeneuve-d'Ascq

MIXTE
Papier | Pour une gestion forestière responsable
FSC® C108412
FSC
www.fsc.org

Imprimé en France par
CPI Bussière
en avril 2025
N° d'impression : 2083396